21世纪高等院校物流管理专业教材新系

Logistic Management

物流企业会计

孙光国 主审 陈艳利 刘英明 钱怀安 主编

（第四版）

东北财经大学出版社
Dongbei University of Finance & Economics Press
大连

图书在版编目（CIP）数据

物流企业会计 / 陈艳利，刘英明，钱怀安主编. —4版. —大连：东北财经大学出版社，2023.1
（21世纪高等院校物流管理专业教材新系）
ISBN 978-7-5654-4671-9

Ⅰ.物… Ⅱ.①陈… ②刘… ③钱… Ⅲ.物流企业-企业会计-高等学校-教材 Ⅳ.F253.7

中国版本图书馆CIP数据核字（2022）第223587号

东北财经大学出版社出版
（大连市黑石礁尖山街217号 邮政编码 116025）
网 址：http：//www.dufep.cn
读者信箱：dufep@dufe.edu.cn
大连永盛印业有限公司印刷 东北财经大学出版社发行
幅面尺寸：170mm×240mm 字数：356千字 印张：17.25 插页：1
2023年1月第4版 2023年1月第1次印刷
责任编辑：李 彬 王芃南 责任校对：珉 琪
封面设计：张智波 版式设计：钟福建
定价：39.00元

教学支持 售后服务 联系电话：（0411）84710309

如有印装质量问题，请联系营销部：（0411）84710711

第四版前言

《物流企业会计》（第四版）作为“21世纪高等院校物流管理专业教材新系”之一，在第三版的基础上，继续广泛吸收与总结最新教研成果，坚持秉承本教材紧扣时代脉搏、贴近现实需求的一贯特点。根据近5年来与税收和企业会计准则等相关的法律规范的最新变化和实务操作要求，对全书进行了全面和系统的修订，以切实满足物流企业会计理论学习和实务指导两方面的需求。

本次教材修订工作具体侧重以下两个方面：第一，根据企业会计准则体系近年来的修订或增补情况，对非货币性资产交换、债务重组、租赁、金融资产等涉及的相关内容进行了全面修订。第二，随着营业税改征增值税试点的全面推进和部分行业增值税税率下调措施的实施，对全书相关内容进行了全面修改。本次修订，力求使教材内容与现行有关法律规范的规定相一致，进一步提升本教材的实践应用价值。

本次教材修订仍然保持了第三版教材的以下特色：第一，在内容框架方面，将分章描述的内容整合为一体，如固定资产、无形资产、负债、成本与费用；排除了难度较大的章节，如特殊业务和会计调整；教材结构安排紧凑、合理，教学重点突出。第二，在应用创新方面，增加充分体现物流企业会计特点的教学内容，更新方便教学和学生理解的案例，使教材内容更具现实性和针对性，使本教材具有较高的实践应用价值。第三，在写作风格方面，力争通俗易懂、生动形象。在深入浅出的同时，以图文并茂的形式展示知识点，有助于增强读者的学习兴趣，彰显本课程的教学效果。

本书由东北财经大学研究生院院长孙光国教授主审，陈艳利教授、刘英明副教授、钱怀安博士研究生编写。本次教材修订的具体分工是：第1、2、3章由钱怀安博士研究生完成；第4、5、6、7章由陈艳利教授完成；第8、9、10、11章由刘英明副教授完成。东北财经大学会计学院博士研究生钱怀安，硕士研究生杨佳琪、苗萍、杨翠翠参与了文献资料的搜集和整理工作。

本书对于规范物流企业会计核算与管理工作，培养物流行业人才，推进物流企业健康发展都具有重要的理论指导意义。本书既可作为物流管理专业的本科教材，也可作为相关专业本科生、研究生，采购和物流企业管理人员、研究人员的参考书，对政府有关部门制定和实施物流产业相关政策具有重要的参考价值。

由于经验和水平有限，书中不足与疏漏之处在所难免，恳请读者和同行批评指正。

作　者

2022年10月

目录

第1章 总论

学习目标

通过本章的学习，要求学生了解物流企业和物流企业会计的概念，了解物流企业会计档案管理与交接制度以及会计规范体系，理解物流企业的职能；理解会计核算基础的基本内容；掌握物流企业会计核算组织程序。

随着经济全球化的发展，现代物流业正在成为全球经济发展的一个重要热点和新的经济增长点，它对于实现经济高效运行，降低商品流通成本，提高商品流通效率，改善对消费者的服务，进而增强工商企业的核心竞争力，调整国家和地区投资环境及产业结构，实现可持续发展战略，推动经济体制与经济增长方式的根本性转变，皆具有非常重要而深远的意义。

1.1 物流企业与物流企业会计

本节主要介绍物流、物流企业和物流企业会计的基本概念以及物流企业的会计要素与会计科目。

1.1.1 物流企业及其职能

1）物流与物流企业

（1）物流

物流是为了满足客户需要，对商品、服务以及相关信息从产地到消费地的高效率、低成本流动和储存进行的规划、实施与控制的过程。物流活动是指物流诸功能的实施与管理过程。现代物流是指基于满足顾客需求，以及成本与效益的考虑而进行的涉及生产、销售、消费全过程的物品及其信息的系统流动过程。物品是指经济活动中涉及实体流动的物质资料。企业的物流活动包括运输、储存、装卸、搬运、包装、流通加工、配送和信息处理等多个环节。

目前国内外关于物流的概念和定义很多，认识和研究的角度也有所不同。2002年，美国物流管理协会发布了一个新定义：物流是供应链运作中，以满足客户需求为目的，对货物、服务与相关信息在产出地、销售地之间实现高效率和低成本的正向、反向的流动及储存所进行的计划、执行与控制的过程。该定义将满足客户需求变得更为具体化了。

2006年，国家标准化管理委员会将物流定义为：物品从供应地到接收地的实体流动过程，这个过程往往会包括产品的运输、仓储、包装、装卸和信息处理等环节。我国商务部等六部委联合印发的《关于加快我国现代物流发展的若干意见》中明确指出：现代物流泛指原材料、产成品从起点至终点及相关信息有效流动的全过程。总之，物流是一种操作性的工作，而不是一种理论的研讨，它是将运输、仓储、装卸、加工、整理、配送和信息处理等方面有机结合，形成完整的供应链，为用户提供多功能、一体化的综合性服务。

物流是一个跨学科、跨行业、涉及面广、多环节的综合性概念。物流概念是不断发展的，从不同时期、不同角度观察和研究物流，会产生关于物流的不同理解和认识。

（2）物流企业

物流企业是指独立于生产领域之外，专门从事各种物流经营活动的自主经营、自负盈亏、自我发展、自我约束的具有法人资格的企业。

由上面的定义可知，物流企业是相对于生产企业而言的，物流企业的经营内容主要是提供诸如仓储、运输、配送和相关物流信息咨询等物流服务。物流企业是以物流为主体功能，同时必然伴随商流、资金流和信息流，其具体包括仓储业、运输业、批发业、零售商业和外贸等行业分流出来的物流业务组织。

从物流企业的概念可知，物流企业具有如下特征：

① 物流企业是国民经济流通产业机体的细胞，是具有健全机能和旺盛生命力的有机体。

② 物流企业是在市场经济的运行和发展过程中，专门从事与实体商品交换活动有关的各种经济活动的经济组织。

③ 物流企业为维系生存和发展，具有自身的利益驱动机制。

④ 物流企业是具有流通服务职能、平等参与竞争、享有合法权益的法人。

物流企业可以按照不同的标准进行简单分类：根据作业类别不同，可将物流企业分为运输企业、仓储企业、流通加工企业和配送企业等。根据所有制形态不同，可将物流企业分为外资或合资物流企业、国有物流企业和民营物流企业。根据组织管理水平不同，可将物流企业分为传统物流企业和现代物流企业。根据服务主体不同，可将物流企业分为第一方物流企业、第二方物流企业、第三方物流企业和第四方物流企业。第一方物流企业是指生产企业直营的物流企业；第二方物流企业是指提供仓储、运输等物流服务的企业；第三方物流企业是指借助第二方物流企业资源提供一体化服务的物流企业；第四方物流企业是指提供综合物流解决方案或咨询服务的企业。

2）物流企业的职能

在市场经济条件下，社会生产总过程是由生产、分配、交换和消费四个基本环节构成的。生产是起点，消费是终点，分配和交换是中间环节。商品的流通是连续的交换，或者是总体上的交换。商品的流通是社会生产总过程中相对独立的环节，是连接生产和消费的中间环节。

生产企业只有相互交换各自需要的物质产品，才能使各自的生产过程不间断地进行。因此，社会物质产品的生产能力同社会物质产品的流通能力是彼此制约、互相作用的。物流企业作为独立于生产企业之外、专门从事商品交换活动的经济实体，从全社会来看，其基本的职能是以商品的买者和卖者的双重身份交替出现在市场中，按照供求状况来完成物质的交换，解决社会生产与消费在数量、质量、时间和空间上的矛盾，实现生产和消费的供求结合，保证社会再生产的良性循环。这是物流企业的基本职能，也称宏观职能。

商品流通全过程一般分为购、销、存、运四个相对独立的环节。物流企业的宏观职能是通过其微观职能来实现的。其微观职能表现为：

（1）组织社会物质资源的职能

购买商品这一职能是物流过程的起点。物流企业根据市场的需求，用货币购买生产企业的劳动成果——物质产品，引入流通领域。从社会生产总过程来看，生产企业生产的物质产品实现了从商品到货币的转换，为它们的再生产提供了条件——持币待购再生产所需的商品；从物流企业来看，则表现为从货币到物质资源的转换，意味着完成了流通过程的第一个环节，掌握了物质资源，为商品的销售奠定了可供需求的货源基础。

（2）商品供应的职能

销售商品这一职能是物流过程的终点，是商品从流通领域返回生产消费领域的最后环节。从物流企业来看，这一职能表现为物质资源到货币的转换，意味着物流企业在满足了再生产的物质需要、完成了商品的供应任务后，除了弥补流通成本之外，还要获得增值的货币——销售利润；从社会生产总过程来看，又是生产企业的货币到再生产需求的物质资料的转换，意味着取得了进行再生产的物质要素，并实现了物质产品的价值。物流企业购销商品的职能完成了物质产品所有权的让渡。

（3）储存商品的职能

商品储存是指物质产品离开生产领域，但还没有进入消费领域而在流通领域内的暂时停滞。物流企业的这一职能是由生产社会化决定的，即每个生产企业生产的商品具有单一性，而其消费却具有多样性、复杂性。通过物流企业"蓄水池"的职能，将购进的物质产品加以积累，并根据消费的需要进行分类、编配、加工等，使商品实体适时、适量、适质、齐备地满足用户的消费需求，从而创造生产总过程的时间价值。

（4）运送物质实体的职能

这是由物质产品在生产和消费之间的空间矛盾所决定的，因为某类物质产品或者是生产相对分散、消费相对集中，或者是消费相对分散、生产相对集中，只有当它们完成了空间位置的移动，才能满足消费需求。物流企业的这一职能，将暂时停留在流通领域的物质产品，借助于运力完成其商品实体在空间分布上的转移，运送到消费者所在地，从而创造出生产总过程的空间价值。物流企业的存和运两个职能，是物流全过程中两个相对独立的中间环节。通过对实体产品的存和运，物流企业才能实现其使用价值。

（5）信息流通的职能

在市场经济中，最重要、最大量的信息来自市场。由于物流企业连接产需双方及其直接置身于市场的特殊地位，使它们在收集信息方面具有得天独厚的条件，将市场供求变化和潜在需求信息反馈给供求双方，起到了指导生产、引导消费和开拓市场的作用。

综上所述，物流企业的宏观职能是靠其微观职能的具体实施完成的。宏观职能为微观职能指明方向，微观职能又是实现宏观职能的具体体现，二者互为条件，彼此制约。

1.1.2　物流企业会计的概念及作用

1）物流企业会计的概念

物流企业会计是指以货币为主要计量单位，借助专门的程序和技术方法，对特定物流企业的资金运动进行全面、综合、连续和系统的核算与监督的一种经济管理活动。

物流企业会计具有会计核算和会计监督两大基本职能。

会计核算职能即反映职能，贯穿于物流企业经济活动的全过程，它是物流企业会计最基本的职能。物流企业会计将物流企业已经发生的个别的、大量的经济业务，以货币为主要计量单位，经过确认、计量、记录、报告等环节，对特定物流企业的经济活动进行记账、算账、报账，为有关方面提供物流企业经济信息。

会计监督职能也称控制职能，是指物流企业的会计人员在进行会计核算的同时，对特定物流企业的经济业务的合法性、合理性进行审查。会计机构、会计人员要监督会计核算反映的会计信息是否真实、可靠、完整；监督物流企业的经济活动是否符合国家有关的财政政策和财经纪律；监督物流企业的经济活动是否按照事先确定的财务目标和编制的各项预算运行；若发现脱离预算的偏差，应及时反馈并采取相应措施予以调整。

物流企业的会计核算和会计监督这两大基本职能是相辅相成的。其中，会计核算是会计监督的基础，物流企业的会计核算要真实、可靠，企业只有进行正确的会计核算，才能为会计监督提供依据；而会计监督则是会计核算进行的保证，要使物流企业的经济活动按照预期的目的运行，使会计核算在企业的经营管理中充分发挥作用，企业就必须严格地进行会计监督。

2）物流企业会计的作用

要实现物流企业职能，必须通过一系列的物流管理活动来完成。会计是一种重要的管理活动，会计主要用货币对物流企业经营过程中占用的财产物资与各环节发生的成本费用进行系统计算、记录、分析和检查。会计人员借助这些手段充分了解企业的资金占用情况和劳动耗费水平，并利用生成的会计资料，研究经济效益上升或下降的原因，趋利避害，从一个特定的岗位管好一家企业的生产和经营；同时为在大范围内，如一个地区、一个产业部门或一个国家管好经济提供必要的资料。

物流企业会计还可以为投资者、债权人、政府管理部门以及与企业有经济利益的各相关方提供有用信息。

因此，做好物流企业会计工作，对促进物流企业提高劳动生产率，加快物品流通，促进生产作业要素的充分利用和资源的有效配置，低物流成本及期间费用，增强市场竞争力，提高经济效益有着重要的意义。

1.1.3 物流企业的会计要素与会计科目

1）物流企业财务报告及其种类

根据《企业会计制度》和《企业财务会计报告条例》的规定，物流企业于会计期间终了，必须将企业经营活动的财务状况、经营成果和现金流量以书面形式进行综合反映。企业的各项经济业务虽然按照一定的程序和方法记录到相关的会计账簿中，账簿中的财务资料比较详细、具体，但数量较大，并且相对分散，难以集中、概括地反映企业的财务状况和经营成果。为了向各界人士提供更为简洁和综合的会计信息，就需要对日常核算资料作进一步的分类、调整、汇总，并以表格或文字的形式，即以财务报告的形式予以公布。因此，财务报告是企业会计信息系统的一项输出，是经济业务数据经过会计核算程序处理后的产物。它的目标与财务会计的目标一致，即为不同的信息使用者，特别是为投资者和债权人提供有关企业财务状况的信息，以完成对财产的受托代理责任。

物流企业的财务报告又称财务会计报告，通常包括财务报表、附注及其他应当在财务会计报告中披露的相关信息和资料。

（1）财务报表

财务报表是表格形式的财务会计报告，它是物流企业财务报告的主要部分，是企业向外界传递会计信息的主要手段。按照不同的标准，财务报表可作如下分类：

①按照反映内容分类。

按照财务报表所反映内容的不同，财务报表可以分为静态报表和动态报表。其中，静态报表是指综合反映企业某一特定日期资产、负债和所有者权益状况的报表，如资产负债表；动态报表是指综合反映企业一定期间的经营情况或现金流动情况的报表，如利润表和现金流量表。

②按照编报时间分类。

按照财务报表编报时间的不同，财务报表可以分为月报、季报、半年报和年报。其中，月报要求简明扼要，及时反映；年报要求揭示完整，反映全面；而季报和半年报在会计信息的详细程度方面则介于月报和年报之间。《企业会计制度》将半年度、季度和月度财务会计报告统称为中期财务会计报告。季度和月度财务报告通常仅指财务报表，但国家另有要求的，则应按国家要求增加相关资料。半年度的中期财务会计报告中的附注至少应当披露所有重大的事项。

③按照编制单位分类。

按照财务报表编制单位的不同，财务报表可以分为单位报表和合并报表。其中，单位报表是指由企业在自身会计核算基础上对账簿记录进行加工而编制的财务报表，它主要用以反映企业自身的财务状况、经营成果和现金流动情况。合并报表是以母公司和子公司组成的企业集团为会计主体，根据母公司和所属子公司的财务报表，由母公司编制的综合反映企业集团财务状况、经营成果及现金流量的财务报表。

④按照服务对象分类。

按照财务报表服务对象的不同，财务报表可以分为内部报表和外部报表。内部报表是指为满足企业内部经营管理需要而编制的财务报表，它一般不需用规定的统一格式，也没有统一的编制要求，一般也无须对外公开；外部报表则是指企业向外提供的财务报表，主要供投资者、债权人、政府部门和社会公众等有关各方使用，有统一的格式和编制要求。

（2）附注

为了帮助使用人理解财务报表的内容，对报表有关项目需要做出解释的，可附于报表后，称为附注。附注是财务报表不可缺少的内容，很多情况只有通过附注的文字阐述和其他补充资料，才能对财务报表有全面、准确的理解；一些在财务报表中以表格形式难以表达的内容，也需要靠附注加以披露。因此，财务会计报告发展变化的特点之一就是附注的作用日益重要，更加受到人们的重视。附注通常应当包括下列内容：

① 不符合基本会计假设的说明。

② 重要会计政策和会计估计及其变更情况、变更原因及其对财务状况和经营成果的影响。

③ 或有事项和资产负债表日后事项的说明。

④ 关联方关系及其交易的说明。

⑤ 重要资产转让及其出售情况。

⑥ 企业合并、分立情况。

⑦ 重大投资、融资活动情况。

⑧ 财务报表中重要项目的明细资料。

⑨ 有助于理解和分析财务报表需要说明的其他事项。

2）物流企业的会计要素

会计要素是会计用以反映财务状况、确定经营成果的因素，是会计工作的具体对象。我国将会计要素划分为资产、负债、所有者权益、收入、费用和利润六类。其中，资产、负债、所有者权益可以归类为反映企业财务状况的会计要素；收入、费用和利润可以归类为反映企业财务成果的会计要素。对会计要素进行分类，有利于依据各个要素的性质和特点，分别制定对其进行确认、计量、记录、报告的标准和方法，并且为合理建立会计科目体系和设计财务会计报告基本框架提供依据。

（1）反映企业财务状况的会计要素

企业的财务状况一般通过资产负债表来反映。它是指企业在某一日期经营资金的来源和分布情况。财务状况的好坏通常用流动性和获利性来表示。它主要包括以下三方面内容：

①资产。

资产是指企业过去的交易或者事项形成的、由企业拥有或者控制的、预期会给企业带来经济利益的资源。

资产的基本特征包括：

A. 资产是由于过去的交易或事项所形成的。资产必须是现实的资产，而不能是预期的资产，是由于过去已经发生的交易所产生的结果。至于未来交易或事项以及未发生的交易或事项可能产生的结果，则不属于现在的资产，不得作为资产确认。

B. 资产是由企业拥有或者控制的资源。一般来说，一项资产要作为企业的资产予以确认，对于企业来说要拥有其所有权，即该资产必须归企业所有，也就是企业对该资产具有产权。对一些特殊方式形成的资产，企业虽然对其不拥有所有权，但按照实质重于形式的要求，也应当作为资产确认。

C. 资产最重要的特征是预期会给企业带来经济利益。它是指预期给企业带来现金流入的经济资源。资产必须具有交换价值或使用价值。没有交换价值或使用价值的物品，不能给企业带来未来效益，则不能作为资产确认。

资产分为流动资产和非流动资产。流动资产是指可以在一年或者超过一年的一个营业周期内变现或者耗用的资产，包括现金及银行存款、交易性金融资产、应收账款及预付款项、存货等。非流动资产主要包括其他权益工具投资、债权投资、长期股权投资、投资性房地产、固定资产和无形资产等。

②负债。

负债是指企业过去的交易或者事项形成的、预期会导致经济利益流出企业的现时义务。

负债的基本特征包括：

A. 负债是基于过去的交易或事项而产生的。也就是说，导致负债的交易和事项已经发生。例如，购置货物或使用劳务会产生应付账款，接受银行贷款则会产生偿还贷款的义务。只有源于已经发生的交易或事项，会计上才有可能确认负债。正在筹划的未来交易或事项，如企业的业务计划，不会产生负债。

B. 负债是企业承担的现时义务。企业目前已经产生的债务，现时义务不等同于未来承诺，如果仅仅是企业管理层决定在今后某一时间购买资产，其本身并不产生现时义务。一般情况下，只有在资产已经获得时才产生义务。

C. 现时义务的履行通常关系到企业放弃含有经济利益的资源，以满足对方的要求。现时义务的履行，可采用若干种方式，例如，支付现金、转让其他资产、提供劳务、以其他义务替换该项义务、将该项义务转换为所有者权益等。

D. 负债通常在未来某一时日通过交付现金或其他资产或提供劳务来清偿。有时，企业可能通过承诺新的负债或转化为所有者权益来了结一项现有的负债，前一种情况只是负债的延期，后一种情况则相当于增加所有者权益而了结负债。

负债分为流动负债和非流动负债。流动负债是指将在一年或者超过一年的一个营业周期内偿还的债务，包括短期借款、应付票据、应付账款、预收款项、应付职工薪酬、应交税费、其他应付款等。非流动负债是指偿还期在一年以上或者超过一年的一个营业周期以上的债务，包括长期借款、应付债券、长期应付款等。长期应付款包括应付融资租入固定资产的租赁费、以分期付款方式购入固定资产等发生的应付款项等。

负债虽然是企业筹措资金的重要渠道，但是必须按期归还，不能归企业永久支配使用。负债实质上反映了企业与债权人之间的一种债权债务关系。

③所有者权益。

所有者权益是指企业资产扣除负债后由所有者享有的剩余权益，包括企业投资人对企业的投入资本以及形成的资本公积、直接计入所有者权益的利得和损失（其他综合收益）、盈余公积和未分配利润等。投入资本是投资者实际投入企业经营活动的各种财产物资。国家拨给企业的专项拨款，除另有规定外，应当作为国家投资入账。资本公积是指归所有者所共有的、非收益转化而形成的资本，主要包括资本溢价（股本溢价）和其他资本公积等。直接计入所有者权益的利得和损失是指不应计入当期损益、会导致所有者权益发生增减变动的、与所有者投入资本或者向所有者分配利润无关的利得或者损失。盈余公积是指按照国家有关规定从利润中提取的公积金。未分配利润是企业留存于以后年度分配的利润或待分配利润。

企业的任何资产都是处于特定所有权关系下的资产，而负债与所有者权益是资产的两个来源渠道，共同体现了企业资产的所有权关系，从总体上看资产必然等于负债与所有者权益之和，可以用下列公式来表示：

资产=负债+所有者权益

（2）反映企业财务成果的会计要素

经营成果表现为企业在一定时期内生产经营活动的结果。具体来说，它是指企业生产经营过程中取得的收入与耗费相比较的差额。经营成果要素一般通过利润表来反映。它包括以下几个构成要素：

①收入。

收入是指企业在日常活动中形成的、会导致所有者权益增加的、与所有者投入资本无关的经济利益的总流入。按照企业从事的日常活动在企业中的重要性，可将收入分为主营业务收入和其他业务收入。按照企业从事日常活动的性质，可将收入分为销售商品收入、提供劳务收入、让渡资产使用权收入、建造合同收入等。物流企业为第三方或者客户代收的款项不包括在企业的收入内。企业应当合理地确认收入，并且将实现的收入及时入账。

收入的基本特征包括：

A. 收入是从日常的活动中产生的，而不是从偶发的交易或事项中产生的。

B. 收入可能表现为资产的增加，也可能表现为负债的减少。

C. 收入能导致所有者权益的增加。

D. 收入只包括本企业经济利益的流入，不包括为第三方或客户代收的款项。

②费用。

费用是指企业在日常活动中发生的、会导致所有者权益减少的、与向所有者分配利润无关的经济利益的总流出。按照与收入的密切程度不同，费用可以分为营业成本和期间费用两部分。营业成本指企业为了销售商品、提供劳务而发生的各种耗费。期间费用指企业在当期发生的直接计入当期损益的各项耗费，包括销售费用、管理费用和财务费用。企业必须按照配比原则，合理地确认本期的费用。

费用的基本特征包括：

A. 费用最终会减少企业的资源（与收入相反）。

B. 费用最终会减少企业的所有者权益。

③利润。

利润是指企业在一定会计期间的经营成果。利润包括收入减去费用后的净额、直接计入当期利润的利得和损失等。企业获得的利润应该按照国家的规定缴纳相应的所得税。企业实现的利润总额减去所得税之后的差额是企业的净利润。

企业在一定会计期间从事经营活动所获得的收入与所发生的耗费形成企业的收入和费用。按照企业自主经营、自负盈亏、独立核算的要求，费用应该从相应的收入中抵补。一般情况下，收入减去费用后为正数，表示企业形成了营业利润；为负数，即表示企业发生了营业亏损。反映收入、费用和利润三个会计要素关系的会计等式如下：

收入-费用=利润

3）物流企业的会计科目

所谓会计科目，是指为记录各项经济业务，而对会计要素按其经济内容所进行分类的项目。

物流企业的会计科目按照反映的经济内容的不同，可以划分为资产类科目、负债类科目、所有者权益类科目、成本类科目、共同类科目和损益类科目六个大类。损益类科目又可以进一步划分为费用类科目和收入类科目两个小类。物流企业的其他会计科目又可以分为许多具体项目。

财政部于2006年2月颁布了《企业会计准则》，自2007年1月1日起在上市公司执行，同时鼓励其他企业执行。《企业会计准则》取代了原来的行业会计制度，所以物流企业所使用的会计科目也应遵循《企业会计准则——应用指南》的要求，见表1-1。

表1-1　《企业会计准则——应用指南》会计科目一览表

序号	编号	会计科目名称	序号	编号	会计科目名称
		一、资产类			
1	1001	库存现金	55	2201	应付票据
2	1002	银行存款	56	2202	应付账款
3	1012	其他货币资金	57	2203	预收账款
4	1101	交易性金融资产	58	2205	合同负债
5	1121	应收票据	59	2211	应付职工薪酬
6	1122	应收账款	60	2221	应交税费
7	1123	预付账款	61	2231	应付利息
8	1131	应收股利	62	2232	应付股利
9	1132	应收利息	63	2241	其他应付款
10	1221	其他应收款	64	2245	持有待售负债
11	1231	坏账准备	65	2401	递延收益
12	1401	材料采购	66	2501	长期借款
13	1402	在途物资	67	2502	应付债券
14	1403	原材料	68	2701	长期应付款
15	1404	材料成本差异	69	2702	未确认融资费用
16	1405	库存商品	70	2703	租赁负债
17	1406	发出商品	71	2801	预计负债
18	1408	委托加工物资	72	2901	递延所得税负债
19	1411	周转材料			三、共同类
20	1471	存货跌价准备	73	3101	衍生工具
21	1473	合同资产	74	3201	套期工具
22	1474	合同资产减值准备	75	3202	被套期项目
23	1475	合同履约成本			四、所有者权益类
24	1476	合同履约成本减值准备	76	4001	实收资本
25	1477	合同取得成本	77	4002	资本公积
26	1478	合同取得成本减值准备	78	4401	其他权益工具
27	1481	持有待售资产	79	4003	其他综合收益

续表

序号	编号	会计科目名称	序号	编号	会计科目名称
28	1482	持有待售资产减值准备	80	4101	盈余公积
29	1485	应收退货成本	81	4103	本年利润
30	1501	债权投资	82	4104	利润分配
31	1502	债权投资减值准备	83	4201	库存股
32	1503	其他债权投资	五、成本类		
33	1504	其他权益工具投资	84	5001	生产成本
34	1511	长期股权投资	85	5101	制造费用
35	1512	长期股权投资减值准备	86	5301	研发支出
36	1521	投资性房地产	87	5402	工程结算
37	1531	长期应收款	六、损益类		
38	1532	未实现融资收益	88	6001	主营业务收入
39	1601	固定资产	89	6051	其他业务收入
40	1602	累计折旧	90	6101	公允价值变动损益
41	1603	固定资产减值准备	91	6111	投资收益
42	1604	在建工程	92	6115	资产处置损益
43	1605	工程物资	93	6117	其他收益
44	1606	固定资产清理	94	6301	营业外收入
45	1701	无形资产	95	6401	主营业务成本
46	1702	累计摊销	96	6402	其他业务成本
47	1703	无形资产减值准备	97	6403	税金及附加
48	1704	使用权资产	98	6601	销售费用
49	1711	商誉	99	6602	管理费用
50	1801	长期待摊费用	100	6603	财务费用
51	1811	递延所得税资产	101	6701	资产减值损失
52	1901	待处理财产损溢	102	6702	信用减值损失
二、负债类			103	6711	营业外支出
53	2001	短期借款	104	6801	所得税费用
54	2101	交易性金融负债	105	6901	以前年度损益调整

财政部在《企业会计准则——应用指南》中指出：企业应当按照企业会计准则及其应用指南的规定，设置会计科目进行账务处理，在不违反统一规定的前提下，可以根据本企业的实际情况自行增设、分拆、合并会计科目。不存在的经济业务，可以不设置相关的会计科目。本指南中的会计科目编号，供企业填制会计凭证、登记会计账簿、查阅会计账目、采用会计软件系统参考，企业也可以根据本规定，结合本企业的实际情况自行确定会计科目编号。所以在实务中，物流企业在进行日常业务处理时可根据自身特点选择合适的会计科目，具有一定的灵活性，如物流企业在进行成本核算时除了用到“主营业务成本”，还经常用到“营运间接费用”“辅助营运费用”等科目。

表1-1中列示的会计科目属于总分类科目，也称一级会计科目。它是对会计要素的具体内容进行总括分类的会计科目，一般由财政部或企业主管部门统一制定。与之相对应的是明细科目。明细科目是对总分类科目所包含的内容再作详细分类的会计科目，其提供了更加详细具体的指标，更能体现企业特点，企业可以根据实际需要自行设置。表1-2列示了部分物流公司在实务中用到的一级会计科目及其明细科目。

表1-2　**一级会计科目及其明细科目**

一级科目	明细科目（子目和细目）
原材料	轮胎（内胎、外胎、垫带）
	燃料（库存、车船存）
	其他材料
包装物	桶、箱、瓶、坛、袋等
低值易耗品	一般工具
	修理用工具
	随车工具
	管理用具
	劳动保护用品
	其他
主营业务收入	运输收入
	仓储收入
	装卸收入
	代理业务收入

续表

一级科目	明细科目（子目和细目）
其他业务收入	材料销售收入
	车辆修理业务收入
	其他对外服务收入
主营业务成本	运输成本
	仓储成本
	装卸成本
	包装成本
	配送成本
管理费用	公司经费
	咨询费
	诉讼费
	其他费用
销售费用	通信费
	市场调研费
	广告费
	其他费用
财务费用	利息支出
	手续费
	其他费用

物流企业的各项资产、负债和所有者权益，在为客户提供物流服务过程中必然会发生一定的增减变动，并且还会发生收入和费用，所有这些业务都属于会计核算和监督的具体内容。然而资产包括很多内容，它们分别分布在不同的形态上，发挥着各自不同的作用。负债和所有者权益也包括了不少内容，它们又来自不同的渠道。收入的来源和费用的用途也是多种多样的。因此，物流企业要全面、系统、完整地核算和监督物流企业的各项经济活动以及由此而引起的资金增减变动情况，就需要通过设置会计科目，对会计要素的具体内容进行科学的分类。

1.2　物流企业会计核算基础

本节主要介绍物流企业会计核算基础：物流企业会计核算的基本前提和物流企业会计信息质量要求。

1.2.1　物流企业会计核算的基本前提

物流企业在会计核算工作中，因为要面对的社会经济环境极其复杂多变，所以必须首先提出必要的假设条件，才能够在这种特定的经济环境下进行合理的会计处理。这种假设条件就成为会计核算的基本前提。会计核算的基本前提又可以称为会计假设，是指物流企业在进行会计核算时，对会计核算所处的时间、空间环境所作的一些合理设定。一般来说，在我国，企业会计核算的基本前提包括会计主体、持续经营、会计分期和货币计量四项内容。

1）会计主体

会计主体是指会计人员所核算和监督的特定单位，它又可以称作会计实体或者会计个体。会计主体的前提要求是会计人员只能核算和监督所在主体的经济业务。会计主体的基本前提为会计人员界定了从事会计工作和提供会计信息的空间范围，同时也为会计人员在日常会计核算中对各项交易或事项做出正确判断、对会计处理方法和会计核算组织程序做出正确选择提供了依据。

明确企业会计主体具有重要意义：

① 只有明确了会计主体，会计所要处理的交易或事项的范围才有可能划定。只有对那些影响会计主体经济利益的交易或事项加以确认和计量，会计主体资产、负债和所有者权益的增减，收入的取得与费用的发生等才能得以确定。

② 只有明确了会计主体，会计处理才有可能得到准确的把握，做到有的放矢。

③ 只有明确了会计主体，才能将会计主体的经济活动与会计主体所有者的经济活动区分开来，从而真实地反映会计主体的财务状况、经营成果和现金流量，为企业管理者进行经营决策提供可靠的会计信息。

2）持续经营

持续经营是指在可以预见的未来，该会计主体不会破产清算，所持有的资产将正常营运，所负的债务将正常偿还，即会计主体的生产经营活动在可以预见的将来，会按照目前的规模和状态持续不断地经营下去。这一基本前提使会计原则建立在非清算基础之上，从而为解决很多常见的资产计划和收益确认问题奠定了基础。企业会计核算必须以持续经营为基础和假定前提。当然，任何企业都存在破产的可能性，一旦进入破产清算，持续经营基础就将为清算基础所取代，从而使这一前提不复存在，但这不会影响持续经营这一前提在大多数正常经营企业的会计核算中发挥作用。

3）会计分期

会计分期是指物流企业为方便确认某个会计期间的收入、费用、利润，确认某个会计期末的资产、负债、所有者权益，编制财务报表，从而将企业的经营活动人为地划分成若干个相等的时间间隔。这样便于企业分期结算账目，计算盈亏，并向有关方面提供企业的会计信息。这一基本前提界定了会计信息的时间段落。

作为会计主体的企业，在持续生产经营的情况下，其生产经营活动是持续不断的。将持续不断的经营活动人为地划分为若干相等的、较短的期间，定期进行结账、报账，及时发布会计信息，才能满足财政税务部门、债权人和投资者及时了解企业经营状况的需求，同时能为企业定期提供纳税依据和决策所需的会计信息。会计分期的前提有利于满足企业内部管理和外部决策的各个方面的需要。

根据时间长短的不同，会计期间可以分为年度、半年度、季度和月度，其中，半年度、季度和月度均称为会计中期。我国的会计年度的起讫日期采用公历日期。

4）货币计量

企业的经济活动千差万别，财产物资种类繁多，要提高会计信息质量，就需要选择合理、实用又简化的计量单位。

作为会计核算前提的货币计量，是指在会计核算中，以货币作为计量单位，记录和反映会计主体的生产经营活动。在市场经济的条件下，货币是衡量一般商品价值的共同尺度，因此，只有货币计量才能为会计核算提供一个能够普遍使用的手段，才能全面地反映企业的财务状况和经营成果。在我国，人民币是国家法定的货币，因此规定人民币为记账本位币。

这四项基本前提，即会计主体、持续经营、会计分期和货币计量，为各项会计原则的确认奠定了基础。

上述会计核算的四项基本前提之间具有相互依存、相互补充的关系：会计主体确定了会计核算的空间范围；持续经营与会计分期确立了会计核算的时间长度；货币计量为会计核算提供了必要手段。没有会计主体，就不会有持续经营；没有持续经营，就不会有会计分期；没有货币计量，就不会有现代会计。

1.2.2 物流企业会计信息质量要求

会计信息质量要求是对企业财务报告中所提供会计信息质量的基本要求，是为了对投资者等使用者决策有用应具备的基本特征，它主要包括可靠性、相关性、可理解性、可比性、实质重于形式、重要性、谨慎性和及时性。

1）可靠性

可靠性要求企业的会计核算必须以实际发生的交易或事项为依据，如实地反映企业的财务状况、经营成果和现金流量，又称为真实性原则。会计要确保所提供的会计信息内容完整、真实、可靠，就必须根据核实无误的原始凭证，采用特定的专门方法，进行记账、算账、报账。如果会计核算不是以实际发生的交易或事项为依据，为使用者提供的就是虚假的会计信息，就会误导信息使用者，使之做出错误的决策。

2）相关性

相关性要求企业提供的会计信息应当满足各方面对会计信息的需要，满足有关各方了解企业财务状况、经营成果和现金流量的需要，满足企业加强内部经营管理的需要。不同的利益相关者对会计信息的需求不同，其目的也有所不同。因此，会计应采用适当的方法，为有关方面的决策提供有用的信息。

3）可理解性

可理解性要求企业财务报告提供的信息可以为使用者所理解。企业对外提供的财务报告是为广大会计报告使用者提供关于企业过去、现在和未来的有关资料，为企业目前或潜在的投资者和债权人提供决策所需的会计信息，因此，企业所编制的财务报告应当清晰明了。如果提供的财务报告晦涩难懂、不可理解，使用者就不能据以做出准确的判断，所提供的财务报告的作用也会大大降低。当然，财务报告的这一要求是建立在财务报告使用者具有一定的财务报告阅读能力的基础上的。

4）可比性

可比性要求物流企业提供的会计信息应该相互可比。其主要包括两层含义：①同一企业不同时期可比；②不同企业相同会计期间可比。

5）实质重于形式

实质重于形式要求企业应当按照交易或事项的经济实质进行会计核算，而不应当仅仅把它们的法律形式作为会计核算的依据。

在实际工作中，物流企业的会计信息要想反映交易或事项的实质和经济现实，就不能仅仅依据它们的法律形式进行核算和反映，还应该根据交易或事项的实质进行。这是因为交易或事项的外在法律形式并不是总能完全真实地反映其实质内容。在某些情况下，交易或事项的实质可能与其外在法律形式所反映的内容不尽相同。

6）重要性

重要性要求企业在进行会计核算过程中，应当区别交易或者事项的重要程度，从而对其采用不同的核算方法。在实务中，重要性的应用需要依赖职业判断，企业应根据其所处的环境和实际情况，从项目的性质和金额大小两个方面加以判断。

重要性与会计信息的成本效益直接相关。因此，物流企业对于重要的交易或者事项，应当单独、详细反映，对于不具有重要性、不会导致投资者等有关各方决策失误或者误解的交易或者事项，可以合并、粗略反映，以节省提供会计信息的成本，但必须在不影响会计信息真实性和不至于误导财务会计报告使用者的前提下进行。

7）谨慎性

谨慎性要求企业在会计核算中保持应有的谨慎，不得高估资产或者收益、低估负债或者费用，也不得设置秘密准备，故意低估资产或者收入，或者故意高估负债或者费用。

在会计核算的整个过程中，谨慎性都会有所体现，它包括会计确认、计量和报告等会计核算的各个方面。在市场经济条件下，企业存在着经营风险，实施谨慎性原则要求企业对存在的风险做出合理的预计，这样就能在风险实际发生之前将其化解，并且防范风险，从而有利于企业做出正确的决策和提高其在市场上的竞争力。

8）及时性

及时性要求企业会计核算应当及时进行，不得提前或者延后。现在的市场信息瞬息万变，企业竞争日趋激烈，物流企业为使各有关方面及时利用会计信息进行决策和调控，就必须在保证会计信息的真实性、可靠性的前提下，保证会计信息的时效性。如果会计信息内容可靠真实，但是实效性很差，可能就发挥不了应有的作用。因此，会计核算中必须做到及时记账、算账、报账，会计信息的及时性与其可靠性同等重要。

1.2.3 会计循环

会计信息系统在反映经济活动的同时也形成了具有其独特规律的处理程序与方法，也就是顺序依次进行的会计过程，而且这种过程循环往复、周而复始，我们把它称为会计循环。构成会计循环的基本步骤有：

1）设置账户

企业的经济业务是多种多样的，有时是错综复杂的，要想描述这些经济业务，需要建立与之相适应的会计系统，全面、连续、系统、综合地反映企业所发生的经济业务的实质，为决策者提供有用的经济信息。而要建立这个系统，首先要做的事情就是设置账户。每一个账户反映某一经济业务的类型，如“库存现金”账户反映库存现金的增减变化和结存的情况，“原材料”账户反映各种原材料的增减变化和结存情况。需要指出的是，并不是所有的账户都是用来反映该科目增减变化和结存情况的，如收入类账户就反映一定时期收入的发生情况，即一定时期收入的总额。每个账户还有其相应的代号，如“库存现金”账户的代号是1001，“原材料”账户的代号是1403，“主营业务收入”账户的代号是6001等。在我国，企业的账户是按国家统一会计制度中的会计科目设置的。企业会计准则规定，企业可以根据本企业的实际情况自行增设、减少或合并某些会计科目。

2）编制会计分录

每一项经济业务发生后，都要编制会计分录，也就是分析该业务对哪些账户（两个或两个以上）有影响，影响的数量是多少，影响的方式如何（增加还是减少了该账户的余额）等。例如，企业购买了10 000元的原材料，相应地要付出10 000元的货币资金，那么，这笔业务涉及两个账户，即“原材料”账户增加了10 000元，而“银行存款”账户则减少了10 000元；如果购买了上述原材料而没有立即付款，那么就增加了10 000元的负债，即涉及“原材料”和“应付账款”账户；如果所购买的原材料只是付了一部分现款，那么就涉及三个账户了，即“原材料”“银行存款”“应付账款”账户。具体地说，也就是这笔业务使原材料增加、应付账款增加、银行存款减少。

在实际工作中，编制会计分录就是根据记载经济业务的原始凭证对经济业务做出相应分类，并在记账凭证上做出分类登记。在手工操作中，会计凭证是统一印制的，会计人员只需要填入相应项目的内容即可。在计算机系统中，会计凭证模块有统一的记账格式，输入相应的内容和数据之后，打印出来就是记账凭证（通常不需打印）。而在有的企业，为了工作方便，把经济业务记到日记账中，这个日记账记录的是每日发生的全部经济业务，相当于分录簿，一般称为普通日记账。而记录某一项特殊业务的日记账则称为特种日记账，如库存现金日记账、银行存款日记账等。

3）过账

过账就是将会计分录所记载的有关账户的金额登记到相应的账簿中去。

由于记账凭证或者普通日记账所记录的经济业务是按经济业务发生的先后顺序登记的，并没有体现一定时期某一账户应该记载的经济内容增减变化的结果，因而不能满足管理上的需要。下面是一家制衣厂2×21年4月1日至10日发生的业务：

① 向A厂购买甲材料50 000元，已经支付了货款。

② 向B厂购买乙材料70 000元，货款没有支付。

③ 生产车间有一批产品完工，已经验收入库，合计金额100 000元。

④ 偿还原来欠B厂的货款70 000元。

⑤ 向C厂购买甲材料20 000元，已经支付了货款。

⑥ 向D厂购买乙材料30 000元，已经支付了货款。

在上述业务中，如果想知道企业总共购买了多少原材料，就要通过分录簿进行计算，这是十分麻烦的事情，因为在实际工作中，企业的业务量是很大的。为了反映各个账户的增减变化和结存情况，会计人员需要把分录簿中的业务事项按照类别分别过入有关的账簿中去。由于所登记的账簿是按经济业务的内容分门别类地反映的，因此又把这些账簿叫作分类账。很显然，经济业务事项登记后，每一个账户中都有其增减变动和结存情况的记录或者实际发生的数额，这就满足了管理上的要求。

4）试算平衡

把会计事项编成会计分录并过入分类账之后，就可以编制试算平衡表了。试算平衡表是检验各个分类账户借方余额合计与贷方余额合计是否相等的测算表格（这个检测很重要）。在任何情况下，借贷金额都必须相等，所以在试算平衡表中，所有借方余额的总和与所有贷方余额的总和总是相等，但这并不能保证在编制分录和过账的程序中没有错误。科目记得不对、个别分录没有记入分类账、重复过账等都可能影响试算平衡表中的平衡关系。另外，试算平衡也为下一步的会计程序作了进一步的准备。

5）调整分录

在把已经发生的经济业务全部登记到账簿中之后，根据会计原则，需要对应归属本期和不应归属本期的收入和费用项目进行调整。一般我们把在每月终了时，对于应调整的内容所编制的会计分录称作调整分录，并要将其过入有关账户。账项调整主要有以下内容：

① 确认应计而未入账的收入。企业的某些应属于当期的收入，因为未收到对方的付款或其他的原因，没有记入有关账户。月末，应对这些收入加以确认，编制会计分录，并过入有关账户。此外企业有时会收到客户预付的款项，应在若干个会计期间内分别记入收入账户，对于这种款项中应计入本期的收入，也应加以确认。

② 确认应计而未入账的费用。同样，有些属于当期的费用，由于尚未支付或其他原因，也没有记账。在月末，应当对这些费用加以确认，编制会计分录并过账。

③ 确认已经支付但尚未计入本期的费用。企业的待摊费用、无形资产和递延所得税资产都是在几个会计期间为企业带来收益，其款项已经支付，但需要在几个收益期内摊销。月末时，将应摊入本月的费用作调整分录，并过入有关账户。

④ 固定资产折旧的计提。固定资产在使用中所减少的价值，应在月末按规定的方法和标准计入有关的费用，即计提折旧。

⑤ 费用的分配。企业在生产经营过程中还会发生一些由几种产品共同承担的费用，比如制造费用，月末应该把这些费用按照一定的方法和标准分配计入各产品的生产成本。

除上述账项调整的内容外，有的企业还有外币收入和外币支出，应按照规定的方法及时确认汇兑损益，作调整分录并过账；有的企业有长期股票投资，年末应根据其权益变化，调整长期投资的账面价值；年末提取坏账准备和各种资产的减值准备。

6）结账

当试算平衡和账项调整之后，企业就可以结账了。结账就是在月末编制结账分录，将各个虚账户的余额转入实账户，以便能进行下一个会计程序的工作。

虚账户包括有关的收入类和费用类账户。每一个会计期末，这些账户的余额结转为零。相应地，实账户是指那些能体现到最终的资产负债表中去的账户，它们累计企业成立以来账户余额的增加或减少，每一个会计期末不结转为零。需要结转的虚账户主要包括“主营业务收入”“其他业务收入”“营业外收入”“投资收益”“公允价值变动损益”“资产处置损益”“其他收益”“主营业务成本”“其他业务成本”“营业外支出”“财务费用”“管理费用”“销售费用”等。

7）编制财务报表

在结账程序结束后，就可以进行财务报表的编制工作了。财务报表是会计信息系统对企业会计信息的输出，是反映企业财务状况、经营成果和现金交易情况的综合文件，企业外部各界人士主要是通过财务报表来了解企业的情况，因此，财务报表对于投资人和债权人来说是很重要的。

以上是一般会计循环的基本步骤。在实行会计电算化的企业，上述步骤是用计算机来完成的。在操作时，很多步骤都是自动完成的，这并不说明会计循环不存在了，只是表现形式不同罢了。

1.3　物流企业会计工作组织

会计工作组织就是根据企业会计工作的特点，制定会计法规制度、设置会计机构、配备会计工作人员，以保证会计工作的有效、顺利进行。物流企业会计工作是一项系统工作，十分繁杂。从经济业务发生，凭证填制、取得，账簿登记，物流成本计算到财务报表编制、分析，涉及业务员经办、负责人批准、会计记账等众多人员及一系列的程序和手续。如果某一人员或某一环节发生差错，就会影响整个会计工作的顺利进行。因此，科学合理地组织会计工作，具有十分重要的意义。

1.3.1　物流企业会计机构与会计人员

1）物流企业会计机构的设置

（1）物流企业会计机构设置的原则

由于各个单位的组织机构、管理体制和经营管理情况有所不同，会计机构设置有不同的模式。物流企业在设置会计机构时，一般应遵循下列原则：

①会计机构设置要与各单位的规模和管理要求相适应。

单位的规模和管理要求是设置会计机构的依据，它决定经济业务的内容和数量，也影响组织会计工作的方法和会计机构的内部分工。如果规模较大，业务量较大，管理要求高，会计机构就要相应地大一些，内部分工也要细一些；如果规模较小，经营过程比较简单，业务量很小，则机构可以小一些，内部分工也可以粗一些。

②会计机构设置应有助于提高工作效率。

会计机构是为了完成任务，加强管理，提高经济效益而设计的，因此，会计机构的设置应当贯彻精简、高效、节约的原则，合理设计，防止机构重叠、人浮于事，避免人力、物力的浪费。

③会计机构设置应注意内部分工明确具体。

每一个单位的会计机构内部，对会计人员都应根据会计业务的不同进行明确的分工。这就要求每个部门和工作人员应有明确的职权、责任与具体的工作内容，做到部门之间职责清楚、任务明确，有利于实行岗位责任制。同时，在内部分工中，要贯彻内部控制制度，做到在工作中相互制约、相互监督，防止工作中的失误和舞弊。

（2）物流企业会计机构设置的方式与内容

《中华人民共和国会计法》（以下简称《会计法》）第三十六条明确规定了会计机构设计的方式。归纳起来，有三种情形：一是设置独立的会计机构和会计人员；二是不设置独立的会计机构，在有关机构中设置会计人员；三是不设置会计机构和会计人员，委托中介机构代理记账。下面以单独设置会计机构为例，说明单位会计机构设置的内容。

①总会计师的设置。

物流企业可以根据需要，自行决定是否设置总会计师。

总会计师一般是在单位负责人直接领导下进行工作的单位领导决策层的成员。总会计师作为单位会计工作的主要负责人，全面负责本单位的财务会计管理和经济核算，参与本单位的重大经营决策活动，是单位负责人的参谋和助手。为了保障总会计师的职权，《中华人民共和国总会计师条例》规定，凡设置总会计师的单位，在单位行政领导成员中，不设与总会计师职权重叠的副职。

②会计机构负责人与会计主管的设置。

在独立设置会计机构的单位，应指定会计机构负责人。在没有独立设置会计机构的单位，也需要在会计人员中指定会计主管人员。会计机构负责人和会计主管人员属于单位中层管理人员，具体组织管理本单位的会计工作。

在单位负责人和总会计师的领导下，会计机构负责人负有组织、管理本单位所有会计工作的责任，其工作水平的高低和质量的好坏直接关系到整个单位会计工作的水平高低和质量好坏。

在大中型企业里，一般设置专门的会计机构，称为“财务部”或者“财务会计部”。这些机构的负责人，称为“部长”或者“经理”。

③会计机构内部分工的设计。

实行总会计师制的大中型企业一般有较多的财务、会计人员，在总会计师的监督和财务部长（经理）的领导下实行分工协作，形成一个以总会计师为首，以财务部长为主管，包括许多小组的财务会计组织体系。

在设计会计机构内部分工时，应考虑企业规模、业务特点、管理要求和会计信息的需要。物流企业会计组织中可以设置以下几个小组：

A.总账报表组。

本组负责汇总记账凭证的登记、总账的登记以及报表的编制。本组还负责月终结账、利润结转等工作。

B.工资核算组。

本组负责监督工资基金、控制工资奖金支出总额，审查和核算职工工资额，编制工资单。另外，根据成本计算的要求，将工资总额按其类别进行分类，编制工资分配表。

C.固定资产核算组。

本组负责登记企业厂房设备及其他固定资产的分类账以及“累计折旧”“在建工程”等有关账户。凡属企业添置和减少固定资产的有关业务，如新建、购置、大修理、更新改造和调出报废等，都由该组核算。

上述各组人数视工作需要而定，少则一人，多则若干人。在分工中应贯彻内部控制原则，便于相互制约。另外，有些大中型企业还设有稽核组，或者在总账报表组内设稽核员。

2）物流企业会计人员的权责

设置会计机构的单位，应当配备一定数量符合会计从业资格的会计人员。不设专门会计机构的单位，应当在有关机构中配备若干办理会计事务的专职和兼职会计人员。明确会计人员的职责权限，提高会计人员的政治素质和业务水平，是保证会计工作质量的关键。

（1）会计人员的职责

①会计核算。

会计人员应按照会计法规认真办理会计事务，及时、准确、完整地记录、计量和反映企业单位经营活动，为经营决策提供真实、可靠的会计信息。其主要包括：

A. 对于款项和有价证券的收付，财产物资的增减，债权、债务的发生和结算，各种收入、费用的确认和计量，财务成果的计算和分配等，都必须正确、完整地办理会计手续，进行会计核算。

B. 按照会计规范的规定记账、算账和报账，做到手续完备、内容真实、数字确凿、账目清楚、账实相符、日清月结，按期编制财务报表。

C. 按照经济核算原则定期检查、分析、考核财务计划、预算的执行情况，揭露经营活动中的问题，为企业经营决策提供可靠的会计信息。

D. 建立会计档案制度，妥善保管会计凭证、账簿和财务报表等会计档案。

②会计监督。

会计人员通过日常会计工作对经济活动进行监督，具体包括：

A. 对于违反现金管理条例、费用开支标准的，会计人员有权拒绝付款、拒绝报销、拒绝执行，并向本单位领导报告，提请处理。

B. 发现弄虚作假、营私舞弊、欺骗上级等违法乱纪行为应及时制止、反映和揭露。

C. 揭露和制止现实的和可能发生的损失及浪费，促使有关部门和人员勤俭节约，提高经济效益。

（2）会计人员的权限

为了保证会计人员更好地履行其职责，国家赋予会计人员一定的权限，具体包括：

① 参与各项经济计划的制订和各项经营方案的预测和决策。

② 参与有关生产、经营管理会议，分析原因，总结经验，揭露矛盾，提出改进的措施。

③ 参与各种定额的制定以及经济谈判和经济合同签订等事项。

④ 监督、检查本单位的财务收支、资金使用和财产保管及使用等。

3）物流企业会计岗位责任制

岗位责任制是企业按照工作岗位建立的责任制度。会计人员岗位责任制应按照“事事有人管、人人有专责、办事有标准、工作有检查”的原则来设计。其设计要求是：岗位责任制要将工作任务和工作方法、职责和权限、专门核算和群众核算有机地结合起来，保证会计任务的完成。岗位责任制应以会计的职能为设计依据。

（1）会计部门主管岗位

① 领导本单位的会计工作。

② 组织制定本单位的各项会计制度，并监督执行。

③ 参加生产经营管理会议，参与经营决策。

④ 审查或参与拟定经济合同、协议及其他经济文件。

⑤ 负责向本单位领导和职工代表大会报告财务状况和经营成果，审查对外提供的会计资料。

⑥ 组织会计人员学习政治理论和业务技术，负责会计人员的考核，参与研究会计人员的聘任和调整工作。

（2）工资核算岗位

① 监督工资基金的使用。

② 审核发放工资和奖金。

③ 负责工资分配的核算。

④ 计提职工福利费和拨交工会经费。

（3）固定资产核算岗位

① 建立健全固定资产管理办法，编制固定资产目录，负责固定资产的明细核算，定期核对，保持账、卡、物相符，按期编报固定资产增减明细表。

② 计提固定资产折旧。

③ 定期清查盘点固定资产，认真审核并正确处理盘盈、盘亏以及使用不当的设备等，分析固定资产的使用效果，提高固定资产的利用率。

④ 负责核算在建工程及无形资产。

（4）总账报表岗位

① 编制汇总记账凭证，登记总账。

② 编制资产负债表、利润表和现金流量表，以及其他明细报表，核对其他报表。

③ 管理会计凭证、账簿和账表。

（5）出纳岗位

① 办理现金收付和银行结算业务。

② 登记库存现金和银行存款日记账。

③ 保管库存现金和各种有价证券。

④ 保管有关印章、空白收据和支票。

（6）稽核岗位

① 审查财务成本计划执行情况。

② 审查各项财务收支。

③ 复核财务报表。

④ 其他稽核工作。

（7）综合分析岗位

① 综合分析财务状况和经营成果。

② 编制财务情况说明书和专题分析报告。

③ 进行财务预测，提供经营决策参考资料。

为保证会计工作的顺利开展，会计机构内部应建立健全岗位责任制，明确会计人员各自的岗位及职责范围，实行定员、定岗和定职管理，以提高会计工作效率。会计人员的工作岗位一般有会计主管、出纳、财产物资核算、工资核算、成本费用核算、收入成本利润核算、资金核算、往来款项核算、总账报表、稽核等。会计工作的岗位分工根据需要确定，可以一人一岗、一人多岗或一岗多人。有条件的单位应进行定期会计轮岗，但不论如何分工，出纳人员均不得兼任稽核、会计档案保管和收入、支出、费用、债权债务账目的登记工作。

1.3.2　物流企业的会计核算组织程序

会计核算组织程序就是规定凭证、账簿的种类、格式和登记方法及各种凭证之间、账簿之间和凭证与账簿之间，以及各种报表之间、各种账簿与报表之间的相互联系及编制的程序。我国会计核算工作在长期实践中，形成了四种核算组织程序：记账凭证核算组织程序、科目汇总表核算组织程序、汇总记账凭证核算组织程序、日记总账核算组织程序。

1）记账凭证核算组织程序

（1）记账凭证核算组织程序的特点

记账凭证核算组织程序的特点是：在登记日记账的同时直接根据记账凭证逐笔登记总分类账。它是最基本的一种会计核算组织程序，其他各种会计核算组织程序都是在这种核算组织程序的基础上，根据经济管理的需要发展而成的。

在采用这种核算组织程序时，记账凭证可以采用通用记账凭证，也可以采用专用记账凭证（包括收款凭证、付款凭证和转账凭证）。序时账簿一般设置三栏式库存现金日记账和银行存款日记账，并将凭证装订成册代替普通日记账；总账也采用三栏式并按一级账户设置，明细账则根据企业经营管理需要来设置。

（2）记账凭证核算组织程序的基本内容及流程

① 根据原始凭证填制记账凭证。

② 根据记账凭证及所附的原始凭证登记各种明细分类账。

③ 根据记账凭证（收款凭证、付款凭证）登记库存现金日记账和银行存款日记账。

④ 根据记账凭证登记总分类账。

⑤ 会计期末，库存现金日记账、银行存款日记账的余额，以及各明细分类账余额之和与总分类账的余额相核对。

⑥ 根据总分类账和明细分类账提供的数据编制财务报表。

记账凭证核算组织程序的流程如图1-1所示。

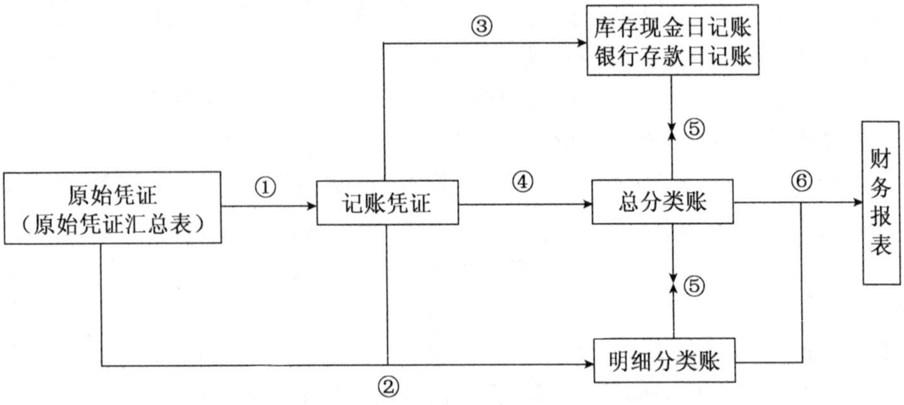

图1-1　记账凭证核算组织程序流程图

（3）记账凭证核算组织程序的优缺点及适用性

记账凭证核算组织程序是最基本的核算组织程序，包括各种核算组织程序的基本要素。它区别于其他核算组织程序的根本特点是根据记账凭证直接逐笔地登记总分类账。其优点是组织程序简单明了，比较详细地反映经济业务发生的情况，便于对账、用账和查账；缺点在于总分类账逐笔登记，工作量较大，也不符合总分类账总括反映的特点。因此，它只适用于规模不大、经济业务数量不多的企业。

2）科目汇总表核算组织程序

（1）科目汇总表核算组织程序的特点

科目汇总表核算组织程序的特点是：先根据所有记账凭证编制科目汇总表，然后根据科目汇总表登记总分类账。

科目汇总表核算组织程序的记账凭证设置和账簿设置与记账凭证核算组织程序基本相同，一般记账凭证可以采用通用记账凭证，也可以采用专用记账凭证（包括收款凭证、付款凭证和转账凭证）。序时账簿一般设置三栏式库存现金日记账和银行存款日记账，并将凭证装订成册代替普通日记账；总账也采用三栏式并按一级账户设置，明细账则根据企业经营管理的需要来设置。

科目汇总表的编制方法是将记账凭证按相同科目区别借贷方汇总编制。科目汇总表的编制时间可根据企业经济业务量的多少来确定，可以每1天、3天、5天、10天等汇总一次。科目汇总表适用于按旬（即10天）汇总的企业，对记账凭证按旬汇总，每月编制一张科目汇总表。科目汇总表的格式一般有三种：按旬汇总记账凭证的企业可采用表1-3的格式；按其他周期汇总记账凭证的企业可采用表1-4和表1-5的格式。

表1-3　科目汇总表（格式一）

年　月　日　　　第　号

会计科目	1—10日		11日—20日		21—30日		本月合计		总账页数
	借方	贷方	借方	贷方	借方	贷方	借方	贷方	
合计									

表1-4　科目汇总表（格式二）

年　月　日　　　第　号

会计科目	记账凭证起讫号数	本期发生额		总账页数
		借方	贷方	
合计				

表1-5　科目汇总表（格式三）

年　月　日至　年　月　日　　　第　号

会计科目	记账凭证起讫号数	期初余额	本期发生额		期末余额	总账页数
			借方	贷方		
合计						

（2）科目汇总表核算组织程序的基本内容及流程

① 根据原始凭证填制记账凭证。

② 根据记账凭证及所附原始凭证登记各种明细账。

③ 根据记账凭证（收款凭证、付款凭证）登记库存现金日记账和银行存款日记账。

④ 根据记账凭证定期按每一科目的借方和贷方发生额汇总，编制科目汇总表。

⑤ 根据科目汇总表登记总分类账。

⑥ 会计期末，库存现金日记账、银行存款日记账的余额，以及各明细分类账余额之和，应与总分类账的余额相核对。

⑦ 根据总分类账和明细分类账提供的数据编制财务报表。

科目汇总表核算组织程序的流程如图1-2所示。

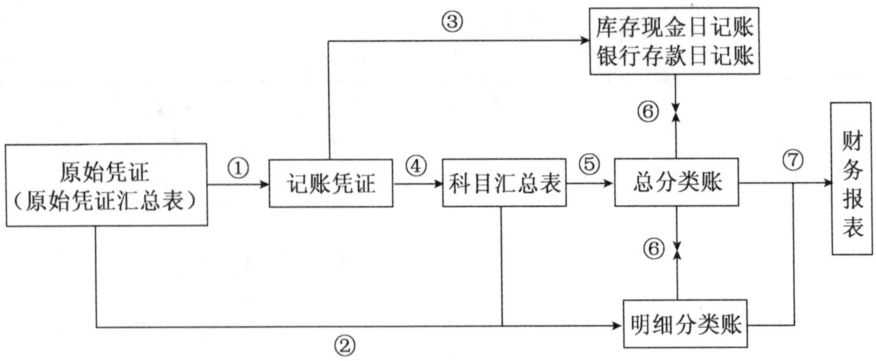

图1-2 科目汇总表核算组织程序流程图

（3）科目汇总表核算组织程序的优缺点及适用性

从上述科目汇总表账务程序的特点可以看出，这种核算组织程序与记账凭证核算组织程序相比，简化了登记总分类账的工作，同时，还可以根据各科目本期借方发生额合计数与本期贷方发生额合计数进行试算平衡，能发现汇总和记账过程中的错误，从而保证记账工作的质量；但是科目汇总表及其总分类账都不能反映账户的对应关系，不利于进行经济活动的分析和检查。由于科目汇总表核算组织程序能节省总分类账的登记工作，因此，它一般适用于大中型企业。

3）汇总记账凭证核算组织程序

（1）汇总记账凭证核算组织程序的特点

汇总记账凭证核算组织程序的主要特点是：先根据记账凭证编制汇总记账凭证，包括汇总收款凭证、汇总付款凭证和汇总转账凭证，然后根据汇总记账凭证登记总分类账。

在采用汇总记账凭证核算组织程序下，记账凭证设置和账簿设置与记账凭证核算组织程序基本相同。其记账凭证一般采用收款凭证、付款凭证和转账凭证三种格式。库存现金和银行存款的日记账和总分类账都可以采用三栏式账页，明细分类账同样应根据经营管理的需要来设置。

汇总收款凭证是根据一定时期的全部收款凭证，按月编制而成的。汇总收款凭证按借方科目库存现金和银行存款设置，按其相对应的贷方科目加以归类，定期汇总，按月编制，月末结算出汇总收款凭证中各贷方科目的合计数，作为登记总分类账的依据。表1-6为汇总收款凭证的格式。

汇总付款凭证是根据一定时期的全部付款凭证，按月编制而成的。汇总付款凭证按贷方科目库存现金和银行存款设置，按其相对应的借方科目加以归类，定期汇总，按月编制，月末结算出汇总付款凭证中各借方科目的合计数，作为登记总分类账的依据。表1-7为汇总付款凭证的格式。

汇总转账凭证是根据一定时期的转账凭证，按月汇总编制而成的。转账凭证的借、贷方科目均无规律性。在实际工作中，统一按贷方科目设置，按与设置科目相对应的借方科目加以归类，定期汇总，按月编制。表1-8为汇总转账凭证的格式。

表1-6

汇总收款凭证

借方科目：　　　　　　　　年　　月　　日　　　　　　　　汇收第　号

贷方科目	金额				总账页数	
	1日—10日 收款凭证 第　号至第　号	11日—20日 收款凭证 第　号至第　号	21日—30日 收款凭证 第　号至第　号	合计	借方	贷方
合计						

表1-7

汇总付款凭证

贷方科目：　　　　　　　　年　　月　　日　　　　　　　　汇付第　号

借方科目	金额				总账页数	
	1日—10日 付款凭证 第　号至第　号	11日—20日 付款凭证 第　号至第　号	21日—30日 付款凭证 第　号至第　号	合计	借方	贷方
合计						

表1-8

汇总转账凭证

贷方科目：　　　　　　　　年　　月　　日　　　　　　　　汇转第　号

借方科目	金额				总账页数	
	1日—10日 转账凭证 第　号至第　号	11日—20日 转账凭证 第　号至第　号	21日—30日 转账凭证 第　号至第　号	合计	借方	贷方
合计						

（2）汇总记账凭证核算组织程序的基本内容及流程

①根据原始凭证填制记账凭证。

②根据记账凭证及所附原始凭证登记各种明细账。

③根据记账凭证（收款凭证、付款凭证）登记库存现金日记账和银行存款日记账。

④根据记账凭证（收款凭证、付款凭证或转账凭证）定期按对应账户汇总后编制各种汇总记账凭证。

⑤月终，根据各种汇总记账凭证结算出的各账户的全月合计数，据以登记总分类账。

⑥会计期末，将库存现金日记账、银行存款日记账的余额，以及各明细分类账余额之和，与总分类账的余额相核对。

⑦根据总分类账和明细分类账提供的数据编制财务报表。

汇总记账凭证核算组织程序的流程如图1-3所示。

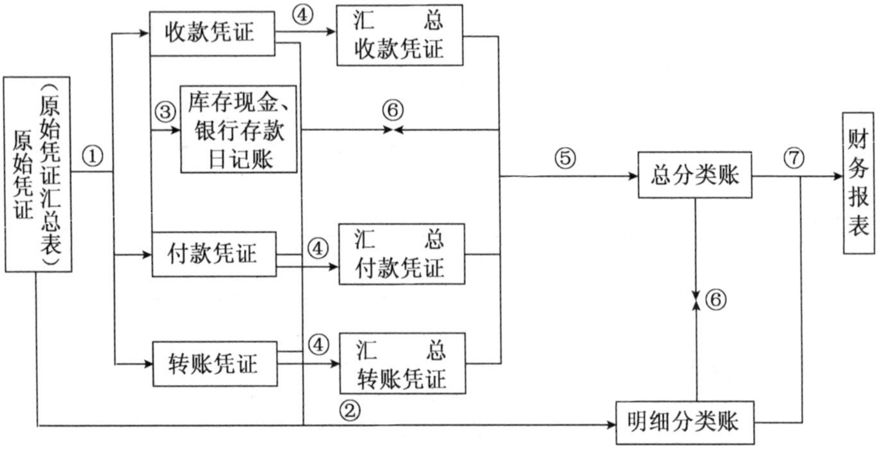

图1-3 汇总记账凭证核算组织程序流程图

（3）汇总记账凭证核算组织程序的优缺点及适用性

汇总记账凭证核算组织程序大大简化了登记总分类账的程序，节约了会计核算的人力物力，在信息的提供方面符合效益大于成本的原则。当然，编制汇总记账凭证本身也增加了相当的工作量，并且在汇总转账凭证时，不考虑经济业务的性质，不利于会计工作的分工，还容易出现遗漏或重复汇总的错误。因此，该核算组织程序适用于规模较大、业务量较多的企业。

4）日记总账核算组织程序

（1）日记总账核算组织程序的特点

日记总账核算组织程序的特点是：设置日记总账，并以所有经济业务编制的记账凭证为依据直接登记日记总账。

日记总账核算组织程序的记账凭证设置和账簿设置与记账凭证核算组织程序基本相同。其记账凭证一般采用收款凭证、付款凭证和转账凭证三种格式。库存现金和银行存款的日记账和总分类账都可以采用三栏式账页，明细分类账同样应根据经营管理的需要来设置。

日记总账核算组织程序的关键是要设置日记总账。日记总账是将序时账和总分类账结合在一起的一种联合账簿，要根据业务发生的时间顺序登记总账，将所有科目的总分类核算都集中在一张账页上。日记总账的格式见表1-9。

（2）日记总账核算组织程序的基本内容及流程

① 根据原始凭证填制记账凭证。

表1-9 日记总账

年		凭证		摘要	发生额	库存现金		银行存款		应收账款		…
月	日	字	号			借方	贷方	借方	贷方	借方	贷方	…
												…
					发生额合计及月末余额							…

② 根据记账凭证及所附的原始凭证登记各种明细分类账。

③ 根据记账凭证（收款凭证、付款凭证）登记库存现金日记账和银行存款日记账。

④ 根据记账凭证及库存现金日记账、银行存款日记账登记日记总账。

⑤ 会计期末，将库存现金日记账、银行存款日记账的余额，以及各明细分类账余额之和，与总分类账的余额相核对。

⑥ 根据日记总账和明细分类账提供的数据编制财务报表。

日记总账核算组织程序的流程如图1-4所示。

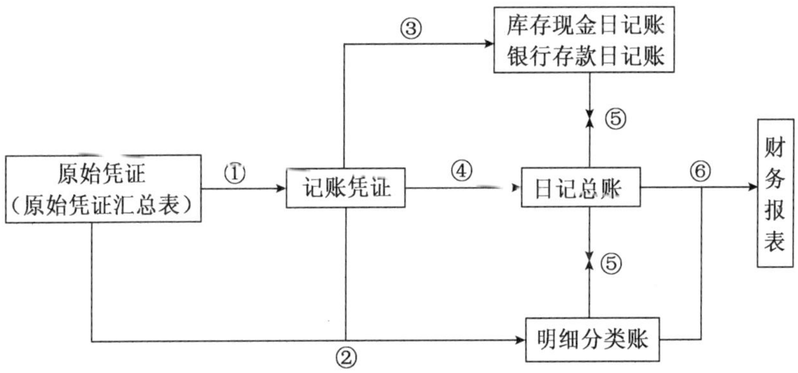

图1-4 日记总账核算组织程序流程图

（3）日记总账核算组织程序的优缺点及适用性

日记总账核算组织程序的主要优点是把日记账和分类账结合在一起，使记账手续大为简化；同时，将全部会计账户分栏列在一张账页上，可以清楚地表现账户之间的对应关系和经济业务的全貌，有利于进行会计分析。但是这种核算组织程序也有很大的局限性，只能列示为数不多的会计账户。否则，账页过大、栏次过多，不便使用，也容易发生差错，而且不便于分工。因此，它只适用于经济业务较少、使用账户不多的小型企业。

企业在选用适合本单位会计核算组织程序时，应考虑以下几方面的因素：

① 要适应本单位的经济活动特点、规模的大小和业务的繁简情况，有利于会计核算的分工和建立岗位责任制。

② 要适应本单位、主管部门以及国家经济管理的需要，全面、系统、及时、正确地提供反映本单位经济活动情况的会计核算资料。

③ 要在保证核算资料正确、及时和完整的前提条件下，尽可能地简化会计核算手续，提高会计工作效率，节约人力物力，节约核算费用。

1.3.3 物流企业的会计档案管理与交接制度

1）物流企业的会计档案管理

（1）会计档案概述

会计档案是指单位在进行会计核算等过程中接收或形成的，记录和反映单位经济业务事项的，具有保存价值的文字、图表等各种形式的会计资料，包括通过计算机等电子设备形成、传输和存储的电子会计档案。会计档案包括会计凭证、账簿、财务报告等会计核算专业材料。它是记录和反映经济业务的重要史料和证据，具有法律效力，因而是重要的经济档案。充分利用档案资料，对于总结经济工作经验、分清经济责任、指导经营活动、查证财务问题等具有十分重要的意义。

下列会计资料应当进行归档：①会计凭证，包括原始凭证、记账凭证；②会计账簿，包括总账、明细账、日记账、固定资产卡片及其他辅助性账簿；③财务会计报告，包括月度、季度、半年度、年度财务会计报告；④其他会计资料，包括银行存款余额调节表、银行对账单、纳税申报表、会计档案移交清册、会计档案保管清册、会计档案销毁清册、会计档案鉴定意见书及其他具有保存价值的会计资料。

（2）会计档案的保管和利用

当年形成的会计档案，在会计年度终了后，可由单位会计管理机构临时保管一年，以便查核使用。期满以后，应由会计部门编制清册，全部移交本单位档案部门，不得自行封存保管。档案部门对财会部门移交的会计档案，应当保持原卷册的封装。

对个别需要拆封重新整理的，应当征得财会部门主管人员同意并与原经办人员共同拆封整理。档案部门应建立健全档案保管责任制，指派专人负责并严格执行安全和保密制度，以保证会计档案的完好无损和会计信息的不随便泄露、不超越规定的传递范围。

单位应当严格按照相关制度利用会计档案，在进行会计档案查阅、复制、借出时履行登记手续，严禁篡改和损坏。

单位保存的会计档案一般不得对外借出。确因工作需要且根据国家有关规定必须借出的，应当严格按照规定办理相关手续。会计档案借用单位应当妥善保管和利用借入的会计档案，确保借入会计档案的安全完整，并在规定时间内归还。

会计档案的保管期限应按照国家统一规定执行。《会计档案管理办法》对不同单位、不同类别的会计档案，规定了不同的保管期限。各种会计凭证、会计账簿、会计档案移交清册至少须保存30年。固定资产卡片在固定资产报废清理后保管5年。各种月度、季度、半年度财务会计报告至少保存10年；年度财务会计报告需永久保管。

单位应当定期对已到保管期限的会计档案进行鉴定，并形成会计档案鉴定意见书。经鉴定，仍需继续保存的会计档案，应当重新划定保管期限；对保管期满，确无保存价值的会计档案，可以销毁。会计档案鉴定工作应当由单位档案管理机构牵头，组织单位会计、审计、纪检监察等机构或人员共同进行。

经鉴定可以销毁的会计档案，销毁的基本程序和要求是：

①单位档案管理机构编制会计档案销毁清册，列明拟销毁会计档案的名称、卷号、册数、起止年度、档案编号、应保管期限、已保管期限和销毁时间等内容。②单位负责人、档案管理机构负责人、会计管理机构负责人、档案管理机构经办人、会计管理机构经办人在会计档案销毁清册上签署意见。③单位档案管理机构负责组织会计档案销毁工作，并与会计管理机构共同派员监销。监销人在会计档案销毁前，应当按照会计档案销毁清册所列内容进行清点核对；在会计档案销毁后，应当在会计档案销毁清册上签名或盖章。

电子会计档案的销毁还应当符合国家有关电子档案的规定，并由单位档案管理机构、会计管理机构和信息系统管理机构共同派员监销。

保管期满但未结清的债权债务会计凭证和涉及其他未了事项的会计凭证不得销毁，纸质会计档案应当单独抽出立卷，电子会计档案单独转存，保管到未了事项完结时为止。单独抽出立卷或转存的会计档案，应当在会计档案鉴定意见书、会计档案销毁清册和会计档案保管清册中列明。

2）物流企业的会计工作交接

会计人员因工作调动或其他原因离职时，必须与接管人员办理交接手续，以分清移交人员和接管人员的责任，使会计工作前后衔接，防止账目不清、财务混乱，保证会计工作顺利进行。会计人员离职前必须做好移交准备工作，包括如下内容：

① 已经受理的经济业务尚未填制的会计凭证应填制完毕。

② 尚未登记的记账凭证应登记完毕，并在最后一笔余额后加盖印章以示责任。

③ 整理应该移交的各项资料，对未了事项必须出具书面材料，列出清单。

④ 编制移交清册，列示所移交的账表、公章、现金和支票簿等各种资料，并注明移交日期，加盖印章。

会计人员工作移交时应按照《中华人民共和国会计法》第四十一条的规定进行监交。一般会计人员办理交接手续，由会计机构负责人（会计主管人员）监交。会计机构负责人（会计主管人员）办理交接手续，由单位负责人监交，必要时主管单位可以派人会同监交。

1.3.4 物流企业的会计规范体系

物流企业会计规范是指组织和从事会计工作所必须遵循的规范，具体规定了企业进行会计工作应遵循的规则、方法和程序。企业需要具备一整套完善的会计工作规范制度，来保证会计工作能够有组织、有秩序地进行。

1）会计准则

会计准则包括《企业会计准则》、《小企业会计准则》和非企业会计准则三个方面。

《企业会计准则》是规范企业会计确认、计量和报告的会计准则，适用于在我国境内设立的企业（包括公司）。它包括基本准则、具体准则、应用指南和解释公告等内容。

基本准则是进行会计核算工作必须共同遵循的基本规范和要求。我国现行的基本准则是2006年由财政部发布，并于2007年1月1日开始执行的。该准则主要就会计目标、会计核算的基本假设、会计信息质量要求、会计要素的确认与计量、财务报告体系等做出了规定。

具体准则是根据基本准则的要求，对共性的经济业务和特殊行业、特殊经济业务的会计处理所做出的具体规定。从具体准则所规范的经济业务的内容来看，大体上可以分为三类：第一类是共性或通用的准则，用来规范所有企业都可能发生的经济业务，如存货准则、固定资产准则、资产减值准则等；第二类是特殊行业和特殊业务的准则，用来规范特殊行业的特定业务的会计处理，如租赁准则、建造合同准则等；第三类是财务会计报告准则，主要规范各类企业通用的报告类准则，如财务报表列报准则、现金流量表准则、合并财务报表准则等。截至目前，已经发布的具体会计准则共42项。

应用指南主要包括具体会计准则解释和会计科目及主要账务处理等，为企业执行会计准则提供操作性规范。

《小企业会计准则》于2011年10月由财政部发布，自2013年1月1日起施行。该准则是规范小企业确认、计量和报告行为的会计规范，适用于在我国境内依法设立的、符合《中小企业划型标准规定》所规定的小型企业标准的企业。它包括总则、资产、负债、所有者权益、收入、费用、利润及利润分配、外币业务、财务报表、附则10章共90条。

非企业会计准则是企业之外的其他单位适用的会计准则。

2）会计制度

会计制度是由国务院财政部门根据会计法制定的关于会计核算、会计监督、会计机构和会计从业人员管理以及会计工作管理的制度。会计制度由一系列规范构成，见表1-10。

表1-10 会计制度的构成

名称	特征	举例
会计核算制度	财政部通过一定行政程序制定的、具有一定强制性的会计核算行为规范	《社会保险基金会计制度》《政府会计制度》《企业产品成本核算制度（试行）》《工会会计制度》等
会计监督制度	财政部通过一定行政程序制定的、用于会计监督方面的规章	《企业内部控制基本规范》等
会计机构和会计人员管理制度	财政部通过一定行政程序制定的、规范会计人员权利和义务的规章	《会计专业技术人员继续教育规定》等
会计工作管理制度	财政部通过一定行政程序制定的、用于会计工作管理方面的规章	《会计档案管理办法》《会计基础工作规范》等

■ 本章小结

现代物流指材料、产成品从起点至终点及相关信息有效流动的全过程。物流是一种操作性的工作，而不是一种理论的研讨，它是将运输、仓储、装卸、加工、整理、配送和信息等方面有机结合，形成完整的供应链，为用户提供多功能、一体化的综合性服务。

物流企业是指独立于生产领域之外，专门从事各种物流经营活动的自主经营、自负盈亏、自我发展、自我约束的具有法人资格的企业。物流企业具有组织社会物质资源、商品供应、商品储存、运送物质实体、信息流通等职能。

物流企业会计是指以货币为主要计量单位，借助专门的程序和方法，对特定物流企业的资金运动进行全面、综合、连续、系统的核算与监督的一种经济管理活动。物流企业会计具有核算和监督两大基本职能。

物流企业的财务报告又称为财务会计报告，通常包括财务报表、附注和财务情况说明书三大类。

物流企业的会计要素划分为资产、负债、所有者权益、收入、费用和利润六类。物流企业的会计科目按照反映的经济内容的不同，可以划分为资产类科目、负债类科目、所有者权益类科目、成本类科目、共同类科目和损益类科目六个大类。

物流企业会计核算前提包括会计主体、持续经营、会计分期、货币计量。

物流企业会计信息质量要求包括可靠性、相关性、可理解性、可比性、实质重于形式、重要性、谨慎性、及时性等原则。

物流企业会计核算组织程序可以分为记账凭证核算组织程序、科目汇总表核算组织程序、汇总记账凭证核算组织程序、日记总账核算组织程序。

物流企业会计规范体系包括会计准则和会计制度。

■ 思考题

1. 如何理解物流企业会计的概念及作用？
2. 物流企业会计要素包括哪些内容？
3. 如何设置物流企业会计科目？
4. 物流企业会计核算有哪些基本前提？
5. 物流企业会计信息质量要求有哪些？
6. 物流企业会计核算组织程序有哪些？分别包括哪些内容？
7. 物流企业会计档案管理与交接制度的基本内容包括哪些？
8. 物流企业会计规范体系包括哪些内容？

■ 案例

东方物流公司现金收、付业务，收、付款原始凭证的复核，收、付款记账凭证的编制由出纳员王某负责；由于王某生病住院，休假两个月，在此期间，公司指定由会计员李某兼任出纳员；东方物流公司的支票、印章都由王某一人保管，签收手续也由王某一人执行。

要求：东方物流公司的会计人员设置存在什么问题？

第2章 货币资金与应收款项

学习目标

通过本章的学习，应明确货币资金的基本内容和有关的基本概念；了解货币资金在管理与核算中应遵循的各项有关规定；熟练掌握货币资金各组成部分的核算方法；重点掌握银行存款余额调节表的编制；了解应收账款、应收票据、预付账款和其他应收款等相关概念及其在物流企业的核算内容；掌握应收账款中商业折扣和现金折扣的账务处理，带息应收票据的账务处理，应收票据贴现的账务处理，其他应收款及预付账款的账务处理，并重点掌握坏账损失备抵法的核算。

2.1 货币资金

货币资金是指物流企业中以货币形态存在的那部分资产，按其存放地点和用途不同可分为库存现金、银行存款和其他货币资金。货币资金是物流企业中流动性最强的资产，它是流动资产的重要组成部分。物流企业购置各种物流设施设备、购买材料物资、支付职工薪酬、结算物流服务收入款、缴纳各种税费、支付各种经营管理费用等交易事项都需要一定数量的货币资金，为了保证物流企业经营活动的正常进行，必须保持一定的货币资金持有量，而货币资金收支也贯穿于整个物流活动过程。因此，物流企业必须严格进行货币资金管理、核算和监督工作，以确保货币资金的安全完整，提高货币资金的使用效率。

2.1.1 库存现金

现金是货币资金的重要组成部分，是流动性最强的资产，具有通用性和无限制的可流通性。现金的概念有广义和狭义的区分。狭义的现金是指存放于物流企业财会部门、由出纳人员经管的以备零星开支的货币，即企业的库存现金。广义的现金是指货币资金，包括库存现金、银行存款和其他货币资金。这里所讲的现金是指狭义的现金，即库存现金。

1）现金的管理

现金是物流企业流动性最强的货币资金，可以随时进行物资购买、支付日常零星开支、偿还债务等，因此物流企业必须加强对现金的管理。

根据国务院颁布的《现金管理暂行条例》，现金管理制度主要包括以下内容：

（1）现金使用范围

① 职工工资、津贴。

② 个人劳务报酬。

③ 根据国家规定颁发给个人的科学技术、文化艺术、体育等各种奖金。

④ 各种劳保、福利费用以及国家规定的对个人的其他支出。

⑤ 向个人收购农副产品和其他物资的价款。

⑥ 出差人员必须随身携带的差旅费。

⑦ 结算起点（1 000元）以下的零星支出。

⑧ 中国人民银行确定需要支付现金的其他支出。

（2）库存现金限额

为了加强现金管理，同时便于物流企业的日常零星开支，国家规定每个企业可以保存一定数额的库存现金，称为库存现金限额。库存现金限额原则上根据该企业3~5天的日常零星现金开支的需要确定。边远地区和交通不发达地区的库存现金限额可以适当放宽，但是最多不能超过15天的日常零星现金开支需要额。从加强物流企业现金管理、提高资金使用效率、加速资金周转的角度来说，物流企业的库存现金既不能太多，也不能太少。如果库存现金太多，挤占企业资金，闲置资金过多，持有的机会成本比较大，会降低资金的使用效率。如果库存现金太少，日常开支不能及时支付，会影响企业业务的正常进行。库存现金限额一经确定就必须执行，库存现金超过限额时要于当日送存开户银行，不足限额时可向开户银行提取。库存现金限额一般按年调整。年内如果遇到特殊原因，必须增减库存现金限额时，应该向开户银行提出申请，经批准后进行调整。

（3）库存现金收支的规定

① 企业收入现金应该于当日送存开户银行。企业当日送存银行确实有困难的，由开户银行确定送存时间。

② 不准擅自坐支现金。开户单位支付现金，可以从本单位库存现金中支付或从开户银行提取，不得从本单位的现金收入中直接支付，即不得“坐支现金”。因特殊情况需要坐支现金的，应事先报经开户银行审查批准，由开户银行确定坐支范围和限额。坐支现金的单位应定期向开户银行报送坐支金额及使用情况。

③ 不准谎报用途套取现金。物流企业从开户银行提取现金时，应如实写明提取现金的用途，由物流企业财会部门负责人签字盖章，并经开户银行审核后予以支付。

④ 严禁“白条顶库”，即不准用不符合财务制度的凭证顶替库存现金。

⑤ 不准用银行账户代其他单位和个人存入或支取现金。

⑥ 不准将企业的现金收入按个人储蓄方式存入银行，也不准保留账外公款，即不得“公款私存”，不得设置“小金库”。

（4）现金的内部控制制度

物流企业为了加强库存现金的管理，应坚持“钱账分管”的内部控制制度。企业现金收付的保管，应该由专职或者兼职的出纳人员负责。出纳人员收付现金时要有凭有据，只有经过认真审核后，才能收付现金。收付现金时必须当面点清，并且认真复核，防止发生差错，而收付后的现金凭据要加盖“现金收讫”或者“现金付讫”章。对不符合手续制度的凭证，出纳人员应该拒绝办理。

2）现金的核算

物流企业应设置“库存现金”科目，通过现金的总分类核算来概括反映现金收入、支出和结存情况。为了了解和掌握物流企业现金的收支动态和结存余额，企业必须设置“库存现金日记账”，按库存现金业务发生的先后顺序进行序时登记。每日终了，企业应根据登记的“库存现金日记账”结余数与实际库存数进行核对，以做到账实相符。

（1）现金收入的核算

每笔现金收入和支出业务，都必须根据审核无误的原始凭证编制记账凭证后据以入账。物流企业收入现金时，借记“库存现金”科目，贷记相关科目。现金收入的主要内容包括从银行提取现金、职工出差报销时交回的余款、收取结算起点以下的零星收入、收取对个人的罚款等。

［例2-1］东方物流公司开出现金支票从银行提取现金2 000元。其会计分录为：

借：库存现金　　2 000

　贷：银行存款　　2 000

［例2-2］职工王刚预支差旅费2 000元。其会计分录为：

借：其他应收款——王刚　　2 000

　贷：库存现金　　2 000

［例2-3］东方物流公司收回零星应收款200元。其会计分录为：

借：库存现金　　200

　贷：应收账款　　200

（2）现金支出的核算

物流企业支出现金时，借记相关科目，贷记“库存现金”科目。现金支出的主要内容见现金的使用范围。

［例2-4］东方物流公司以现金支付购买办公用品费用700元，增值税进项税额91元。其会计分录为：

借：管理费用　　700

　　应交税费——应交增值税（进项税额）　　91

　贷：库存现金　　791

［例2-5］职工王刚出差回来报销差旅费1 500元，余额500元交回。其会计分录为：

借：管理费用　　1 500

　　库存现金　　500

　贷：其他应收款——王刚　　2 000

［例2-6］东方物流公司用现金3 000元发放职工困难补助。其会计分录为：

借：应付职工薪酬　　3 000

　贷：库存现金　　3 000

3）现金的清查

物流企业必须经常对库存现金进行清查盘点，以保证企业账实相符。出纳人员必须做到“日清月结”，若发现账实不符，要及时查明原因并采取措施处理。

① 如果属于记账差错，应当及时改正。

② 如果发生现金短缺，应借记“待处理财产损溢——待处理流动资产损溢”科目，贷记“库存现金”科目。待查明原因后进行如下处理：贷记“待处理财产损溢——待处理流动资产损溢”科目，属于应由责任人赔偿部分，借记“其他应收款——应收现金短缺款（××个人）”科目；属于应由保险公司赔偿部分，借记“其他应收款——应收保险赔款”科目；属于无法查明的其他原因，则借记“管理费用——现金短缺”科目。

③ 如果发生现金溢余，则做相反的会计处理。待查明原因后进行如下处理：

属于应支付给有关人员和单位的，则贷记“其他应付款——应付现金溢余（××个人或单位）”科目；属于无法查明原因的现金溢余，则贷记“营业外收入——现金溢余”科目，同时借记“待处理财产损溢——待处理流动资产损溢”科目。

[例2-7] 东方物流公司清查现金时发现库存现金比库存现金日记账的账面余额少了1 000元。其会计分录为：

借：待处理财产损溢——待处理流动资产损溢　　1 000

　贷：库存现金　　1 000

经查，上述短缺款中有600元是由于出纳李玲保管不善遗失，其余400元无法查明原因。其会计分录为：

借：其他应收款——应收现金短缺款（李玲）　　600

　　管理费用——现金短缺　　400

　贷：待处理财产损溢——待处理流动资产损溢　　1 000

[例2-8] 东方物流公司清查现金发现库存现金比账面余额多了800元。其会计分录为：

借：库存现金　　800

　贷：待处理财产损溢——待处理流动资产损溢　　800

经查，上述溢余中有500元是应支付给职工王月的，其余300元无法查明原因。其会计分录为：

借：待处理财产损溢——待处理流动资产损溢　　800

　贷：其他应付款——应付现金溢余（王月）　　500

　　　营业外收入——现金溢余　　300

2.1.2　银行存款

银行存款是企业货币资金的主要组成部分，是指物流企业存放在银行和其他金融机构的各种存款。物流企业主要通过银行转账进行各种款项的收付结算。

1）银行账户的开立

按照有关规定，凡是独立核算的物流企业都必须在当地银行开设账户。企业应根据《人民币银行结算账户管理办法》和《支付结算办法》的规定，在银行开立基本存款账户、一般存款账户、临时存款账户和专用存款账户。

基本存款账户是指企业办理日常转账结算和现金收付业务的账户，包括工资、奖金等现金的支取等。

一般存款账户是存款人因借款或其他结算需要，在基本存款账户开户银行以外的银行营业机构开立的银行结算账户。一般存款账户用于办理存款人借款转存、借款归还和其他结算的资金收付。该账户可以办理现金缴存，但不得办理现金支取。

临时存款账户是存款人因临时需要并在规定期限内使用而开立的银行结算账户。该账户可办理转账结算和现金的收付业务。

专用存款账户是存款人按照法律、行政法规和规章，对其特定用途资金进行专项管理和使用而开立的银行结算账户。企业特定用途的资金如基本建设资金、更新改造资金等可以通过该账户办理。

一个单位只能选择一家银行的一个营业机构开立一个基本存款账户，不得在多家银行机构开立基本存款账户，也不得在同一家银行的几个分支机构开立一般存款账户。

2）银行结算方式

物流企业开展经济活动必然与其他企业发生经济往来，因此需要通过结算来拨付清偿款项。现行的银行结算方式包括银行汇票、商业汇票、银行本票、支票、信用卡、汇兑、委托收款、托收承付和信用证9种。

（1）银行汇票

银行汇票是汇款人将款项交存当地银行，由出票银行签发的，由其在见票时，按照实际结算金额无条件支付给收款人或持票人的票据。银行汇票具有使用灵活、票随人到和兑现性强等特点，适用于先收款后发货或钱货两清的商品交易。单位和个人各种款项结算，均可使用银行汇票。银行汇票付款期限为自出票日起1个月内。

（2）商业汇票

商业汇票是指由收款人或存款人（或承兑申请人）签发，由承兑人承兑，并于到期日向收款人或被背书人支付款项的一种票据。商业汇票按其承兑人不同，可以分为商业承兑汇票和银行承兑汇票两种。商业承兑汇票是指由收款人签发，经付款人承兑，或者由付款人签发并承兑的汇票。银行承兑汇票是指由存款人或承兑申请人签发，并由承兑申请人向开户银行申请，经银行审查同意承兑的汇票。

商业汇票的适用范围相对较窄，各企业、事业单位之间只有根据购销合同进行合法的商品交易，才能签发商业汇票。除商品交易以外，其他方面的结算，如劳务报酬、债务清偿和资金借贷等均不可采用商业汇票结算方式。商业汇票的承兑期限由交易双方商定，一般为3~6个月，最长不得超过6个月。未到期的商业汇票可以到银行办理贴现。

（3）银行本票

银行本票是指由银行签发的、承诺自己在见票时无条件支付确定的金额给收款人或者持票人的票据。银行本票可以用于转账，注明“现金”字样的银行本票只能向出票银行支取现金。银行本票分为不定额本票和定额本票两种。定额银行本票面额为1 000元、5 000元、10 000元和50 000元。银行本票结算作为流通和支付手段，具有信誉度高、支付能力强，并有代替现金使用功能的特点。它适用于单位和个人在同一票据交换区域内的商品交易、劳务供应以及其他款项的结算。

（4）支票

支票是出票人签发的，委托办理存款业务的银行或其他金融机构，在见票时无条件支付确定的金额给收款人或者持票人的票据。支票结算方式是同城结算中应用比较广泛的一种结算方式。支票分为普通支票、现金支票、转账支票三种。现金支票只能用于支取现金，转账支票只能用于转账，普通支票可以用于支取现金，也可以用于转账。但在普通支票左上角划两条平行线的，为划线支票，只能用于转账，不能支取现金。支票的付款有效期为10天（中国人民银行另有规定的除外），从出票日算起，遇节假日顺延。过期支票作废，银行不予受理。签发支票要用墨汁或碳素墨水（或使用支票打印机）认真填写；支票出票日期、大小写金额和收款人三处不得涂改，其他内容如有改动须由原记载人签章证明。

（5）信用卡

信用卡是指商业银行向个人和单位发行的，凭此向特约单位购物、消费和向银行存取现金，且具有消费信用的特制载体卡片。信用卡按信誉等级分为金卡和普通卡，按使用对象分为单位卡和个人卡，其中，单位卡一律不得支取现金。

凡在中国境内金融机构开立基本存款账户的单位可申领单位卡。单位卡可申领若干张，持卡人资格由申领单位法定代表人或其委托的代理人书面指定和注销。单位卡账户的资金一律从其基本存款账户转账存入，不得交存现金，不得将销货收入的款项存入单位卡账户。持卡人可持信用卡在特约单位购物、消费，但单位卡不得用于100 000元以上的商品交易、劳务供应款项的结算，不得提取现金。信用卡透支额视具体情况而定，透支期限最长为60天。

（6）汇兑

汇兑是汇款人委托银行将其款项支付给收款人的结算方式，单位和个人各种款项的结算均可使用。汇兑结算方式适用于异地之间的各种款项结算。汇兑分为信汇、电汇两种，由汇款人选择使用。信汇是指通过银行邮寄信汇凭证，将款项汇交收款人的一种汇兑方式；电汇是指通过银行拍发电报，将款项汇交收款人的一种汇兑方式。如果汇款人和收款人为个人，且需要在汇入行支取现金，可以办理现金汇兑；未在银行开立账户的收款人，其转账汇兑款严禁转入储蓄和信用卡账户。

（7）委托收款

委托收款是收款人委托银行向付款人收取款项的结算方式。无论是单位还是个人都可凭已承兑商业汇票、债券和存单等付款人债务证明收取同城或异地款项。委托收款还适用于收取电费、电话费等付款人众多且分散的公用事业费等有关事项。委托收款结算款项的收回方式分邮寄和电报两种，由收款人选用。委托收款具有使用范围广、灵活和简便等特点。

（8）托收承付

托收承付是根据购销合同由收款人发货后委托银行向异地付款人收取款项，由付款人向银行付款的结算方式。办理托收承付结算的款项，必须是商品交易以及因商品交易而产生的劳务供应的款项。代销、寄销、赊销商品的款项，不得办理托收承付结算。托收承付只适用于国有单位和集体单位之间的商品交易。其他性质的单位和除商品交易外的其他款项结算无法使用托收承付。收款人办理托收，必须提供商品确已发出的证件（包括铁路、航运、公路等运输部门签发的运单、运单副本和邮局包裹回执）及其他有效证件。每笔托收承付结算业务的金额起点为10 000元。对于新华书店系统，每笔结算的金额起点为1 000元。

托收承付分为验单付款和验货付款两种。验单付款的承付期为3天，从付款人开户银行发出通知的次日算起（承付期内遇法定休假日顺延）。验货付款的承付期为10天，从运输部门向付款人发出提货通知的次日算起，如果收付双方在合同中规定，并在托收凭证上注明验货付款期限，银行将按此期限办理。

（9）信用证

信用证是银行有条件的付款承诺，是开证银行根据申请人的要求和指示，向受益人开立的载有一定的金额，在一定期限内凭规定的单据，在指定地点支付款项的书面承诺。信用证是国际结算的一种主要方式。我国的信用证为不可撤销跟单信用证。

3）银行存款的核算

物流企业发生的各种结算款项，除按规定可以直接使用现金外，都必须通过银行进行转账结算。因此，为了全面、系统、连续、详细地反映有关银行存款收支的情况，应设置“银行存款日记账”，由出纳人员根据审核无误的银行存款收付款凭证和库存现金付款凭证，按照业务发生的先后顺序逐日逐笔登记，借方栏根据银行存款收款凭证和库存现金付款凭证登记，贷方栏根据银行存款付款凭证登记。每日终了时应计算银行存款收入合计、银行存款支出合计及结余数，定期与银行转来的对账单核对是否相符。

物流企业应设置“银行存款”科目来核算企业银行存款的收入、支出和结存情况。存入款项时，记入借方；付出款项时，记入贷方；余额在借方，表示银行存款的结存数额。

物流企业如有存入其他金融机构的存款，也在“银行存款”科目核算。物流企业的外埠存款、银行本票存款、银行汇票存款、信用证保证金存款等在“其他货币资金”科目核算，不在“银行存款”科目核算。

［例2-9］东方物流公司将库存超限额现金3 000元存入银行。其会计分录为：

借：银行存款　　3 000

　贷：库存现金　　3 000

［例2-10］东方物流公司用银行存款支付行政管理部门办公用品费用5 000元，增值税进项税额650元。其会计分录为：

借：管理费用　　5 000

　　应交税费——应交增值税（进项税额）　　650

　贷：银行存款　　5 650

4）银行存款的清查

物流企业主要通过银行转账进行对外核算，因此企业必须定期（每月至少一次）将银行存款日记账与银行送交的对账单逐笔核对，以便及时了解银行存款的收支情况，避免银行存款日记账的差错。

所谓银行存款清查，是指将物流企业银行存款日记账的账面余额与其开户银行转来的对账单的余额进行核对。双方余额不一致一方面是因为存在记账错误，另一方面是因为存在未达账项。未达账项是指银行收、付款结算凭证在物流企业和开户银行之间传递时，由于收到凭证的时间不同而发生的有些凭证一方已经入账，而另一方尚未入账，从而造成物流企业银行存款日记账记录与银行对账单记录不符的某些账款。未达账项是银行存款收付结算业务中的正常现象，主要有以下4种情况：

① 银行已经收款入账，而物流企业尚未收到银行的收款通知因而未收款入账的款项，如委托银行收款。

② 银行已经付款入账，而物流企业尚未收到银行的付款通知因而未付款入账的款项，如借款利息的扣付等。

③ 物流企业已经收款入账，而银行尚未办理完转账手续因而未收款入账的款项，如收到外单位的转账支票等。

④ 物流企业已经付款入账，而银行尚未办理完转账手续因而未付款入账的款项，如物流企业已开出支票而持票人尚未向银行提现或转账等。

如果是记账错误导致的差错，应该立即更正。对于上述4种未达账项的情况，企业应该编制银行存款余额调节表。银行存款余额调节表，是指在银行对账单余额与物流企业银行存款账面余额的基础上，各自加上对方已收、本单位未收账项数额，减去对方已付、本单位未付账项数额，以调整双方余额使其一致。其调节公式如下：

$$\frac{\text{银行存款}}{\text{日记账余额}}+\frac{\text{银行已收账而}}{\text{企业尚未收账数}}-\frac{\text{银行已付账而}}{\text{企业尚未付账数}}=\frac{\text{银行对}}{\text{账单余额}}+\frac{\text{企业已收账而}}{\text{银行尚未收账数}}-\frac{\text{企业已付账而}}{\text{银行尚未付账数}}$$

［例2-11］东方物流公司2×22年7月31日银行存款日记账余额为183 400元，而银行对账单余额为184 600元，经逐笔核对发现下列未达账项：

①7月29日，以转账支票支付货款6 000元，东方物流公司已付款入账，而银行尚未收到转账支票，尚未付款入账。

②7月30日东方物流公司委托收取款项3 700元，银行已收妥入账，而物流公司尚未收到收款通知，未收款入账。

③7月31日银行代付水电费500元，东方物流公司尚未收到付款通知。

④7月31日东方物流公司收到转账支票一张，金额8 000元，送存银行，银行尚未办妥入账手续。

根据以上业务编制东方物流公司银行存款余额调节表，见表2-1。

表2-1　**银行存款余额调节表**

2×22年7月31日　　单位：元

项目	金额	项目	金额
银行存款日记账余额	183 400	银行对账单余额	184 600
加：银行已收，企业未收	3 700	加：企业已收，银行未收	8 000
减：银行已付，企业未付	500	减：企业已付，银行未付	6 000
调节后余额	186 600	调节后余额	186 600

通过核对调节，银行存款余额调节表的双方余额相等，一般可以说明双方记账没有差错。如果经调节仍不相等，或者是未达账项未全部查出，或者是一方或双方记账出现差错，需要进一步采用对账方法查明原因，加以更正。

但要注意的是，银行存款余额调节表并不是原始凭证，不能据以调整银行存款账面记录。只有等到有关银行结算凭证到达物流企业，才能根据收到的结算凭证进行账务处理。

2.1.3 其他货币资金

1）其他货币资金的概念

其他货币资金是指物流企业除现金、银行存款以外的其他各种货币资金，主要包括外埠存款、银行汇票存款、银行本票存款、信用卡存款、信用证保证金存款、存出投资款等。其他货币资金从属于货币资金，只是由于地点和用途不同，物流企业在会计上分别对其进行核算。

其他货币资金的内容包括以下几个方面：

① 外埠存款，是指物流企业到外地进行临时或零星采购业务时，汇往采购地银行开立采购专户的款项。

② 银行汇票存款，是指物流企业为取得银行汇票而按规定存入银行的款项。

③ 银行本票存款，是指物流企业为取得银行本票而按规定存入银行的款项。

④ 信用卡存款，是指物流企业为取得信用卡而按规定存入银行信用卡的款项。

⑤ 信用证保证金存款，是指物流企业为取得信用证按规定存入银行的保证金。

⑥ 存出投资款，是指物流企业已存入证券公司但尚未进行投资的款项。

⑦ 微信、支付宝存款，是指物流企业发生的有关收款业务通过微信、支付宝收入的款项。

2）其他货币资金的核算

物流企业为了核算其他货币资金的增减变化和结存情况，应该设置“其他货币资金”科目进行总分类核算。该账户属于资产类账户，下设“外埠存款”“银行汇票”“银行本票”“信用卡”“信用证保证金”“存出投资款”等明细账户。“其他货币资金”科目的借方登记其他货币资金的增加额，贷方登记其他货币资金的减少额，期末借方余额表示其他货币资金的结余额。这里仅以外埠存款为例说明其他货币资金的会计核算过程。

[例2-12] 8月1日，东方物流公司委托当地开户银行将7 000元存款汇往外地采购点银行开立采购专户；8月20日，收到采购员交来的供货单位发票账单，金额为5 650元（含增值税650元）；8月30日，接到银行通知，退回多余款1 350元。其会计分录为：

①8月1日，汇出款项：

借：其他货币资金——外埠存款	7 000	
贷：银行存款		7 000

②8月20日，收到发票账单：

借：在途物资	5 000	
应交税费——应交增值税（进项税额）	650	
贷：其他货币资金——外埠存款		5 650

③8月30日，退回多余款项：

借：银行存款	1 350	
贷：其他货币资金——外埠存款		1 350

2.2　应收款项

高度发达的市场经济条件下，物流企业为了有利于经营活动的开展，往往采用商业信用的方式赊账、提供物流服务或预付货款，以广泛地吸引客户或争取货源，从而形成对其他企业的债权。物流企业在日常经营过程中发生的各项债权构成企业的应收款项。

应收款项是物流企业变现能力较强的一项资产，也是物流企业流动资产的重要组成部分。根据经济内容的不同，应收款项可以分为应收账款、应收票据、预付账款和其他应收款4种。

2.2.1　应收账款

所谓应收账款，是企业因销售商品、材料，提供劳务等业务而应向购货单位或接受劳务的单位收取的款项，它代表企业获得未来经济利益（未来现金流入）的权利。对于物流企业来说，应收账款主要是指以赊账方式提供运输、装卸等劳务应向客户收取的款项，如代垫的运输费、保险费等。

对应收账款的核算包括应收账款的确认与入账价值的确定、账户设置与账务处理、坏账损失的确认与核算等内容。

1）应收账款的确认与入账价值的确定

（1）应收账款的确认

应收账款的确认是指对应收账款的范围和入账时间的确定。物流企业应收账款的范围主要包括提供运输、储存、装卸和配送等物流服务应收取的款项。由于应收账款是因赊账业务产生的，因此应收账款的确认时间与赊账收入实现的时间是一致的。

（2）应收账款入账价值的确定

应收账款作为一种在未来能够收现的债权，应该按照未来可得现金的现值入账，但是，由于应收账款转化为现金的期限一般不会超过一年，其现值与交易发生日确定的金额不会有很大的差别，所以在实际工作中，遵循重要性原则，对应收账款都是以其成交价格加以计量，即按照交易日的各项物流服务项目的实际发生额确认应收账款的入账价值。企业往往采用折扣的办法，来促进销售或者加快货款回收，因此，应收账款计价时还应考虑商业折扣和现金折扣等因素。

①商业折扣。

商业折扣是一种价格上的让步，指物流企业根据市场供需情况，或者针对不同的顾客，在价目单规定的价格上给予一定的扣除。商业折扣典型的例子就是大笔交易的折扣。扣减数额一般用百分比表示，如10%、20%、30%等。商业折扣是物流企业常用的促销手段，一般在交易发生时即已确认，它仅仅是确定销售价格的一种手段，不需在买卖双方任何一方的账上反映，因此，在存在商业折扣的情况下，物流企业应收账款入账金额应按扣除商业折扣以后的实际售价确认。

②现金折扣。

现金折扣是指在赊销的情况下债权人为鼓励债务人在规定的期限内尽早付款，而向债务人提供的债务扣除。现金折扣通常发生在以赊销方式销售商品及提供劳务的交易中。物流企业为了鼓励客户提前偿付货款，通常与债务人达成协议，债务人在不同期限内付款可享受不同比例的折扣。现金折扣一般用符号“折扣/付款期限”表示，如“2/10，1/20，N/30”等，其含义分别是10天内付款折扣2%，20天内付款折扣1%，30天内付款则不给折扣。

物流企业在提供物流服务时给予客户的现金折扣，应当按照《企业会计准则第14号——收入》（财会〔2017〕22号）中关于可变对价的相关规定进行会计处理。

物流企业与客户的合同中约定的对价金额可能是固定的，也可能会因折扣、价格折让、返利、退款、奖励积分、激励措施、业绩奖金、索赔等因素而变化。此外，根据一项或多项或有事项的发生而收取不同对价金额的合同，也属于可变对价的情形。

若合同中存在可变对价，物流企业应当对计入交易价格的可变对价进行估计。物流企业应当按照期望值或最可能发生金额确定可变对价的最佳估计数。但是，物流企业不能在两种方法之间随意进行选择。期望值是按照各种可能发生的对价金额及相关概率计算确定的金额；最可能发生金额是一系列可能发生的对价金额中最可能发生的单一金额，即合同最可能产生的单一结果。此外，需要注意的是，物流企业确定可变对价金额之后，计入交易价格的可变对价金额还应满足限制条件，即包括可变对价的交易价格，应当不超过在相关不确定性消除时，累计已确认的收入极可能不会发生重大转回的金额。

2）应收账款的账户设置与账务处理

（1）应收账款的账户设置

为了总括地反映和监督应收账款的增减变动及结存情况，物流企业应设置“应收账款”科目，用以核算物流企业因提供运输、装卸、商品配送劳务等应向接受商品或劳务的单位收取的款项。该账户是资产类账户，借方登记应收账款的增加数，贷方登记应收账款的收回数及确认的坏账损失数，余额一般在借方，表示企业尚未收回的应收账款数。为了详细地反映企业应收账款的发生和收回，以便及时地向债务人催收款项，物流企业应在“应收账款”科目下，按不同的单位（即债务人）设置明细账户，进行明细分类核算。

（2）应收账款的账务处理

物流企业的收入一般为劳务收入，发生时应借记“应收账款”科目，贷记“主营业务收入”“其他业务收入”等科目；企业代购货单位垫付包装费、运费时，应借记“应收账款”科目，贷记“银行存款”科目；企业改用商业汇票结算应收账款时，应借记“应收票据”科目，贷记“应收账款”科目；企业收回应收账款时，应借记“银行存款”等科目，贷记“应收账款”科目。

举例说明应收账款的核算如下：

①没有折扣应收账款的核算。

在没有任何折扣的情况下，物流企业发生的应收账款，应按照应收的全部金额入账。

［例2-13］东方物流公司承运安泰公司货物一批，运费为60 000元，增值税为5 400元。承运过程中，东方物流公司代安泰公司垫付相关费用2 000元，根据有关凭证等作如下会计分录：

借：应收账款——安泰公司	67 400	
贷：主营业务收入		60 000
应交税费——应交增值税（销项税额）		5 400
银行存款		2 000

经过双方商定，上述应收账款改用商业汇票结算，东方物流公司已收到商业汇票。其会计分录为：

借：应收票据——安泰公司	67 400	
贷：应收账款——安泰公司		67 400

收到货款时，应作如下会计分录：

借：银行存款	67 400	
贷：应收票据——安泰公司		67 400

②存在商业折扣应收账款的核算。

在存在商业折扣的情况下，应收账款的入账金额应按扣除商业折扣以后的实际价额确认，这样在会计核算上就不需要予以反映。

［例2-14］东方物流公司承运安泰公司货物一批，标准运费为50 000元，由于量大，给予托运方5%的商业折扣，扣除折扣后收入金额为47 500元，增值税为4 275元，应收账款的入账金额为51 775元。

应作如下会计分录：

借：应收账款——安泰公司	51 775	
贷：主营业务收入		47 500
应交税费——应交增值税（销项税额）		4 275

③存在现金折扣应收账款的结算。

物流企业在提供物流服务时给予客户的现金折扣，应当按照《企业会计准则第

14号——收入》中关于可变对价的相关规定进行会计处理。

［例2-15］东方物流公司承运安泰公司产品一批，价目表标明的价格为45 000元，增值税为4 050元，规定的现金折扣条件为“3/10，2/20，N/30”。产品已经交运并办妥手续。东方物流公司基于对客户的了解，预计客户20天内付款的概率为90%，20天后付款的概率为10%。17天后，收到客户款项。现金折扣按照不含增值税价格计算。

本例中，对于现金折扣，东方物流公司认为按照最可能发生金额能够更好地预测其有权获取的对价金额。

东方物流公司应确认的收入金额=45 000×（1-2%）=44 100（元）

增值税销项税额=45 000×9%=4 050（元）

业务发生时，根据有关单据东方物流公司应作如下会计分录：

借：应收账款——安泰公司	49 050	
贷：主营业务收入		45 000
应交税费——应交增值税（销项税额）		4 050

17天后，收到款项：

借：银行存款	48 150	
主营业务收入	900	
贷：应收账款		49 050

3）坏账损失的确认与核算

坏账是指物流企业无法收回或收回可能性极小的应收账款。由于发生坏账而产生的损失，称为坏账损失。

（1）坏账损失的确认

物流企业确认坏账损失时，应遵循财务报告的目标和会计核算的基本原则，具体分析各应收款项的特性、金额的大小、信用期限、债务人的信誉和当时的经营情况等因素。一般来讲，企业对有确凿证据表明确实无法收回的应收款项，根据企业管理权限，经股东大会或董事会，或经理（厂长）办公会或类似机构批准可作为坏账损失。

企业应当在期末分析各项应收款项的可收回性，并预计可能产生的坏账损失。对预计可能发生的坏账损失，计提坏账准备，企业计提坏账准备的方法由企业自行确定。企业应当制定计提坏账准备的政策，明确计提坏账准备的范围、提取方法、账龄的划分和提取比例，按照法律、行政法规的规定报有关各方备案，并备置于企业所在地。坏账准备计提方法一经确定，不得随意变更；如需变更，应当在财务报表附注中予以说明。

在确定坏账准备的计提比例时，除有确凿证据表明该项应收款项不能够收回或收回的可能性不大（如债务单位已撤销、破产、现金流量严重不足、发生严重的自然灾害等导致停产而在短时间内无法偿付债务等，以及3年以上的应收款项），下列各种情况不能全额计提坏账准备：其一，当年发生的应收款项；其二，计划对其进行重组的应收款项；其三，与关联方发生的应收款项；其四，已逾期但无确凿证据表明不能收回的其他应收款项。

物流企业对于确实无法收回的应收账款，报经批准后作为坏账损失处理。企业对于已经确认为坏账的应收款项，并不意味着放弃了追索权，一旦这些账款重新收回，应该及时予以入账。

（2）坏账损失的核算

坏账损失的核算一般采用备抵法。

备抵法，是按期估计坏账损失，形成坏账准备，当某一应收款项的全部或部分被确认为坏账时，根据其金额冲减坏账准备，同时转销相应的应收款项金额的一种核算方法。

为了核算坏账准备金的提取和实际转销情况，物流企业需要设置“坏账准备”科目。该账户是“应收账款”账户的备抵调整账户，在资产负债表上列作“应收账款”项目的减项。“坏账准备”科目贷方登记提取的坏账准备、已转销的坏账收回时恢复的坏账准备；借方登记实际发生坏账时冲销的坏账准备、年末冲销多提的坏账准备；期末余额如果在借方，表示实际发生的坏账损失大于已提取的坏账准备的差额（也就是提取不足的坏账准备）；期末余额如果在贷方，表示已提取但未使用的坏账准备。

资产负债表日，企业确定应收款项发生减值的，按应减记的金额，借记“信用减值损失”科目，贷记“坏账准备”科目。本期应计提的坏账准备大于其账面余额的，应按其差额计提；应计提的金额小于其账面余额的作相反的会计分录。

对于确实无法收回的应收款项，按管理权限报经批准后，转销应收款项账面余额，同时按相同金额转销坏账准备。

已确认并转销的应收款项以后又收回的，有两种处理方法：一种是先按实际收回的金额做一笔与原来转销应收款项分录相反的会计分录，然后再按正常方式记录应收款项的收回；另一种是简化的处理方法，直接按实际收回金额，借记“银行存款”科目，贷记“坏账准备”科目。

资产负债表日，企业可按下列公式计算确定当期应计提的坏账准备：

$$\frac{\text{当期实际应提取}}{\text{的坏账准备}}=\frac{\text{当期按一定方法计算}}{\text{的应提坏账准备金额}}-\text{（或+）}\frac{\text{“坏账准备”原有贷方}}{\text{（或借方）余额}}$$

其中“当期按一定方法计算的应提坏账准备金额”的估计方法有四种：应收账款余额百分比法、账龄分析法、销货百分比法和个别认定法。具体采用哪一种方法由企业自行确定。在会计实务中经常使用前两种方法。

①应收账款余额百分比法。

应收账款余额百分比法是指按照企业期末应收账款余额和估计的坏账率，估计坏账损失、计提坏账准备的一种方法。这种方法的出发点是，坏账损失的产生与应收账款的余额直接相关，应收账款的余额越大，产生坏账的风险也就越高。采用这种方法，每期所计提的坏账准备，根据期末应收账款的余额乘以估计的坏账率确定。

［例2-16］假定东方物流公司从2×19年开始计提坏账准备，采用备抵法进行坏账损失的核算，用应收账款余额百分比法估计坏账准备金额，计提比例为年末应收账款余额的5‰。

2×19年年末“应收账款”科目的余额为2 000 000元。有关账务处理为：

坏账准备提取额=2 000 000×5‰=10 000（元）

借：信用减值损失　　10 000
　贷：坏账准备　　10 000

2×20年5月，东方物流公司发现有4 000元的应收账款无法收回，其中，甲公司2 500元，乙公司1 500元。有关账务处理为：

借：坏账准备　　4 000
　贷：应收账款——甲公司　　2 500
　　　　　　——乙公司　　1 500

2×20年年末东方物流公司应收账款余额为2 400 000元。本年年末坏账准备余额应为12 000元（2 400 000×5‰）；年末计提坏账准备前，“坏账准备”科目的贷方余额为6 000元（10 000-4 000）；本年度应补提的坏账准备金额为6 000元（12 000-6 000）。有关账务处理为：

借：信用减值损失　　6 000
　贷：坏账准备　　6 000

2×21年7月15日，东方物流公司上年度已冲销的甲公司的2 500元坏账又收回，款项已存入银行。有关账务处理为：

借：应收账款——甲公司　　2 500
　贷：坏账准备　　2 500

借：银行存款　　2 500
　贷：应收账款——甲公司　　2 500

2×21年年末东方物流公司应收账款余额为2 500 000元。

本年年末坏账准备余额应为12 500元（2 500 000×5‰）；年末计提坏账准备前，“坏账准备”科目的贷方余额为14 500元（12 000+2 500）；本年度应冲销多提的坏账准备金额为2 000元（14 500-12 500）。有关账务处理为：

借：坏账准备　　2 000
　贷：信用减值损失　　2 000

②账龄分析法。

账龄分析法是物流企业根据应收账款账龄的长短和确定的坏账百分比来估计坏账损失的方法。所谓账龄，是指客户所欠账款的时间。虽然应收账款能否收回以及收回多少，不一定完全取决于账龄的长短，但是一般认为，账龄越长，应收账款收回的可能性越小，发生坏账的可能性越大。这种估计坏账损失的计算方法，是通过将应收账款拖欠日期的长短划分为若干阶段，根据历史资料和经验为每一阶段确定一个坏账损失比例，以此估计坏账损失。

［例2-17］东方物流公司2×21年12月31日应收账款账龄分析见表2-2。

表2-2　应收账款账龄分析表

2×21年12月31日　单位：元

客户名称	余额	未到期	已过期			
			1个月	2个月	3个月	3个月以上
A	110 000	40 000	30 000		20 000	20 000
B	90 000	60 000		20 000	10 000	—
C	120 000	20 000	50 000	40 000	10 000	—
合计	320 000	120 000	80 000	60 000	40 000	20 000

东方物流公司编制的坏账损失估计见表2-3。

表2-3　坏账损失估计表

2×21年12月31日　金额单位：元

应收账款账龄	应收账款余额	估计损失百分比（%）	估计损失金额
未到期	120 000	0.5	600
过期1个月	80 000	1	800
过期2个月	60 000	2	1 200
过期3个月	40 000	3	1 200
过期3个月以上	20 000	5	1 000
合计	320 000	—	4 800

由表2-3可以看出，东方物流公司2×21年12月31日估计的坏账损失为4 800元，假设在估计坏账损失前，“坏账准备”科目有贷方余额2 000元，则该公司还应补提坏账准备2 800元（4 800-2 000）。有关账务处理如下：

借：信用减值损失　2 800

　贷：坏账准备　2 800

2.2.2　应收票据

应收票据是指企业因向客户提供商品或劳务持有的还没有到期、尚未兑现的商业汇票。在物流企业，应收票据是指因提供运输、装卸和配送等营运业务而持有的还没有到期、尚未兑现的商业汇票。商业汇票是一种由出票人签发的，委托付款人在指定日期无条件支付确定金额给收款人或者持票人的票据。与应收账款不同，应收票据需要依据在赊销业务中由债权人或债务人签发的表明债务人在约定时日应偿付约定金额的书面文件，因而受到法律的保护，具有较强的法律约束力。

对应收票据的核算包括应收票据的确认与入账价值的确定、应收票据的账户设置与账务处理、应收票据的转让和应收票据的贴现等内容。

1）应收票据的确认与入账价值的确定

（1）应收票据的确认

物流企业在经营活动中会收到各种票据，包括支票、本票和汇票等。在我国会计实务中，支票、本票、银行汇票都有较强的兑付能力，属于即期票据，可以即刻收款或者存入银行成为货币资金，不需要作为应收票据核算。作为应收票据处理的只是商业汇票。商业汇票的付款期限，最长不得超过6个月，符合条件的商业汇票的持票人，可以持未到期的商业汇票连同贴现凭证向银行申请贴现。

按承兑人的不同，商业汇票可以分为商业承兑汇票和银行承兑汇票。商业承兑汇票是由收款人或付款人签发，并由付款人承兑的汇票。银行承兑汇票是由存款人或承兑申请人签发，并由承兑申请人向银行申请，银行经审查同意承兑的汇票。

按是否计息来划分，商业汇票可以分为不带息商业汇票和带息商业汇票。不带息商业汇票是指开出日至付款日不计算利息的票据，商业汇票到期时，承兑人只按票据面值向收款人或被背书人支付款项。带息商业汇票是开出日至付款日要计算利息的票据，商业汇票到期时，承兑人除按票面金额支付外，还要加付一定的利息。

（2）应收票据入账价值的确定

应收票据的入账价值在会计核算过程中有两种确定方法：一种是按票据的面值确定；另一种是按票据未来的现金流量的现值确定。由于我国物流企业在目前的经营交易中，一般使用短期应收票据，而且我国目前允许使用的商业汇票最长期限为6个月，遵循重要性原则，为了简化核算手续，在形成应收票据时一般按面值记账。但对于带息应收票据，应于期末（主要是指中期期末和年度终了）按应收票据的票面价值和规定的利率计提利息，增加应收票据的账面价值。

2）应收票据的账户设置与账务处理

（1）应收票据的账户设置

为了反映和监督应收票据的取得和票款的收回情况，物流企业应设置“应收票据”科目。该账户属于资产类账户，借方登记取得的应收票据的面值和期末计提的票据利息；贷方登记到期收回或到期前背书转让或申请贴现的应收票据的票面价值；期末余额在借方，表示物流企业尚未收回的票据价值。

“应收票据”科目应按照商业汇票的种类设置明细账户，并设置“应收票据备查簿”，逐笔登记每张商业汇票的种类，号数和出票日，票面金额，交易合同号，付款人、承兑人、背书人的姓名或单位名称，到期日，背书转让日，贴现日，贴现率和贴现净额以及收款日和收回金额，退票情况等资料，商业汇票到期结清票款或退票后，应当在备查簿内逐笔注销。

（2）应收票据的账务处理

应收票据在账务处理上应区分不带息应收票据和带息应收票据。

①不带息应收票据。

不带息应收票据的到期价值等于应收票据的面值。物流企业收到应收票据时，按应收票据的面值，借记“应收票据”科目，贷记“主营业务收入——运输收入”等有关科目。应收票据到期收回时，按票面金额，借记“银行存款”科目，贷记“应收票据”科目。商业承兑汇票到期，承兑人违约拒付或无力支付票款时，持票人应将被拒付的票据按照票面金额转入“应收账款”科目，借记“应收账款”科目，贷记“应收票据”科目。

［例2-18］东方物流公司为托运单位提供货物运输服务，收到托运单位签发并承兑的商业承兑汇票一张，票面金额为10 900元（含增值税900元），期限3个月。其会计分录为：

借：应收票据	10 900	
贷：主营业务收入——运输收入		10 000
应交税费——应交增值税（销项税额）		900

商业承兑汇票到期，东方物流公司收回货款转存银行。其会计分录为：

借：银行存款	10 900	
贷：应收票据		10 900

假设托运单位到期无力偿付票款，东方物流公司将到期票据的票面金额转入“应收账款”科目。其会计分录为：

借：应收账款	10 900	
贷：应收票据		10 900

②带息应收票据。

物流企业收到的带息应收票据，应于期末（中期期末、年度终了和票据到期时）计提票据利息，增加应收票据的账面价值，同时冲减“财务费用”。商业汇票到期收回票款时，按照收到的本息合计，借记“银行存款”科目，按照账面价值贷记“应收票据”科目，按其差额贷记“财务费用”科目。商业承兑汇票到期，承兑人违约拒付或无力支付票款，持票人应将被拒付的票据按照票面金额加利息借记“应收账款”科目，按照面值贷记“应收票据”科目，将两者差额记入“财务费用”科目。

其中，应收票据利息的计算公式为：

应收票据利息=应收票据面值×票面利率×期限

式中：“票面利率”一般指年利率；“期限”是指签发日至利息计算日的时间间隔。

票据的期限有按日或按月表示两种。票据期限按日表示时，应按企业持有票据实际经历天数计算，但出票日和到期日，只能计算其中的一天，即“算头不算尾”

或“算尾不算头”，同时年利率应换算成日利率（在实际工作中，为了简化起见，通常将一年定为360天）。

［例2-19］东方物流公司6月5日开出一张60日期限的商业承兑汇票，出票日期为6月5日，两种到期日的算法见表2-4。

表2-4 两种到期日的算法

算头不算尾	算尾不算头
6月尚有26天	6月尚有25天
7月共有31天	7月共有31天
8月尚有3天	8月尚有4天
票据到期日为8月4日	票据到期日为8月4日

票据期限按月表示的，应以到期月份中与出票日相同的那一天为到期日，而不论各月份实际日历天数为多少。如果票据是月末签发的，则以到期月的月末为到期日，同时，利率换算成月利率。如出票日是6月5日的，票据上的期限为3个月，则票据到期日是9月5日；如出票日是12月31日的，票据上的期限为2个月，则票据到期日是2月28日或29日。

［例2-20］东方物流公司2×21年10月1日为安泰公司承运商品一批，货已送达，运费20 000元，增值税为1 800元。收到安泰公司交来的商业承兑汇票一张，期限为6个月，票面利率为5%。

①收到票据时，其会计分录为：

借：应收票据　　21 800

　贷：主营业务收入——运输收入　　20 000

　　　应交税费——应交增值税（销项税额）　　1 800

②年度终了（2×21年12月31日），计提票据利息：

票据利息=21 800×5%×3÷12=272.5（元）

其会计分录为：

借：应收票据　　272.5

　贷：财务费用　　272.5

③票据到期收回货款：

收款金额=21 800×（1+5%×6÷12）=22 345（元）

其会计分录为：

借：银行存款　　22 345

　贷：应收票据　　22 072.5

　　　财务费用　　272.5

3）应收票据的转让

应收票据转让是指持票人资金短缺时为融通资金，将未到期的商业汇票背书转让给其他单位和个人的业务活动。物流企业可以将自己持有的应收票据背书转让。背书是指持票人在票据背面签字，或者在粘单上记载有关事项并签章的票据行为。签字（章）人称为背书人。背书人对票据的到期付款负连带责任。

物流企业将持有的应收票据背书转让时，如为不带息票据，借记相关的科目，贷记“应收票据”科目；如为带息票据，借记相关的科目，并按应收票据的账面余额，贷记“应收票据”科目，按尚未计提的利息，贷记“财务费用”科目。

4）应收票据的贴现

物流企业在持有的商业汇票到期前，如果急需资金，可以将商业汇票向银行申请贴现。应收票据贴现是指持票人将未到期的商业汇票背书后转让给银行，银行受理后，从票据到期值中扣除按银行的贴现率计算确定的贴现利息后，将余额付给持票人的业务活动。票据贴现实质上是物流企业融通资金的一种形式。

（1）票据贴现的计算

票据贴现的有关计算公式如下：

票据到期值=票据面值×（1+年利率×票据到期天数÷360）

=票据面值×（1+年利率×票据到期月数÷12）

贴现息=票据到期值×贴现率×贴现天数÷360

贴现天数=贴现日至票据到期日实际天数−1

贴现净额=票据到期值−贴现息

其中，票据到期值对于不带息票据来说就是其票面价值，对于带息票据来说就是其票面价值加到期利息的合计金额；贴现率由银行统一规定，一般为年贴现利率；贴现期是指从贴现日起到票据到期日止的时期，有按日定期和按月定期两种方法，一般按照实际天数计算。

（2）应收票据贴现的账务处理

物流企业持未到期的应收票据向银行贴现，如果不附追索权应按实际收到的金额，借记“银行存款”科目，按贴现利息部分，借记“财务费用”科目，按贴现商业汇票的账面价值，贷记“应收票据”科目；如果附追索权，则按实际收到的金额，借记“银行存款”科目，按贴现利息部分，借记“财务费用”科目，贷记“短期借款”科目。

［例2-21］东方物流公司于2×21年5月2日将一张3月23日签发的、期限为6个月、票面金额为30 000元的不带息商业汇票向银行贴现，银行年贴现率为10%。

不带息票据的票据到期值就是其票面价值30 000元。

票据的到期日为9月23日。

贴现天数=30+30+31+31+23−1=144（天）

贴现息=30 000×10%×144÷360=1 200（元）

贴现净额=30 000−1 200=28 800（元）

其会计分录为：

借：银行存款	28 800
财务费用	1 200

贷：应收票据　30 000

［例2-22］东方物流公司于2×21年12月10日将持有的一张9月10日开出并承兑、票面金额为50 000元、利率为5%、期限6个月的带息票据向银行申请贴现，银行年贴现率为6%。

票据到期值=50 000×（1+5%×6÷12）=51 250（元）

贴现期=3个月

贴现息=51 250×6%×3÷12=768.75（元）

贴现净额=51 250−768.75=50 481.25（元）

其会计分录为：

借：银行存款　50 481.25

贷：应收票据　50 000

财务费用　481.25

贴现的商业承兑汇票到期，因承兑人的银行存款账户不足支付，申请贴现的企业收到银行退回的商业承兑汇票时（限于贴现企业没有终止确认原票据的情形），按商业汇票的票面金额，借记“短期借款”科目，贷记“银行存款”科目；同时，应按商业汇票的票面金额，借记“应收账款”科目，贷记“应收票据”科目。申请贴现企业的银行存款账户余额不足，银行作逾期贷款处理，同时，应按商业汇票的票面金额，借记“应收账款”科目，贷记“应收票据”科目。

2.2.3　预付账款

1）预付账款的内容

预付账款指企业按照购销合同或劳务合同规定，预先支付给供货方或提供劳务方的账款，是商业信用的一种形式，代表企业将来可以从供应单位取得材料、商品或得到劳务的一种短期债权。物流企业的预付账款包括物流企业按照承运合同预付给运输、仓储单位的货款以及物流企业按照规定预付给外轮公司的舱位订金、预付给仓储公司的仓库订金等。

物流企业需要预先支付订金或部分账款时，通常由业务部门根据购货合同的规定填制“预付账款审批单”，一式数联，经有关领导审批后，财会部门据以付款。物流企业预付账款后，有权要求对方履行合同规定。预付账款必须以双方签订的合同为条件，按照规定的程序和方法进行核算。

2）预付账款的账户设置与账务处理

（1）预付账款的账户设置

为了反映和监督预付账款的增减变动和结余情况，物流企业应设置“预付账款”科目。该账户属于资产类账户，借方登记企业预付和补付的款项；贷方登记企业应该结转的预付账款和因预付账款多余而退回的款项；期末余额一般在借方，反映物流企业已预付但尚未结算的款项。物流企业应按供应单位名称设置明细账，进行明细分类核算。

预付款项不多的物流企业，可以不设“预付账款”科目，直接在“应付账款”科目核算。但在编制资产负债表时，应将“预付账款”科目和“应付账款”科目的金额分开列示，将“应付账款”科目所属明细科目的期末借方余额填入“预付款项”项目。

（2）预付账款的账务处理

预付账款的账务处理包括预付款项和收回货物（或得到劳务）两个方面。

① 预付款项的会计处理。根据购销合同或劳务合同的规定，物流企业向供货方或提供劳务方预付货款时，按预付金额，借记“预付账款”科目，贷记“银行存款”科目。

② 收回货物或得到劳务的会计处理。物流企业收到预定的物资或劳务时，应按发票账单等凭证载明的价款、税款等，借记“原材料”“在途物资”“材料采购”“应交税费——应交增值税（进项税额）”“主营业务成本”等有关科目，按应付的金额，贷记“预付账款”科目。需要补付款项时，借记“预付账款”科目，贷记“银行存款”科目；退回多付的款项时，借记“银行存款”科目，贷记“预付账款”科目。

［例2-23］东方物流公司向南航公司预付款项8 000元，用于预定飞机舱位，款项用银行支票支付。

其会计分录为：

借：预付账款——南航公司　　8 000

　贷：银行存款　　8 000

东方物流公司将托运货物运送至南航公司，空运费共计30 000元，增值税2 700元，以支票补足差额24 700元并收到有关运费发票。

其会计分录为：

借：主营业务成本　　30 000

　　应交税费——应交增值税（进项税额）　　2 700

　贷：预付账款——南航公司　　32 700

借：预付账款——南航公司　　24 700

　贷：银行存款　　24 700

2.2.4　其他应收款

1）其他应收款的内容

其他应收款是指物流企业除应收账款、应收票据和预付账款以外的其他各种应收、暂付款项。其他应收款的发生一般与物流企业正常经营活动无直接联系，性质上属于非营业性应收项目。其主要内容包括：

① 应收的各种赔款、罚款，如因物流企业财产遭受意外损失而应向保险公司收取的赔款或因职工失职造成损失而应向该职工收取的罚款等。

② 应收的出租包装物租金。

③ 应向职工收取的各项垫付款项，如为职工垫付的水电费、应由职工负担的医药费、房租费等。

④ 备用金，如向物流企业各职能科室、车队等拨出的备用金。

⑤ 存出保证金，如租入包装物支付的押金。

⑥ 预付账款转入。

⑦ 其他各种应收、暂付款项。

2）其他应收款的账户设置与账务处理

（1）其他应收款的账户设置

为了反映和监督其他应收款的变动和结余情况，物流企业应设置“其他应收款”科目。该账户属于资产类账户，借方登记物流企业发生或转入的各种其他应收款；贷方登记物流企业收到和结转的其他应收款；期末余额一般在借方，反映物流企业尚未收回结清的其他应收款项。在备用金数额较大或业务较多的物流企业中，可以将备用金业务从“其他应收款”科目中划分出来，单独设置“备用金”科目进行核算。物流企业应按其他应收款的项目分类设置明细账，进行明细分类核算。

（2）其他应收款的账务处理

①其他应收款中备用金的账务处理。

备用金是指物流企业预付给企业内部有关职能部门或工作人员用于差旅费、零星采购和日常零星开支的备用款项。企业财会部门对于备用金的预借、使用和报销要认真审核，严格执行国家有关财会制度。

物流企业备用金的管理办法有两种：一种是随借随用、用后报销制度，适用于不经常使用备用金的单位和个人；另一种是定额备用金制度，适用于经常使用备用金的单位和个人。

当拨给申请单位或个人定额备用金时，借记“其他应收款”或“备用金”科目，贷记“库存现金”或“银行存款”科目。当用款人持用款凭证经审核报销时，应根据实际报销数借记“管理费用”等科目，贷记“库存现金”或“银行存款”科目。这样，除了增加或减少拨入的备用金外，使用或报销有关备用金支出时不再通过“其他应收款”或“备用金”科目核算（见表2-5）。

表2-5　**两种备用金管理制度业务处理方法比较**

	预借	报销	注销备用金或其他应收款
随借随用用后报销	借：备用金 　贷：库存现金	借：管理费用 　　库存现金 　贷：备用金（或库存现金）	报销时已注销
定额备用金	借：其他应收款（或备用金） 　贷：库存现金（或银行存款）	借：管理费用 　贷：库存现金（或银行存款）	取消定额备用金时注销 借：管理费用 　　库存现金（或银行存款） 　贷：备用金

②备用金以外的其他应收款的账务处理。

当有关职能部门或工作人员因业务需要临时借支款项时，应先提出用款申请，并列明借款金额和归还日期，经领导审批同意后，由财会部门拨付款项。使用后凭付款凭证向财会部门报账，财会部门审核无误后，采用多还少补的方式结清销账。

物流企业发生备用金以外的其他应收款时，借记“其他应收款”科目，贷记“库存现金”“银行存款”“其他业务收入”“待处理财产损溢”“营业外收入”等科目；收回备用金以外的其他应收款时，借记“库存现金”“管理费用”“应付职工薪酬”等科目，贷记“其他应收款”科目。

［例2-24］东方物流公司职工刘强借差旅费1 200元，财务部门以现金支付，根据有关凭证应作如下会计分录：

借：其他应收款——备用金	1 200	
贷：库存现金		1 200

刘强出差回来，报销差旅费900元，交回现金300元，根据有关凭证作如下会计分录：

借：管理费用	900	
库存现金	300	
贷：其他应收款——备用金		1 200

［例2-25］东方物流公司租用安华公司货柜50个，每个交押金20元，用银行存款支付，根据有关凭证应作如下会计分录：

借：其他应收款——安华公司	1 000	
贷：银行存款		1 000

收到安华公司退还的押金时，应作如下会计分录：

借：银行存款	1 000	
贷：其他应收款——安华公司		1 000

物流企业已预付的账款，如有确凿证据表明其不符合预付账款性质或因供货单位破产、撤销等原因，已无望再收到所订购的材料或预订的服务时，应将原记入“预付账款”的金额转入“其他应收款”科目。

［例2-26］东方物流公司3个月前向新光机械厂订购各种轴承一批，预付账款8 000元，因新光机械厂已宣告破产而无望收到轴承，经批准予以转账，作会计分录如下：

借：其他应收款——预付账款转入	8 000	
贷：预付账款——新光机械厂		8 000

物流企业应定期或者至少于每年年度终了，对其他应收款进行检查，预计其可能发生的坏账损失，并计提坏账准备。对于不能收回的其他应收款应当查明原因，追究责任。对确实无法收回的，按照企业的管理权限，经股东大会或董事会，或经理（厂长）会议或类似机构批准作为坏账损失，冲销提取的坏账准备。

［例2-27］东方物流公司替职工赵刚代垫医药费10 000元，因赵刚病故，亲属

无力偿还，确定无法收回，经董事会批准作为坏账核销，作会计分录如下：

借：坏账准备　10 000

　贷：其他应收款——赵刚　10 000

■ 本章小结

现金的管理与核算：现金只能在8种情况下直接使用，其他款项支付必须通过银行办理转账结算；现金的收支有严格规定；现金的核算包括收入和支出的核算；注意现金清查的处理。

银行存款的管理与核算：4种银行账户的适用范围；银行转账结算的9种方式，包括各自的概念、范围、特点；银行存款的核算包括银行存款的账户设置与账务处理。对银行存款清查时若出现银行对账单和银行存款日记账余额不符，有两方面原因：一是记账错误；二是存在未达账项，如存在未达账项则要编制银行存款余额调节表。

其他货币资金的概念与核算：其他货币资金包括外埠存款、银行汇票存款、银行本票存款、信用卡存款、信用证保证金存款以及存出投资款，应掌握各自的概念和账务处理。

应收款项的核算内容：应收款项是物流企业变现能力较强的一项流动资产，根据经济内容的不同，分为应收账款、应收票据、预付账款和其他应收款。

应收账款的概念和核算：应收账款主要是指物流企业以赊账方式提供运输、装卸等劳务应向客户收取的款项。应收账款的核算包括应收账款的确认与入账价值的确定（注意折扣条件下应收账款的入账价值），应收账款的账户设置与账务处理（注意折扣条件下应收账款的处理），坏账损失的确认与核算。

应收票据的概念和核算：应收票据是指物流企业因提供运输、装卸和配送等营运业务而持有的还没有到期、尚未兑现的商业汇票。应收票据的核算包括应收票据的确认及入账价值的确定（注意带息应收票据利息的计算），应收票据的账户设置与账务处理，物流企业资金短缺时应收票据的转让和应收票据的贴现。

预付账款的概念和核算：预付账款指物流企业按照购销合同或劳务合同规定，预先支付给供货方或提供劳务方的账款。预付账款的核算包括预付款项和收回货物（或劳务）两个方面。

其他应收款的概念和核算：其他应收款是指物流企业除应收账款、应收票据和预付账款以外的其他各种应收、暂付款项。其他应收款的核算包括其他应收款的内容、其他应收款的账户设置与账务处理。

■ 思考题

1. 物流企业的货币资金包括哪些内容？
2. 现金的使用范围有哪些？对现金的管理还有哪些规定？
3. 什么叫未达账项？未达账项有几种形式？如何编制银行存款余额调节表？
4. 物流企业应收款项包括哪些内容？
5. 物流企业应收账款如何确认和计价？

6. 什么是商业折扣和现金折扣？它们在核算上有何不同？

7. 什么是坏账？什么是坏账损失？确认坏账损失的条件有哪些？

8. 物流企业采用备抵法进行坏账核算时，估计坏账损失的方法有哪几种？

9. 应收票据的贴现如何核算？

10. 预付账款的核算包括哪些方面？

■ 案例

东方物流公司出纳员小王刚参加工作不久，对于货币资金业务管理和核算的相关规定不甚了解，所以出现了一些不应有的错误，有两件事情让他印象深刻。第一件事是在2×21年7月8日和10日两天的现金业务结束后例行的现金清查中，分别发现现金短缺50元和现金溢余20元的情况，对此他反复思考也弄不明白原因。为了保全自己的面子和息事宁人，同时又考虑到两次账实不符的金额很小，他决定采取下列办法处理：现金短缺50元，自掏腰包补齐；现金溢余20元，暂时收起。第二件事是东方物流公司经常对其银行存款的实有额心中无数，甚至有时会影响到公司日常业务的结算，公司经理因此指派有关人员检查一下小王的工作，结果发现，他每次编制银行存款余额调节表时，只根据银行存款日记账的余额，加或减对账单中企业的未入账款项来确定公司银行存款的实有数，而且每次做完此项工作以后，小王就立即将这些未入账的款项登记入账。

要求：

（1）小王对上述两项业务的处理是否正确？为什么？

（2）你能给出正确答案吗？

第3章 存货

学习目标

通过本章的学习，要求学生了解物流企业存货的内容、特点；掌握存货初始确认时实际成本的确定；掌握存货发出的会计处理；掌握营运燃料和营运轮胎的核算；掌握包装物和低值易耗品的核算；掌握存货期末计价的会计处理。

3.1 存货的组成与确认

现阶段，我国物流企业仍以配送和运输业务为主，这说明存货的核算和管理对物流企业至关重要。要做好存货的核算和管理工作，物流企业首先应明确存货的概念和范围。

3.1.1 存货的概念及特点

1）存货的概念

存货，是指企业在日常活动中持有以备出售的产成品或商品、处在生产过程中的在产品、在生产过程或提供劳务过程中耗用的材料和物料等。从定义可以看出，企业持有存货的最终目的是生产耗用或者出售，而不是自用，流动性较强，这很容易与固定资产等非流动性资产区分开来。

2）存货的特点

存货作为一种重要的资产，具有以下几个特点：

① 企业的存货属于有形资产，具有物质实体。存货的这一特点使得存货与企业的其他没有实物形态的资产，如应收账款、无形资产等相区别，同时也将货币资金排除在存货的范围之外。

② 在正常情况下，存货都能够在一年内转化为货币资金或转化为其他资产，处于不断的销售、耗用之中，即存货的变现能力较强。

③ 存货属干非货币性资产，将来为企业带来经济利益的金额不固定或不可确定。

④ 企业持有存货的目的是在正常经营过程中予以出售，或者将在生产或提供劳务过程中耗用。

3.1.2 存货的组成

不同行业的企业，存货的组成内容有所不同。物流企业存货一般包括以下内容：

① 原材料，指物流企业购入的各种原料、主要材料、辅助材料、燃料、修理用备件、外购半成品等，如轮胎、内胎、垫带等。

② 库存商品，指物流企业外购和委托外单位加工已完成验收入库的各种商品。

③ 包装物，指为了包装各种产品而储存的各种包装容器，如桶、箱、瓶、坛、袋等。

④ 低值易耗品，指使用期限较短，或者单位价值比较低，能够多次使用而不改变其原有实物形态的各种用具和物品，包括一般工具、修理用工具、随车工具、管理用具、劳动保护用品，以及在营运过程中周转所用的不属于固定资产的劳动资料。

3.1.3 存货的确认

1）存货确认的条件

物流企业存货的确认除了要符合存货的定义外，同时还需要满足以下两个条件：

（1）该存货包含的经济利益很可能流入企业

资产最重要的特征就是预期会给企业带来经济利益，而存货作为企业的一项重要的流动资产，其确认的关键就是要判断存货是否很可能给企业带来经济利益或所包含的经济利益是否很可能流入企业。

由于物流企业自身的特点，存货范围确认的标准是物流企业对货物是否具有法定所有权。凡是在盘存日期，法定所有权属于物流企业的存货，不论其存放何处或处于何种状态，都应确认为物流企业的存货，反之，凡是法定所有权不属于物流企业的存货，即使存放在物流企业，也不应确认为物流企业的存货。其具体规定如下：

① 凡依照销售合同已经售出，其所有权已转让的存货，都不应包括在存货之内。

② 如果存货已经运离物流企业，而其所有权尚未转给对方，应包括在存货之内。

③ 已经购入但在运输途中尚未收到入库的存货，如果所有权已经转给物流企业，应包括在存货之中。

④ 委托其他单位代销的物品，如果所有权并未转移，仍属于物流企业的存货。

⑤ 受托代销存货。物流企业接受其他单位委托代为销售的存货，在尚未售出以前，不属于物流企业的存货。但为了加强对代销商品的核算和管理，企业会计准则要求物流企业将受托代销商品在资产负债表的存货项目中反映，并将与受托代销商品对应的受托代销商品款作为一项负债反映。

（2）该存货的成本能够可靠地计量

成本能够可靠计量是资产确认的一个基本条件。存货作为企业资产的一个组成部分，要予以确认必须能够对其成本进行可靠计量。存货的成本计量，必须以取得确凿的证据为依据，并且要具有可验证性；否则，不能确认为企业的存货。

只有符合存货的定义同时具备上述两个条件的存货，才可以在资产负债表上作为存货项目予以列示。

2）存货入账价值的确定

根据历史成本原则，物流企业各种存货应当按其取得时的实际成本入账。存货的来源不同，其实际成本的构成也不同：

① 外购存货的入账价值。外购存货的实际成本包括买价、运杂费、运输途中的合理损耗、入库前的整理挑选费用、应由外购存货负担的税金、外汇价差和其他税金。

② 自制存货的入账价值。自制存货包括自制材料、自制包装物、自制低值易耗品、自制半成品及库存商品等，其入账价值包括材料费、工资及福利费、制造费用等。

③ 委托加工存货的入账价值。委托加工存货包括委托外单位加工的原材料、包装物、低值易耗品、半成品等，其入账价值包括加工用原材料的实际成本、加工费用、装卸费、保险费、委托加工的往返运输费用等。

④ 投资者投入存货的成本，应当按照投资合同或协议约定的价值确定，但合同或协议约定的价值不公允的除外。

⑤ 企业合并、非货币性资产交换、债务重组取得的存货成本和收获时的农产品的成本，应当分别按照《企业会计准则第20号——企业合并》《企业会计准则第7号——非货币性资产交换》《企业会计准则第12号——债务重组》《企业会计准则第5号——生物资产》确定。

下列费用应当在发生时确认为当期损益，不计入存货成本：

① 非正常消耗的直接材料、直接人工和制造费用。

② 仓储费用（不包括在生产过程中为达到下一个生产阶段所必需的费用）。

③ 不能归属于存货达到目前场所和状态的其他支出。

3）存货发出计价

企业会计准则规定，企业应当采用先进先出法、加权平均法或者个别计价法确定发出存货的实际成本。已售存货，应当将其成本结转为当期损益，相应的存货跌价准备也应当予以结转。物流企业可根据自身特点来确定发出存货计价的具体方法。

①先进先出法。先进先出法是以先购入的存货应先发出（销售或耗用）这样一种存货实物流转假设为前提，对发出存货进行计价。物流企业采用这种方法，先购入的存货成本在后购入存货成本之前转出，据此确定发出存货和期末存货的成本。其具体操作过程是：最先发出存货的成本按照第一批入库存货的成本确定，第一批存货发完后，再按第二批存货的成本计价，依此类推。

采用先进先出法对存货进行计价，可以将发出存货的计价工作分散在平时进行，减轻了月末的计算工作量，既适用于实地盘存制，也适用于永续盘存制，而且可以随时反映储备资金的占用情况，期末结存存货成本比较接近于现行成本水平，更具有财务分析意义。但是，当企业的存货种类较多、收发比较频繁且单位成本又各不相同时，其计算的工作量就比较大。另外，先进先出法不是以现行成本与现行收入相配比，因而，当物价上涨时，会高估企业本期利润和期末结存存货的价值，造成企业虚利实税，不利于资本的保全，显然违背了谨慎性原则的要求。先进先出法下计算发出存货和期末结存存货成本的公式为：

发出存货成本=发出存货数量×先入库存货的单位成本

期末结存存货成本=期初结存存货成本+本期收入存货成本-本期发出存货成本

②月末一次加权平均法。月末一次加权平均法，是指用当月全部进货成本加

上月初存货成本，除以当月全部购货数量加上月初存货数量，计算出存货的加权平均单位成本，以此为基础计算当月发出存货成本和期末存货成本的一种方法。采用月末一次加权平均法计算发出存货的成本，只有在月末才能计算出加权平均单位成本，因而平时的核算工作比较简单，但月末的核算工作量比较大，可能会影响有关成本计算的准确性，也不能随时从账簿中观察到各种存货的发出和结存情况，不便于对存货占用资金的日常管理。月末一次加权平均法下有关的计算公式为：

$$\text{存货加权平均单位成本}=\frac{\text{月初库存存货的实际成本}+\sum(\text{当月各批进货的实际单位成本}\times\text{当月各批进货的数量})}{\text{月初库存存货数量}+\text{当月各批进货数量之和}}$$

发出存货实际成本=发出存货数量×存货加权平均单位成本

期末结存存货成本=期末结存存货数量×存货加权平均单位成本

=期初结存存货成本+本期收入存货成本−本期发出存货成本

③移动加权平均法。移动加权平均法是指将每次进货的成本加上原有库存存货的成本，除以每次进货数量加上原有库存存货的数量，据以计算加权平均单位成本，作为在下次进货前计算各次发出存货成本的依据。其计算公式为：

$$\text{存货移动加权平均单位成本}=\frac{\text{本次进货成本}+\text{原有库存存货成本}}{\text{本次进货数量}+\text{原有库存存货数量}}$$

本次发出存货的成本=本次发出存货的数量×本次发货前的存货移动加权平均单位成本

本月月末库存存货成本=月末库存存货的数量×本月月末存货移动加权平均单位成本

④个别计价法。个别计价法是指将某批收入存货的实际单位成本作为发出存货的单位成本，计算发出存货成本的一种方法。这种方法的成本流转与实物流转一致，各种存货必须是可以具体辨认的，而且，各种存货都要有平时入库时的详细记录。这种方法一般适用于为某一特定项目专门购入并单独保管的存货，而不能用于可以互换使用的存货。

现举例说明存货发出的核算。

［例3-1］东方物流公司3月4日从仓库领用材料一批，见表3-1。

表3-1 **材料发出凭证汇总表** 单位：元

领用单位或用途	原材料		合计
	辅助材料	修理用设备	
保修车间	4 000	40 000	44 000
东区货车队	1 000	4 500	5 500
西区货车队	800	3 800	4 600
公司管理层车队	4 400	2 000	6 400
合计	10 200	50 300	60 500

作会计分录如下：

借：生产成本　　54 100

　　管理费用　　6 400

　贷：原材料　　60 500

3.2　营运燃料与营运轮胎

3.2.1　营运燃料与营运轮胎的概念

物流企业存货种类繁多，其中营运燃料和营运轮胎是其最重要的存货。营运燃料是物流企业运输过程中消耗量最大的一种材料，燃料费用严重影响着物流企业的利润。营运轮胎是物流企业营运车辆的重要组成部分，关系着车辆安全行驶和企业运输成本。因此，加强对物流企业营运燃料和营运轮胎的管理和核算，对物流企业有着重要意义。

营运燃料是指物流企业的车辆、船舶在运输过程中用来燃烧形成动力的各种能源。它包括固体燃料、液体燃料和气体燃料，如煤、汽油、柴油、天然气等。营运轮胎是指物流企业购入车辆和装卸设备使用的轮胎和外胎。

3.2.2　营运燃料与营运轮胎的核算

1）营运燃料的核算

营运燃料在物流企业的运输营运过程中发挥着重要的作用，燃料的消耗在运输成本中占有较大的比重。当燃料被领用出库，装进车辆的油箱或船舶的油舱里，就开始了运输营运活动，但当运输营运活动结束后，在车辆油箱或船舶油舱内仍有一部分尚未消耗的燃料。因此，车辆、船舶运输营运业务领用的燃料并不等于其消耗的燃料，存放在车辆油箱和船舶油舱中的燃料也应作为存货的组成部分，这样就需要将燃料明细账户分设“库存”“车（船）存”两个三级明细账户进行核算。

在车辆或船舶领用燃料时，借记“原材料——燃料（车（船）存）”科目，贷记“原材料——燃料（库存）”科目，期末通过实地盘存制确定燃料的耗用数，其计算公式如下：

本期耗用燃料=期初车（船）存燃料+本期领用燃料-期末车（船）存燃料

根据计算出来的本期耗用燃料的金额，借记“主营业务成本——运输成本”科目，贷记“原材料——燃料（车（船）存）”科目。

［例3-2］东方物流公司2×21年10月份领用燃料成本为70 000元，实际耗用燃料合计为65 000元，应作如下会计分录：

① 燃料库发出燃料时：

借：原材料——燃料（车（船）存）　　70 000

　贷：原材料——燃料（库存）　　70 000

② 期末燃料实际耗用时：

借：主营业务成本——运输成本　　65 000

　贷：原材料——燃料（车（船）存）　　65 000

在实际工作中，对于车（船）存燃料实行“满油箱制”管理与核算的物流企业可不设“库存”“车（船）存”明细账户，而是在燃料领用时直接借记有关成本费用账户，贷记“原材料——燃料”科目。

2）营运轮胎的核算

营运轮胎由外胎、内胎和垫带三部分组成，其中内胎和垫带的价值较低，平时在“原材料——其他材料”科目核算，领用时转入“主营业务成本——运输成本”科目。

营运轮胎外胎在物流企业的运输经营业务中发挥着重要的作用。由于它价值较大，数量较多，对运输成本有着较大的影响。因此，物流企业应设置“原材料——轮胎”明细账户，以加强对营运轮胎外胎的核算。

物流企业的外胎被领用后，在使用过程中逐渐损耗，其价值也随之逐渐减少，这部分减少的价值，应通过摊销转入“主营业务成本——运输成本”科目，其摊销的方法有一次转销法和按行驶里程摊销法两种。

① 一次转销法。它是指外胎领用时一次全额摊销其价值的方法，届时借记“主营业务成本——运输成本”科目，贷记“原材料——轮胎”科目。物流企业如果一次领用的外胎数量多时，为了使成本负担合理，可以分期摊销，在领用时，借记“原材料——轮胎（在用）”科目，贷记“原材料——轮胎（在库）”科目。分月摊销时，借记“主营业务成本——运输成本”科目，贷记“原材料——轮胎（在用）”科目。摊销完成时，借记“原材料——轮胎（在库）”科目，贷记“原材料——轮胎（在用）”科目。这种方法适用于汽车运输业务较少的物流企业。

② 按行驶里程摊销法。它是指按外胎在预计行驶总里程内实际行驶里程的比例计算其摊销额的方法。在领用外胎时，借记“长期待摊费用——轮胎”科目，贷记“原材料——轮胎”科目；摊销时，按本月摊销外胎费用额，借记“主营业务成本——运输成本”科目，贷记“长期待摊费用——轮胎”科目。本月摊销外胎费用额按如下公式计算：

$$\text{外胎行驶里程摊销率}=\frac{\text{外胎成本}-\text{预计残值}}{\text{预计行驶总里程}}$$

本月摊销外胎费用=本月外胎行驶里程×外胎行驶里程摊销率

报废轮胎退库时，按残值，借记“原材料”科目，贷记“主营业务成本——运输成本”科目。对于发生的轮胎翻新费用，借记“主营业务成本——运输成本”科目，贷记“银行存款”科目。

［例3-3］东方物流公司的轮胎外胎每只成本900元，残值45元，每只外胎预计可行驶90 000千米。2×21年3月15日，运输车队领用外胎6只，截至2×21年3月31日，运输车队外胎共计行驶里程为300 000千米。

①领用轮胎时：

借：长期待摊费用——轮胎　　5 400

　贷：原材料——轮胎（900×6）　　5 400

②摊销轮胎费用时：

外胎行驶里程摊销率=（900−45）÷90 000=0.95%

本月摊销外胎费用=300 000×0.95%=2 850（元）

借：主营业务成本——运输成本　　2 850

　贷：长期待摊费用——轮胎　　2 850

［例3-4］东方物流公司2×21年10月份发生下列经济业务：车队领用轮胎成本为10 000元。以银行存款支付翻新费2 000元。报废轮胎的残值为300元。应作如下会计分录：

①领用轮胎时：

借：主营业务成本　　10 000

　贷：原材料——轮胎　　10 000

②以银行存款支付翻新费时：

借：主营业务成本——运输成本　　2 000

　贷：银行存款　　2 000

③ 报废轮胎残值入库时：

借：原材料——残值　　300

　贷：主营业务成本——运输成本　　300

3.3　包装物和低值易耗品

包装物和低值易耗品也是物流企业存货的重要组成部分，是物流企业提供包装等日常经营活动必备的物资，因此，应加强对包装物和低值易耗品的核算和管理。

3.3.1　包装物

1）包装物的概念

包装物是指为了包装本物流企业的产品而储备的各种包装容器，如桶、箱、瓶、坛、袋等。其核算内容包括：

① 生产过程中用于包装产品作为产品组成部分的包装物。

② 随同产品出售而不单独计价的包装物。

③ 随同产品出售而单独计价的包装物。

④ 出租或出借给购买单位使用的包装物。

以下各项不作为包装物核算：

① 各种包装材料，如纸、绳、铁丝、铁皮等，应在“原材料”科目核算。

② 用于储存和保管产品、材料而不对外出售的包装物，应按价值大小和使用

年限长短，分别在“固定资产”或“低值易耗品”科目核算。

③ 作为物流企业产品的自制包装物，应作为库存商品核算。

2）发出包装物的核算

物流企业购入包装物的核算与原材料基本相同，因此，本部分主要介绍包装物发出的会计核算。为了反映和监督包装物的增减变化及其收发结存情况，物流企业应设置“包装物”科目进行核算。物流企业发出包装物，应根据其用途不同，分别进行处理：

（1）生产领用包装物

生产部门领用的包装物，构成了产品成本的组成部分，此种包装物应计入产品成本，借记“生产成本”等科目，贷记“包装物”科目。

（2）随产品出售的包装物

随产品出售的包装物，物流企业应分单独计价和不单独计价两种情况核算。随同产品出售而单独计价的包装物，在随同产品出售时要单独计价，单独反映其收入，相应也应单独反映其销售成本，应记入“其他业务成本”科目。随同产品出售不单独计价的包装物，应于包装物发出时，按其实际成本记入“销售费用”科目。

（3）出租或出借包装物

物流企业可以根据业务活动需要，出租或出借其包装物。出租包装物时，按其实际成本借记“其他业务成本”科目，贷记“包装物”科目；出借包装物时，按其实际成本借记“销售费用”科目，贷记“包装物”科目。如果出租或出借的包装物价值较高，可先通过“长期待摊费用”科目核算，以后分期摊销，期满收回残余价值或变价收入冲减其他业务成本或销售费用。物流企业出租或出借包装物收取押金的，应先借记“银行存款”等科目，贷记“其他应付款”科目，到期返还押金时，编制相反分录。

［例3-5］东方物流公司向星海公司出租库存未用铁桶20个，单位实际成本80元。收到出租包装物押金2 000元，租金1 000元，增值税130元，全部款项已存入银行。

①领用出租用包装物时：

借：包装物——出租包装物	1 600	
贷：包装物——库存未用包装物		1 600

②收到出租包装物押金时：

借：银行存款	2 000	
贷：其他应付款		2 000

③收到出租包装物租金时：

借：银行存款	1 130	
贷：其他业务收入		1 000
应交税费——应交增值税（销项税额）		130

④采用一次转销法摊销包装物成本时：

借：其他业务成本　　1 600

　贷：包装物——包装物摊销　　1 600

⑤上述出租包装物全部收回（已验收入库），并退回包装物押金2 000元：

出租包装物收回并验收入库时：

借：包装物——库存已用包装物　　1 600

　贷：包装物——出租包装物　　1 600

退回包装物押金时：

借：其他应付款　　2 000

　贷：银行存款　　2 000

3）包装物的摊销

物流企业应当采用一次转销法、五五摊销法对包装物和低值易耗品进行摊销，计入相关资产的成本或当期损益，具体方法将在低值易耗品中介绍。

3.3.2　低值易耗品

1）低值易耗品的概念

低值易耗品是指不作为固定资产核算的各种用具用品，如工具、管理用具、玻璃器皿以及在经营过程中周转使用的包装容器等。它与固定资产一样，也属于劳动资料，但其价值较低、使用期限较短、容易损坏，在核算与管理上通常作为存货处理。

为了加强低值易耗品的管理和核算，物流企业应对其进行分类。根据经济用途的不同，低值易耗品可以分为以下几类：

① 一般工具，是指辅助生产车间用的工具、模具、卡具、刀具和装备工具等。

② 修理用工具，是指物流企业进行汽车保养、修理用的专用工具和简易设备等。

③ 随车工具，是指车辆随车携带的物品，如篷车、绳索、千斤顶、防滑链条及其他工具等。

④ 管理用具，是指管理工作中使用的各种家具、器具、办公用品等。

⑤ 劳动保护用品，是指为安全生产发给工人作为劳动保护用的工作服、工作鞋和各种保护用具等。

⑥ 其他，是指不属于以上各类的低值易耗品。

2）低值易耗品的核算

（1）低值易耗品购进的核算

物流企业购进低值易耗品时，根据价税合计借记“在途物资”科目；贷记“银行存款”科目。发生采购费用时，也列入“在途物资”科目。当低值易耗品采购完毕验收入库，结转其采购成本时，借记“低值易耗品——在库低值易耗品”科目，贷记“在途物资”科目。

（2）低值易耗品领用和摊销的核算

为了加强实物管理、均衡经营成本和简化核算手续，物流企业应根据低值易耗品的特点，选择一次转销法或五五摊销法对其进行摊销，计入相关资产成本或当期损益。

①一次转销法。

一次转销法，是指低值易耗品或包装物在领用时就将其全部账面价值计入相关资产成本或当期损益的方法。一次转销法通常适用于价值比较低或极易损坏的管理用具（办公用品、纸张、文具等）或小型工具。一次转销的低值易耗品，在领用时其全部价值摊入有关的成本费用账户，借记“主营业务成本”、“其他业务成本”或“管理费用”等科目。

［例3-6］东方物流公司货运车队2×21年10月10日领用修理工具一批，其账面价值为3 000元，公司采用一次转销法核算。其会计分录为：

借：主营业务成本——运输成本　　3 000
　贷：低值易耗品　　3 000

②五五摊销法。

五五摊销法，是指低值易耗品或包装物在领用或出租、出借时先摊销其成本的一半，在报废时再摊销其成本的另一半，即低值易耗品或包装物分两次各按50%进行摊销。物流企业采用五五摊销法核算低值易耗品的，需要在低值易耗品下设置“在库低值易耗品”、“在用低值易耗品”和“低值易耗品摊销”三个明细科目。

［例3-7］东方物流公司仓库领用工具一批，价值8 000元，使用6个月后报废，收回残料款350元，采用五五摊销法摊销。

A.领用时：

借：低值易耗品——在用低值易耗品　　8 000
　贷：低值易耗品——在库低值易耗品　　8 000

同时：

借：销售费用　　4 000
　贷：低值易耗品——低值易耗品摊销　　4 000

B.低值易耗品报废时：

借：销售费用　　4 000
　贷：低值易耗品——低值易耗品摊销　　4 000

同时，冲销在用低值易耗品：

借：低值易耗品——低值易耗品摊销　　8 000
　贷：低值易耗品——在用低值易耗品　　8 000

C.以现金收回残料款时：

借：库存现金　　350
　贷：销售费用　　350

3.4 存货的期末计量与清查

物流企业为了维持正常经营活动，必须持有各种各样的存货，而且存货的收发返还非常频繁，因而在各种存货的收发、计量和核算过程中难免发生差错，造成存货的盘盈、盘亏，出现账实不符。为了保证存货的真实性、完整性，做到账实相符，企业必须进行存货清查。

3.4.1 存货的期末计量

为了在资产负债表日更合理地反映期末存货的价值，使存货更符合资产的定义，我国企业会计准则规定，资产负债表日，存货应当按照成本与可变现净值孰低法计量。

1）成本与可变现净值孰低法

成本与可变现净值孰低法，是指按照存货的成本与可变现净值两者之中的较低者对期末存货进行计量的一种方法。成本与可变现净值孰低中的成本是指期末存货的实际成本；可变现净值是指在日常活动中，存货的估计售价减去至完工时估计将要发生的成本、估计的销售费用以及相关税费后的金额。采用这种方法，当期末存货的成本低于可变现净值时，存货仍按成本计量；当期末存货的可变现净值低于成本时，存货则按可变现净值计量，同时按照可变现净值低于成本的差额计提存货跌价准备，计入当期损益。

采用成本与可变现净值孰低法对期末存货进行计量，当某项存货的可变现净值跌至成本以下时，表明该项存货为企业带来的未来经济利益将低于账面成本，企业应按可变现净值低于成本的差额确认存货跌价损失，并将其从存货价值中扣除，否则，就会虚增当期利润和存货价值；而当可变现净值高于成本时，企业则不能按可变现净值高于成本的金额确认这种尚未实现的存货增值收益，否则，也会虚增当期利润和存货价值。因此，成本与可变现净值孰低法体现了谨慎性会计原则的要求。

2）存货跌价准备的核算

企业应当设置“存货跌价准备”科目，核算存货的减值准备。其贷方登记计提的存货跌价准备金额；借方登记发生的存货减值损失金额和冲减的存货跌价准备金额；期末余额一般在贷方，反映企业已计提但尚未转销的存货跌价准备。

如果计提本期存货跌价准备之前，“存货跌价准备”科目没有余额，按照存货可变现净值低于成本的差额，借记“资产减值损失”科目，贷记“存货跌价准备”科目。如果本期存货可变现净值低于成本的差额大于“存货跌价准备”原有贷方科目余额，按二者之差补提存货跌价准备，借记“资产减值损失”科目，贷记“存货跌价准备”科目。如果本期存货可变现净值低于成本的差额小于“存货跌价准备”原有贷方科目余额，应按二者之差转回已计提的存货跌价准备金额，按恢复增加的金额，借记“存货跌价准备”科目，贷记“资产减值损失”科目。企业结转存货销售成本时，对于已计提存货跌价准备的，借记“存货跌价准备”科目，贷记“主营业务成本”等科目。

［例3-8］东方物流公司甲材料2×21年年末的账面金额为50 000元，由于市场价格下跌，预计可变现净值为45 000元，由此应计提的存货跌价准备为5 000元。东方物流公司应作如下会计处理：

借：资产减值损失　　5 000

　贷：存货跌价准备　　5 000

一年后，甲材料的账面金额为50 000元，由于市场价格有所上升，甲材料的预计可变现净值为52 000元，应转回已计提的存货跌价准备5 000元。东方物流公司应作如下会计处理：

借：存货跌价准备　　5 000

　贷：资产减值损失　　5 000

3.4.2 存货清查

1）存货清查的概念

存货清查是指通过对存货的实地盘点，确定存货的实有数量，并与账面资料核对，从而确定存货实存数与账面数是否相符的一种专门方法。按照《企业会计准则第1号——存货》的规定，企业应当定期或不定期对存货进行盘点，每年至少一次。企业应当采用实地盘点法对存货进行清查。在具体实地盘点之前，企业应根据各种存货的收发凭证将存货的全部收发业务记入存货明细账，经过稽核计算出余额，并将账面存货数量填入存货盘点表。在盘点时应根据各类存货的不同性质，分别采用点数、过磅、丈量等方法点清实际结存数量，并将其填入存货盘点表。

由于存货种类繁多、收发频繁，在日常收发过程中可能发生计量错误、计算错误、自然损耗，还可能发生损坏变质以及被贪污、盗窃等情况，造成账实不符，形成存货的盘盈、盘亏。对于存货的盘盈、盘亏，应及时填写有关存货盘点报告单，查明原因，按照规定程序报批处理。

2）存货数量的确定方法

确定发出和结存存货数量的方法通常有两种，即永续盘存制和实地盘存制。物流企业可根据自身的特点采取相应的方法确定发出存货的数量。

（1）永续盘存制

永续盘存制又称账面盘存制，是指在会计核算过程中，各种存货平时根据有关的凭证，按其数量在存货明细账中既登记存货的收入数，又登记存货的发出数，可以随时根据账面记录确定存货结存数的制度。在永续盘存制下确定存货数量的计算公式是：

期末结存存货数量=期初结存存货数量+本期收入存货数量-本期发出存货数量

采用永续盘存制确定存货的数量，要求建立健全存货的收入、发出的规章制度，随时在有关账面上能够了解到存货的收入、发出及结存的信息，并保证这些信息的准确无误。为此，就应该对存货进行定期或不定期的清查盘点，以确认账实是否相符。这种盘存制度核算手续比较严密，在一定程度上能起到防止差错、全面提供资料的作用，便于加强管理和保护存货的安全完整。

（2）实地盘存制

实地盘存制又称为以存计耗制或以存计销制，是指在会计核算过程中，对各种存货，平时只登记其收入数，不登记其发出数，会计期末通过实地盘点确定实际盘存数，倒挤计算出本期发出存货数量的一种方法。实地盘存制下有关的计算公式为：

期初结存存货+本期收入存货=本期耗用或销售存货+期末结存存货

期末结存存货成本=实际库存数量×存货单位成本

实际库存数量=实地盘点数量+已提未销数量-已销未提数量+在途数量

本期发出存货成本=期初结存存货成本+本期收入存货成本-期末结存存货成本

采用实地盘存制，将期末存货实地盘存的结果作为计算本期发出存货数量的依据，平时不需要对发出的存货进行登记，应该说核算手续比较简单。但是，采用这种方法，无法根据账面记录随时了解存货的发出和结存情况，由于是以存计销或以存计耗倒算发出存货成本的，必然将非销售或非生产耗用的损耗、短缺或贪污盗窃造成的损失，全部混进销售或耗用成本之中，这显然是不合理的，也不利于对存货进行日常的管理和控制。同时，在存货品种、规格繁多的情况下，对存货进行实地盘点需要消耗较多的人力、物力，影响正常的生产经营活动，造成浪费。因此，这种方法一般只适用于存货品种规格繁多且价值较低的企业，尤其适用于自然损耗大、数量不易准确确定的存货。

由此可见，不论是永续盘存制还是实地盘存制，企业每年至少要对存货盘点一次。所以，在实际工作中一个企业往往不是单一地使用永续盘存制或实地盘存制，而是在永续盘存制的基础上对存货进行定期盘存，把两种盘存制度结合使用，使之优势互补。

3.4.3 存货清查的核算

为了反映存货的盘亏情况，物流企业应设置“待处理财产损溢”科目，借方登记存货的盘亏、毁损数额，贷方登记存货盘亏的转销数额，借方余额表示待处理财产的损失数额。

对于盘亏的存货，物流企业按其实际成本或计划成本，借记“待处理财产损溢——待处理流动资产损溢”账户，贷记“原材料”等账户。存货清查结果如果与账面记录不符，企业应于会计期末前查明原因，并根据相应的管理权限，经企业股东大会、董事会或经理（厂长）会议批准后，在期末结账前处理完毕。盘亏的存货在减去过失人或保险公司等赔款和残料价值之后，计入当期的管理费用；属于非常损失的，计入营业外支出。物流企业按规定程序批准转销盘亏存货价值时，根据导致存货盘亏的不同原因，分别借记“管理费用”（自然损耗、管理不善、收发计量不准等)、“其他应收款”(责任人赔偿或保险赔偿)、“营业外支出”(非常损失)等账户，贷记“待处理财产损溢——待处理流动资产损溢”账户，盘亏存货涉及所得税的，还应进行相应处理。

《企业会计准则第28号——会计政策、会计估计变更和差错更正》规定，存货的盘盈属于前期差错，但存货盘盈通常金额较小，不会影响财务报表使用者对企业以前年度的财务状况、经营成果和现金流量进行判断，又因为存货流动快，不容易区别具体年份，所以存货盘盈时仍通过“待处理财产损溢”科目核算，按管理权限报经批准后冲减管理费用，不调整以前年度的报表。

盘亏、盘盈的存货如果在会计期末结账前尚未经批准的，应在对外提供财务报表时先按上述规定进行处理，并在财务报表附注中做出说明；如果其后批准处理的金额与已处理的金额不一致，应按其差额调整财务报表相关项目的年初数。

对于存货清查核算的举例说明如下：

[例3-9] 东方物流公司在存货清查中盘亏材料一批，该批材料1 250千克，实际成本总额为10 000元，经查是由于暴雨淹没造成的，保险公司承诺赔偿2 000元。该事项已经管理层批准，其会计处理为：

借：待处理财产损溢——待处理流动资产损溢　　10 000

　贷：原材料　　10 000

借：营业外支出　　8 000

　　其他应收款——××保险公司　　2 000

　贷：待处理财产损溢——待处理流动资产损溢　　10 000

[例3-10] 东方物流公司在存货清查中盘亏材料一批，总价值为5 000元。经查明属于计量错误，其会计处理为：

①批准处理前：

借：待处理财产损溢——待处理流动资产损溢　　5 000

　贷：原材料　　5 000

②批准处理后：

借：管理费用　　5 000

　贷：待处理财产损溢——待处理流动资产损溢　　5 000

■ 本章小结

本章内容包括存货的确认、原材料的核算、包装物和低值易耗品的核算、存货的清查和期末计价等内容。

存货组成和确认的主要内容：存货的概念和特点，存货的组成部分，存货确认的条件，存货入账价值的确定。

营运燃料与营运轮胎的概念和核算。

包装物和低值易耗品核算的主要内容：包装物的概念和内容，包装物发出的核算，低值易耗品的概念和内容，低值易耗品领用和摊销的核算。

存货期末计价与清查的主要内容：成本与可变现净值孰低法，存货可变现净值的确定和存货跌价准备的计提，存货清查，盘亏、盘盈的存货的处理。

■ 思考题

1. 什么是存货？物流企业的存货包括哪些内容？

2. 物流企业购进存货的成本是如何确定的？

3. 物流企业确定发出存货成本的方法有哪些？

4. 什么是低值易耗品？低值易耗品摊销的方法有哪些？

5. 物流企业的存货期末如何计价？

■ 案例

1. 存货的核算直接影响销售成本和企业利润。期末存货的大小，恰好与销货成本高低成反比。也就是说，期末存货金额越大，销货成本便越小，销货毛利随之加大，应纳税所得额及所得税税负也会随之增加，对企业不利；反之，期末存货金额越小，销货成本越大，销货毛利越小，应纳税所得额及所得税税负均随之减少，对企业有利。因此，对存货进行合理筹划，可以减轻企业的所得税负担。

东方物流公司预计2×21年某燃料购入和领用情况见表3-2，假设该企业无论采用何种折旧方法，实现的年应纳税所得额均能超过10万元，在其他利润条件不变的情况下，对该企业结转存货成本的方法进行筹划。

表3-2 **东方物流公司燃料收发记录表** 金额单位：元

时间	摘要	购入			发出			结存		
		数量（升）	单价	金额	数量（升）	单价	金额	数量（升）	单价	金额
4月1日	购入	2 500	100	250 000						
10月1日	购入	3 000	130	390 000						
12月1日	发出				3 200			2 300		

要求：请依据上述资料为东方物流公司进行存货管理筹划，以使公司利润最大。

提示：分别计算几种存货发出方法下的销售成本和估计利润。

2. 东方物流公司车队汽车的外胎采用按行驶里程摊销法，外胎每只成本960元，残值48元，每只外胎可行驶100 000千米，其他部门的外胎采用一次转销法。该公司3月初各部门车辆的油箱内结存的汽油为：第一车队680升，第二车队760升，车队管理部门140升，修理车间120升，行政管理部门100升，每升为5.85元。本月东方物流公司发生下列经济业务：

（1）10日，运输车队领用外胎10只；行政管理部门领用外胎1只。

（2）20日，运输车队报废外胎2只，已验收入库，每只残值50元。

（3）31日，根据本月份领料单（轮胎类除外），编制发料汇总表（见表3-3），予以转账。

表3-3　　**东方物流公司发料汇总表**　　单位：元

材料类别 / 领料部门	燃料类	其他材料类	合计
第一车队	67 800	1 060	68 860
第二车队	76 600	980	77 580
车队管理部门	3 120	620	3 740
修理车间	4 290	2 120	6 410
行政管理部门	3 310	780	4 090
合计	155 120	5 560	160 680

（4）31日，通过实物盘点，各部门车辆的油箱内结存的汽油为：第一车队200升，第二车队160升，车队管理部门50升，修理车间60升，行政管理部门80升。

（5）31日，本月份第一车队外胎共行驶376 000千米，第二车队外胎共行驶468 000千米。

要求：根据资料编制相关会计分录。

第4章 金融资产

学习目标

通过本章的学习，要求学生了解物流企业金融资产的内容、特点；掌握金融资产初始计量的核算；掌握采用实际利率确定金融资产摊余成本的方法；掌握各类金融资产后续计量的核算；掌握不同类金融资产转换的核算；掌握金融资产减值损失的核算。

4.1 金融资产的概念和分类

1）金融资产的概念

金融资产，是指企业持有的现金、其他方的权益工具以及符合下列条件之一的资产：①从其他方收取现金或其他金融资产的合同权利；②在潜在有利条件下，与其他方交换金融资产或金融负债的合同权利；③将来须用或可用企业自身权益工具进行核算的非衍生工具合同，且企业根据该合同将收到可变数量的自身权益工具；④将来须用或可用企业自身权益工具进行结算的衍生工具合同，但以固定数量的自身权益工具交换固定金额的现金或其他金融资产的衍生工具合同除外。其中，企业自身权益工具不包括应当按照《企业会计准则第 37 号——金融工具列报》分类为权益工具的可回售工具或发行方仅在清算时才有义务向另一方按比例交付其净资产的金融工具，也不包括本身就要求在未来收取或交付企业自身权益工具的合同。

金融资产是企业资产的重要组成部分，一般具有以下特征：①货币性，指其可以用来作为货币或容易转换为货币，行使交易媒介或支付功能；②流通性，可以迅速变现，而同时不受价值上的损失；③偿还期限，在行使最终支付前的时间长度；④风险性，用来购买金融资产的本金是否有受损失的危险；⑤收益性，用收益率来表示，指金融资产所取得的收益与本金的比率。

物流企业的金融资产主要包括库存现金、银行存款、应收账款、应收票据、贷款、其他应收款项、债权投资、股权投资、基金投资、衍生金融工具形成的资产等。

2）金融资产的分类

从会计核算的角度出发，企业的金融资产通常包括以下内容：

（1）以摊余成本计量的金融资产

金融资产同时符合下列条件的，应当分类为以摊余成本计量的金融资产：

第一，企业管理该金融资产的业务模式是以收取合同现金流量为目标。

第二，该金融资产的合同条款规定，在特定日期产生的现金流量，仅为对本金和以未偿付本金金额为基础的利息的支付。

物流企业的银行存款、应收账款、贷款等均为以摊余成本计量的金融资产。企业持有的普通债券如果是以收取合同现金流量为目标，则属于该类金融资产，应当设置“债权投资”科目核算分类为以摊余成本计量的金融资产中的债权投资。

（2）以公允价值计量且其变动计入其他综合收益的金融资产

该类金融资产包括以下两种类型：

①分类为以公允价值计量且其变动计入其他综合收益的金融资产。

金融资产同时符合下列条件的，应当分类为以公允价值计量且其变动计入其他综合收益的金融资产：

第一，企业管理该金融资产的业务模式既以收取合同现金流量为目标又以出售该金融资产为目标；

第二，该金融资产的合同条款规定，在特定日期产生的现金流量，仅为对本金和以未偿付本金金额为基础的利息的支付。

物流企业持有的普通债券如果既以收取合同现金流量为目标又以出售该债券为目标，则属于该类金融资产，应当设置“其他债权投资”科目核算分类为以公允价值计量且其变动计入其他综合收益的金融资产。

②指定为以公允价值计量且其变动计入其他综合收益的金融资产。

企业获取的权益工具投资在初始确认时，可以将非交易性权益工具投资指定为以公允价值计量且其变动计入其他综合收益的金融资产。该指定一经做出，不得撤销。

物流企业投资于除子公司、联营企业以及合营企业以外的其他上市公司股票或非上市公司股权，都可能属于这种情形。企业应当设置“其他权益工具投资”科目核算指定为以公允价值计量且其变动计入其他综合收益的金融资产。

（3）以公允价值计量且其变动计入当期损益的金融资产

按照上述（1）和（2）分类为以摊余成本计量的金融资产和以公允价值计量且其变动计入其他综合收益的金融资产之外的金融资产，企业应当将其分类为以公允价值计量且其变动计入当期损益的金融资产。

物流企业持有的普通股股票，除了对子公司、联营企业、合营企业的投资和指定为以公允价值计量且其变动计入其他综合收益的金融资产外，应当分类为该类金融资产。应当设置“交易性金融资产”科目核算以公允价值计量且其变动计入当期损益的金融资产。企业持有的指定为以公允价值计量且其变动计入当期损益的金融资产也在本科目核算。

4.2　交易性金融资产

4.2.1　科目设置

为了正确地核算交易性金融资产的取得、收取股利或利息、公允价值变动及处置等业务，物流企业应设置“交易性金融资产”“公允价值变动损益”“投资收益”“应收股利”“应收利息”等科目。

“交易性金融资产”属于资产类科目，核算企业分类为或指定为以公允价值计量且其变动计入当期损益的金融资产的公允价值。借方登记交易性金融资产的增加额，贷方登记交易性金融资产的减少额，期末借方余额，反映企业拥有的交易性金融资产。本科目可按交易性金融资产的类别和品种分别设置“成本”“公允价值变动”等明细科目进行核算。

“公允价值变动损益”属于损益类科目，核算应计入当期损益的交易性金融资产的公允价值变动金额。该科目贷方登记企业持有的交易性金融资产等的公允价值高于账面余额的差额；借方登记企业持有的交易性金融资产等的公允价值低于账面余额的差额。

“投资收益”属于损益类科目，核算企业取得交易性金融资产时所支付的交易费用、企业持有交易性金融资产期间取得的现金股利或利息以及处置交易性金融资产等实现的投资损益。

“应收股利”与“应收利息”均属于资产类科目，核算企业取得交易性金融资产等时所支付价款中包含已宣告但尚未发放的现金股利或利息，以及企业持有交易性金融资产等期间应收被投资企业已经宣告但尚未发放的现金股利或已到收息期但尚未领取的利息。借方登记应收股利或应收利息的增加额，贷方登记应收股利或应收利息的减少额。

4.2.2 交易性金融资产的初始计量

当企业取得交易性金融资产时，应按该金融资产取得时的公允价值作为其初始确认金额，借记“交易性金融资产——成本”科目，按支付的价款，贷记“库存现金”或“银行存款”科目；支付的价款中包含已宣告但尚未发放的现金股利或已到付息期但尚未领取的债券利息的，应当单独确认为应收项目，记入“应收股利”或“应收利息”科目。

取得交易性金融资产所发生的支付给代理机构、咨询公司、券商等的手续费和佣金等相关交易费用应当在发生时记入“投资收益”科目的借方。

[例4-1] 2×19年1月1日，东方物流公司从二级市场支付价款1 040 000元（含已宣告但尚未发放的利息40 000元）购入B公司发行的债券，另发生交易费用10 000元。该债券面值1 000 000元，剩余期限为3年，票面年利率为4%，一年付息一次，东方物流公司将其分类为交易性金融资产。东方物流公司于2×19年1月5日收到发放的利息40 000元。

东方物流公司应作如下会计处理：

（1）2×19年1月1日记录购入的交易性金融资产：

借：交易性金融资产——成本	1 000 000	
应收利息	40 000	
贷：银行存款		1 040 000

（2）2×19年1月1日记录支付的交易费用：

借：投资收益	10 000	
贷：银行存款		10 000

（3）2×19年1月5日记录收到的利息：

借：银行存款	40 000	
贷：应收利息		40 000

4.2.3 交易性金融资产的后续计量

交易性金融资产的后续计量包括对两大业务的核算：一是对企业持有交易性金

融资产期间有关现金股利和利息的核算；二是对资产负债表日企业持有的交易性金融资产的公允价值与其账面余额之间的差额的核算。

（1）交易性金融资产现金股利和利息的核算

交易性金融资产持有期间被投资单位宣告发放的现金股利，或在资产负债表日按分期付息、一次还本债权投资的票面利率计算的利息，应借记“应收股利”或“应收利息”科目，贷记“投资收益”科目。

［例4-2］承［例4-1］，东方物流公司于2×19年12月31日确认该债券2×19年的利息。

应作如下会计处理：

借：应收利息　　40 000

　贷：投资收益　　40 000

（2）交易性金融资产公允价值变动的核算

资产负债表日，交易性金融资产的公允价值高于其账面余额的差额，借记“交易性金融资产——公允价值变动”科目，贷记“公允价值变动损益”科目；公允价值低于其账面余额的差额作相反的会计分录。

［例4-3］承［例4-1］，2×19年12月31日，该债券的公允价值为1 200 000元（不含利息）。

东方物流公司应作如下会计处理：

借：交易性金融资产——公允价值变动　　200 000

　贷：公允价值变动损益　　200 000

2×20年12月31日，该债券的公允价值为1 100 000元（不含利息）。

东方物流公司应作如下会计处理：

借：公允价值变动损益　　100 000

　贷：交易性金融资产——公允价值变动　　100 000

4.2.4　交易性金融资产的处置

出售交易性金融资产，应按实际收到的金额，借记“银行存款”等科目，按该交易性金融资产的账面余额，贷记“交易性金融资产”科目，按其差额，贷记或借记“投资收益”科目。

［例4-4］承［例4-3］，2×21年1月1日，东方物流公司将该债券出售，取得价款1 120 000元。东方物流公司应作如下会计处理：

借：银行存款　　1 120 000

　贷：交易性金融资产——成本　　1 000 000

　　　　　　　　　——公允价值变动　　100 000

　　　投资收益　　20 000

4.3 以摊余成本计量的金融资产

4.3.1 科目设置

为了正确地核算以摊余成本计量的金融资产的取得、持有期间的收益确认、溢折价摊销及处置等业务，企业应设置“债权投资”“投资收益”“应收利息”等科目。

“债权投资”属于资产类科目，核算企业以收取合同现金流量为目标的债权投资，且该金融资产的合同条款规定，在特定日期产生的现金流量，仅为对本金和以未偿付本金金额为基础的利息的支付。该科目借方登记债权投资的增加额，贷方登记债权投资的减少额，期末借方余额，反映企业拥有的债权投资的摊余成本。本科目可按债权投资的类别和品种分别设置“成本”“利息调整”“应计利息”等明细科目进行核算。

“投资收益”属于损益类科目，核算债权投资持有期间的利息收入，以及处置债权投资等实现的投资损益。

“应收利息”属于资产类科目，核算债权投资持有期间应收被投资企业已到收息期但尚未领取的利息。借方登记应收利息的增加额，贷方登记应收利息的减少额。

4.3.2 以摊余成本计量的金融资产的初始计量

企业取得的债权投资，应按该投资的面值，借记“债权投资——成本”科目，按支付的价款中包含的已到收息期但尚未领取的利息，借记“应收利息”科目，按实际支付的金额，贷记“银行存款”等科目，按其差额，借记或贷记“债权投资——利息调整”科目。取得债权投资发生的交易费用倒挤入债权投资的账面价值，在“债权投资——利息调整”科目中核算。

[例4-5] 假设东方物流公司于2×17年1月1日以20 220元购入华美公司当日发行的面值总额为20 000元的公司债券，分类为以摊余成本计量的金融资产，另支付交易费用200元。该债券系5年期，按年付息，票面年利率为6%，实际利率为5.515%。东方物流公司对债券的溢折价采用实际利率法摊销，如果发生减值迹象，在期末对该债权投资进行减值测试。东方物流公司应作如下会计处理：

2×17年1月1日，取得该债权投资时：

借：债权投资——成本	20 000	
——利息调整	420	
贷：银行存款		20 420

4.3.3 以摊余成本计量的金融资产的后续计量

债权投资的后续计量主要是对债权投资利息收入的确认，资产负债表日，债权投资为分期付息、一次还本债权投资的，应按票面利率计算确定的应收未收利息，借记“应收利息”科目；若该金融资产为到期一次还本付息，则应按票面利率计算确定的利息借记“债权投资——应计利息”科目。按债权投资账面余额乘以实际利率计算确定的利息收入，贷记“投资收益”科目（但是持有期最后一年应按利息调整总额扣除已摊销金额进行倒挤），但下列情况除外：

（1）对于购入或者源生的已发生信用减值的金融资产，企业应当自初始确认起，按照该金融资产的摊余成本和经信用调整的实际利率计算确定其利息收入。

（2）对于购入或者源生的未发生信用减值但在后续期间成为已发生信用减值的金融资产，企业应当在后续期间，按照该金融资产的摊余成本和实际利率计算确定其利息收入，若该金融工具在后续期间不再存在信用减值，应当转按实际利率乘以该金融资产账面余额来计算确定利息收入。最后按“应收利息”（或者“债权投资——应计利息”）与“投资收益”的差额，借记或贷记“债权投资——利息调整”科目。

［例4-6］承［例4-5］，请做出东方物流公司2×17年至2×21年各年确认的利息收入及收到各年利息的会计分录（假定不考虑减值因素）（见表4-1）。

表4-1　　东方物流公司相关资料　　单位：元

年份	期初摊余成本 （a）	实际利息 （b）	现金流入 （c）	期末摊余成本 （d=a+b-c）
2×17	20 420.00	1 126.16	1 200	20 346.16
2×18	20 346.16	1 122.09	1 200	20 268.25
2×19	20 268.25	1 117.79	1 200	20 186.04
2×20	20 186.04	1 113.26	1 200	20 099.30
2×21	20 099.30	1 100.70	21 200	0

①2×17年：

应确认的投资收益=20 420×5.515%=1 126.16（元）

应确认的应收利息=20 000×6%=1 200（元）

应确认的利息调整=1 200−1 126.16=73.84（元）

东方物流公司应作如下会计处理：

借：应收利息　　1 200

　贷：投资收益　　1 126.16

　　债权投资——利息调整　　73.84

2×17年年末摊余价值=20 420+20 420×5.515%−20 000×6%=20 346.16（元）

②2×18年：

1月5日，收到2×17年利息：

借：银行存款　　1 200

贷：应收利息 1 200

2×18年年末：

应确认的投资收益=20 346.16×5.515%=1 122.09（元）

应确认的应收利息=20 000×6%=1 200（元）

应确认的利息调整=1 200−1 122.09=77.91（元）

东方物流公司应作如下会计处理：

借：应收利息 1 200

贷：投资收益 1 122.09

债权投资——利息调整 77.91

2×18年年末摊余价值=20 346.16+20 346.16×5.515%−20 000×6%=20 268.25（元）

③2×19年：

1月5日，收到2×18年利息：

借：银行存款 1 200

贷：应收利息 1 200

2×19年年末：

应确认的投资收益=20 268.25×5.515%=1 117.79（元）

应确认的应收利息=20 000×6%=1 200（元）

应确认的利息调整=1 200−1 117.79=82.21（元）

东方物流公司应作如下会计处理：

借：应收利息 1 200

贷：投资收益 1 117.79

债权投资——利息调整 82.21

2×19年年末摊余价值=20 268.25+20 268.25×5.515%−20 000×6%=20 186.04（元）

④2×20年：

1月5日，收到2×19年利息：

借：银行存款 1 200

贷：应收利息 1 200

2×20年年末：

应确认的投资收益=20 186.04×5.515%=1 113.26（元）

应确认的应收利息=20 000×6%=1 200（元）

应确认的利息调整= 1 200−1 113.26=86.74（元）

东方物流公司应作如下会计处理：

借：应收利息 1 200

贷：投资收益 1 113.26

债权投资——利息调整 86.74

2×20年年末摊余价值=20 186.04 +20 186.04×5.515%−20 000×6%=20 099.3（元）

⑤2×21年：

1月5日，收到2×20年利息：

借：银行存款　　1 200
　贷：应收利息　　1 200

2×21年年末：

应确认的投资收益=21 200-20 099.3=1 100.7（元）

应确认的应收利息=20 000×6%=1 200（元）

应确认的利息调整=1 200-1 100.7=99.3（元）

东方物流公司应作如下会计处理：

借：应收利息　　1 200
　贷：投资收益　　1 100.7
　　债权投资——利息调整　　99.3

借：银行存款　　20 000
　贷：债权投资——成本　　20 000

4.3.4　以摊余成本计量的金融资产的处置

出售债权投资，应按实际收到的金额，借记“银行存款”等科目，或“债权投资减值准备”(如有)；按其账面余额，贷记“债权投资——成本”“债权投资——利息调整”“债权投资——应计利息”等科目；按其差额，贷记或借记“投资收益”科目。

［例4-7］承［例4-6］，假如2×19年1月1日，东方物流公司因管理该债权投资的业务模式发生改变，将该债权投资出售，收到价款20 500元。

2×19年1月1日东方物流公司应作如下会计处理：

借：银行存款　　20 500
　贷：债权投资——成本　　20 000
　　　　　　——利息调整　　268.25
　　投资收益　　231.75

4.4　其他债权投资

4.4.1　科目设置

为了正确地核算其他债权投资的取得、利息、公允价值变动及处置等业务，企业应设置“其他债权投资”“其他综合收益”“投资收益”“应收利息”等科目。

“其他债权投资”属于资产类科目，核算企业取得的以公允价值计量且其变动计入其他综合收益的金融资产（债务工具）的公允价值及取得时发生的相关交易费用。其借方登记其他债权投资的增加额；贷方登记其他债权投资的减少额；期末借方余额，反映企业拥有的其他债权投资的公允价值。本科目可按其他债权投资的类别和品种分别设置“成本”“公允价值变动”“利息调整”等明细科目进行核算。

“其他综合收益”属于权益类科目，核算其他债权投资的公允价值变动金额。其贷方登记企业持有的其他债权投资等的公允价值高于账面余额的差额；借方登记企业持有的其他债权投资等的公允价值低于账面余额的差额。

“投资收益”属于损益类科目，核算企业持有其他债权投资期间取得的利息以及处置其他债权投资实现的投资损益。

“应收利息”属于资产类科目，核算企业取得其他债权投资时所支付价款中包含的已到计息期但尚未领取的利息以及企业持有其他债权投资等期间确认的应收利息。其借方登记应收利息的增加额，贷方登记应收利息的减少额。

4.4.2 其他债权投资的初始计量

企业取得的其他债权投资，应按债券的面值，借记“其他债权投资——成本”科目；按支付的价款中包含的已到付息期但尚未领取的利息，借记“应收利息”科目；按实际支付的金额，贷记“银行存款”等科目；按差额，借记或贷记“其他债权投资——利息调整”科目。

［例4-8］假设东方物流公司于2×17年1月1日以20 220元购入华美公司当日发行的面值总额为20 000元的公司债券，分类为以公允价值计量且其变动计入其他综合收益的金融资产。另支付交易费用200元，该债券系5年期，按年付息，票面年利率为6%，实际利率为5.515%，东方物流公司对债券的溢折价采用实际利率法摊销。东方物流公司应作如下会计处理：

2×17年1月1日，取得该债权投资时：

借：其他债权投资——成本	20 000	
——利息调整	420	
贷：银行存款		20 420

4.4.3 其他债权投资的后续计量

其他债权投资的后续计量包括对两项业务的核算：一是对企业持有其他债权投资期间有关利息的核算；二是对资产负债表日企业持有的其他债权投资的公允价值与其账面余额之间的差额的核算。

（1）其他债权投资利息的核算

资产负债表日，其他债权投资为分期付息、一次还本债权投资的，应按票面利率计算应收未收利息，借记“应收利息”科目，按其他债权投资的期初账面余额或者摊余成本和实际利率计算确定的利息收入，贷记“投资收益”科目，按其差额，借记或贷记“其他债权投资——利息调整”科目。

其他债权投资为一次还本付息债权投资的，应于资产负债表日按票面利率计算应收未收利息，借记“其他债权投资——应计利息”科目，按其他债权投资的期初账面余额或者摊余成本和实际利率计算确定的利息收入，贷记“投资收益”科目，按其差额，借记或贷记“其他债权投资——利息调整”科目。

（2）其他债权投资公允价值变动的核算

资产负债表日，按其他债权投资的公允价值高于其账面余额的差额，借记“其他债权投资——公允价值变动”科目，贷记“其他综合收益——其他债权投资公允价值变动”科目；按公允价值低于其账面余额的差额作相反的会计分录。

［例4-9］承［例4-8］，请做出东方物流公司2×17年至2×21年各年确认利息收入及收到各年利息的会计分录（假定不考虑减值因素）（见表4-1），且2×19年年末该债券的公允价值为21 000元，2×20年年末该债券的公允价值为20 500元。

①2×17年：

应确认的投资收益=20 420×5.515%=1 126.16（元）

应确认的应收利息=20 000×6%=1 200（元）

应确认的利息调整=1 200-1 126.16=73.84（元）

东方物流公司应作如下会计处理：

借：应收利息　　1 200

　贷：投资收益　　1 126.16

　　　其他债权投资——利息调整　　73.84

2×17年年末摊余价值=20 420+20 420×5.515%-20 000×6%=20 346.16（元）

②2×18年：

1月5日，收到2×17年的利息：

借：银行存款　　1 200

　贷：应收利息　　1 200

2×18年年末：

应确认的投资收益=20 346.16×5.515%=1 122.09（元）

应确认的应收利息=20 000×6%=1 200（元）

应确认的利息调整=1 200-1 122.09=77.91（元）

东方物流公司应作如下会计处理：

借：应收利息　　1 200

　贷：投资收益　　1 122.09

　　　其他债权投资——利息调整　　77.91

2×18年年末摊余价值=20 346.16+20 346.16×5.515%-20 000×6%=20 268.25（元）

③2×19年：

1月5日，收到2×18年利息：

借：银行存款　　1 200

　贷：应收利息　　1 200

2×19年年末：

应确认的投资收益=20 268.25×5.515%=1 117.79（元）

应确认的应收利息=20 000×6%=1 200（元）

应确认的利息调整=1 200-1 117.79=82.21（元）

东方物流公司应作如下会计处理：

借：应收利息　　1 200

　贷：投资收益　　1 117.79

　　其他债权投资——利息调整　　82.21

2×19年年末摊余价值=20 268.25+20 268.25×5.515%-20 000×6%=20 186.04（元）

期末公允价值变动=21 000-20 186.04=813.96（元）

借：其他债权投资——公允价值变动　　813.96

　贷：其他综合收益——其他债权投资公允价值变动　　813.96

2×19年年末账面价值=20 186.04+813.96=21 000（元）

④2×20年：

1月5日，收到2×19年利息：

借：银行存款　　1 200

　贷：应收利息　　1 200

2×20年年末：

应确认的投资收益=20 186.04×5.515%=1 113.26（元）

应确认的应收利息=20 000×6%=1 200（元）

应确认的利息调整= 1 200-1 113.26=86.74（元）

东方物流公司应作如下会计处理：

借：应收利息　　1 200

　贷：投资收益　　1 113.26

　　其他债权投资——利息调整　　86.74

2×20年年末摊余价值=20 186.04+20 186.04×5.515%-20 000×6%=20 099.3（元）

期末公允价值变动=20 500-（21 000-86.74）=-413.26（元）

借：其他综合收益——其他债权投资公允价值变动　　413.26

　贷：其他债权投资——公允价值变动　　413.26

⑤2×21年：

1月5日，收到2×20年利息：

借：银行存款　　1 200

　贷：应收利息　　1 200

2×21年年末：

应确认的投资收益=21 200-20 099.3=1 100.7（元）

应确认的应收利息=20 000×6%=1 200（元）

应确认的利息调整=1 200-1 100.7=99.3（元）

东方物流公司应作如下会计处理：

借：应收利息　　1 200

　贷：投资收益　　1 100.7

　　其他债权投资——利息调整　　99.3

借：银行存款　　20 000

　贷：其他债权投资——成本　　20 000

4.4.4　其他债权投资的处置

出售其他债权投资，应按实际收到的金额，借记“银行存款”等科目，按其账面余额，贷记“其他债权投资——成本”“其他债权投资——公允价值变动”“其他债权投资——利息调整”“其他债权投资——应计利息”等科目；按应从所有者权益中转出的公允价值累计变动额，借记或贷记“其他综合收益——其他债权投资公允价值变动”科目；按其差额，贷记或借记“投资收益”科目。

［例4-10］承［例4-9］，假如2×21年1月1日，东方物流公司将该债权投资出售，收到价款21 500元。

2×21年1月1日东方物流公司应作如下会计处理：

借：银行存款	21 500	
其他综合收益——其他债权投资公允价值变动	400.7	
贷：其他债权投资——成本		20 000
——利息调整		99.3
——公允价值变动		400.7
投资收益		1 400.7

4.5　其他权益工具投资

4.5.1　科目设置

为了正确地核算其他权益工具投资的取得、应收股利、公允价值变动及处置等业务，企业应设置“其他权益工具投资”“其他综合收益”“投资收益”“应收股利”“盈余公积”“未分配利润”等科目。

“其他权益工具投资”属于资产类科目，核算企业在初始确认时指定为以公允价值计量且其变动计入其他综合收益的非交易性权益工具投资的公允价值及取得时发生的相关交易费用，其借方登记其他权益工具投资的增加额；贷方登记其他权益工具投资的减少额；期末借方余额，反映企业拥有的其他权益工具投资的公允价值。本科目可按其他权益工具投资的类别和品种分别设置“成本”“公允价值变动”等明细科目进行核算。

“其他综合收益”属于所有者权益类科目，核算期末其他权益工具投资的公允价值变动金额，其贷方登记企业持有的其他权益工具投资的公允价值高于账面余额的差额；借方登记企业持有的其他权益工具投资的公允价值低于账面余额的差额。

“投资收益”属于损益类科目，核算企业持有其他权益工具投资期间取得的现金股利。

“应收股利”属于资产类科目，核算企业取得其他权益工具投资时所支付价款中包含已宣告但尚未发放的现金股利以及企业持有其他权益工具投资期间应收被投资企业已经宣告但尚未发放的现金股利，其借方登记应收股利增加额，贷方登记应收股利减少额。

"盈余公积"和"未分配利润"属于所有者权益类科目，核算其他权益工具的处置利得或损失和由"其他综合收益"科目转出的其他权益工具投资的公允价值变动利得或损失，其贷方登记处置收益和转入的公允价值变动利得，借方登记处置损失和转入的公允价值变动损失。

4.5.2 其他权益工具投资的初始计量

企业取得的其他权益工具投资，应按其公允价值与交易费用之和，借记"其他权益工具投资——成本"科目；按支付的价款中包含的已宣告但尚未发放的现金股利，借记"应收股利"科目；按实际支付的金额，贷记"银行存款"等科目。

［例4-11］2×20年1月5日，东方物流公司支付价款10 150 000元（含已宣告但尚未领取的现金股利150 000元），购入B公司发行的股票1 000 000股，占B公司有表决权股份的1%。另支付交易费用10 000元。东方物流公司将其划分为其他权益工具投资。2×20年1月10日，东方物流公司收到B公司发放的现金股利150 000元。东方物流公司应作如下会计处理：

①2×20年1月5日，取得该项其他权益工具投资。

借：其他权益工具投资——成本　　10 010 000
　　应收股利　　150 000
　贷：银行存款　　10 160 000

②2×20年1月10日，收到现金股利。

借：银行存款　　150 000
　贷：应收股利　　150 000

4.5.3 其他权益工具投资的后续计量

其他权益工具投资的后续计量包括对两大业务的核算：一是对企业持有其他权益工具投资期间有关现金股利的核算；二是对资产负债表日企业持有的其他权益工具投资的公允价值与其账面余额之间的差额的核算。

（1）其他权益工具投资现金股利的核算

企业持有其他权益工具投资期间，被投资方宣告分配现金股利时，投资企业按照其能够分得的现金股利金额，借记"应收股利"科目，贷记"投资收益"科目。

（2）其他权益工具投资公允价值变动的核算

资产负债表日，按其他权益工具投资的公允价值高于其账面余额的差额，借记"其他权益工具投资——公允价值变动"科目，贷记"其他综合收益——其他权益工具公允价值变动"科目；按公允价值低于其账面余额的差额做出相反的会计分录。

［例4-12］承［例4-11］，2×20年6月30日，该股票的市价为每股10元。

东方物流公司应作如下会计处理：

公允价值变动=10×1 000 000-10 010 000=-10 000（元）

借：其他综合收益——其他权益工具投资公允价值变动 10 000

贷：其他权益工具投资——公允价值变动 10 000

2×20年12月31日，该股票的市价为每股15元。

东方物流公司应作如下会计处理：

公允价值变动=15×1 000 000-（10 010 000-10 000）=5 000 000（元）

借：其他权益工具投资——公允价值变动 5 000 000

贷：其他综合收益——其他权益工具投资公允价值变动 5 000 000

4.5.4 其他权益工具投资的处置

出售其他权益工具投资，应按实际收到的金额，借记“银行存款”等科目，按其账面余额，贷记“其他权益工具投资——成本”“其他权益工具投资——公允价值变动”科目；按应从其他综合收益中转出的公允价值累计变动额，借记或贷记“其他综合收益——其他权益工具投资公允价值变动”科目；按其差额，贷记或借记“盈余公积”“利润分配——未分配利润”科目。

［例4-13］承［例4-12］，假如2×21年2月2日，东方物流公司将该其他权益工具投资出售，取得价款15 600 000元。

东方物流公司应作如下会计处理：

借：银行存款 15 600 000

其他综合收益——其他权益工具投资公允价值变动 4 990 000

贷：其他权益工具投资——成本 10 010 000

——公允价值变动 4 990 000

盈余公积——法定盈余公积 559 000

利润分配——未分配利润 5 031 000

■ 本章小结

本章内容主要包括各类金融资产的概念和会计核算。

以公允价值计量且其变动计入当期损益的金融资产，核算科目为“交易性金融资产”，按照公允价值入账，发生的相关税费计入当期损益（投资收益），如果支付的价款中包含已宣告尚未发放的现金股利或已到付息期但尚未领取的债券利息，应当单独确认为应收项目，不计入成本；交易性金融资产在持有期间的应收股利或应收利息确认为投资收益；资产负债表日，公允价值变动记入“公允价值变动损益”科目；处置该金融资产时，按照收到价款与其账面价值的差额记入“投资收益”科目。

以摊余成本计量的金融资产，核算科目为“债权投资”，按照公允价值和相关税费入账，也仍然要关注是否有应收的项目；在持有期间，按照实际利率法进行后续计量；处置该金融资产时，按照收到价款与其账面价值之间的差额记入“投资收益”科目。

以公允价值计量且其变动计入其他综合收益的金融资产分为两类。一类是债权投资，核算科目为“其他债权投资”，按照公允价值加相关税费入账，应收项目单独确认；在持有期间按照实际利率法进行后续计量；在资产负债表日，公允价值变动记入“其他综合收益”科目；处置该金融资产时，按照收到价款与其账面价值之间的差额记入“投资收益”科目，且将其在持有期间由于公允价值变动确认的其他综合收益转出到投资收益。另外一类是非交易性权益工具投资，核算科目是“其他权益工具投资”，仍然按照公允价值加相关税费入账，应收项目单独确认；持有期间被投资单位发放的现金股利记入“投资收益”科目；在资产负债表日，公允价值变动记入“其他综合收益”科目；处置该金融资产时，按照收到价款与其账面价值之间的差额计入留存收益，且将其在持有期间由于公允价值变动确认的其他综合收益转出到留存收益。

关于实际利率法的运用，首先要确定摊余成本。摊余成本是在金融资产初始确认金额的基础上扣掉已经偿还的本金、加减累计摊销额、已经发生的减值的（仅金融资产）余额。

■ 思考题

1. 什么是金融资产？其具体包括哪些内容？
2. 交易性金融资产和其他权益工具投资在会计处理上有何区别？
3. 满足什么条件的金融资产，可以划分为债权投资？
4. 为了便于核算债权投资，应该设置哪些明细科目？

■ 案例

东方物流公司自2×21年以来发生了下列有关事项：

（1）东方物流公司2×21年10月10日自证券市场购入乙公司发行的股票200万股，共支付价款1 720万元，其中包括交易费用8万元。购入时，乙公司已宣告但尚未发放的现金股利为每股0.16元，并于11月1日收到。东方物流公司将购入的乙公司股票作为交易性金融资产，确认的初始成本为1 720万元，确认应收股利32万元（200×0.16）。

2×21年12月31日，该股票的公允价值为2 000万元，东方物流公司将公允价值变动计入其他综合收益，其金额为280万元。

（2）2×21年1月1日，东方物流公司自证券市场购入面值总额为2 000万元的债券。购入时实际支付价款2 078.98万元，另外支付交易费用10万元。该债券发行日为2×21年1月1日，系分期付息、到期还本债券，期限为5年，票面年利率为5%，年实际利率为4%，每年12月31日支付当年利息。东方物流公司将该债券作为债权投资核算。

东方物流公司购入债券时确认的债权投资的入账价值为2 088.98万元，年末确认的利息收入为100万元，计入了投资收益。

要求：分析、判断并指出东方物流公司对上述事项的会计处理是否正确，并说明理由。如不正确，请指出正确的会计处理方法。

第5章 长期股权投资

学习目标

通过本章的学习，要求学生了解物流企业长期股权投资的内容、特点；掌握同一控制下的企业合并形成的长期股权投资初始投资成本的确定方法；掌握非同一控制下的企业合并形成的长期股权投资初始投资成本的确定方法；掌握以非企业合并方式取得的长期股权投资初始成本的确定方法；掌握长期股权投资权益法的核算；掌握长期股权投资成本法的核算；熟悉长期股权投资处置的核算。

5.1 长期股权投资的组成与确认

长期股权投资是指投资方对被投资单位实施控制、有重大影响的权益性投资，以及对其合营企业的权益性投资。企业对其他单位的股权投资，通常为长期持有，以期通过股权投资达到控制被投资单位，或对被投资单位施加重大影响，或为了与被投资单位建立密切关系，以分散经营风险的目的。《企业会计准则第2号——长期股权投资》规范的权益性投资，主要包括以下三个方面：

一是投资企业能够对被投资单位实施控制的权益性投资，即对子公司投资。控制，是指有权决定一个企业的财务和经营政策，并能据以从该企业的经营活动中获取利益。

二是投资企业与其他合营方一同对被投资单位实施共同控制的权益性投资，即对合营企业投资。共同控制，是指按合同约定对某项经济活动所共有的控制。在实务中，一般可以考虑以下情况来确定是否构成共同控制：①任何一个合营方均不能单独控制合营企业的生产经营活动；②涉及合营企业基本经营活动的决策需要各合营方一致同意；③各合营方可能通过合同或协议的形式任命其中的一个合营方对合营企业的日常活动进行管理，但其必须在各合营方已经一致同意的财务和经营政策范围内行使管理权。

三是投资企业对被投资单位具有重大影响的权益性投资，即对联营企业投资。重大影响，是指对一个企业的财务和经营政策有参与决策的权利，但并不决定这些政策。实务中，比较常见的重大影响体现为在被投资单位的董事会或类似权力机构中派出代表，通过在被投资单位生产经营决策制定过程中的发言权实施重大影响。

企业持有的长期股权投资，涉及的主要核算问题包括长期股权投资的初始计量、后续计量及处置核算等几个方面。

5.2 长期股权投资的初始计量

5.2.1 长期股权投资初始计量的原则及分类

长期股权投资在取得时，应按初始投资成本入账。长期股权投资的初始投资成本，应分为企业合并取得的长期股权投资和非企业合并取得的长期股权投资两种情况。

5.2.2 企业合并取得的长期股权投资的初始计量

1）企业合并概述

企业合并，是指将两个或两个以上单独的企业合并形成一个报告主体的交易或事项。

（1）按照合并的法律形式划分

企业合并按照法律形式可分为吸收合并、新设合并和控股合并三种。

①吸收合并。

吸收合并也称兼并，合并方通常通过发行股票、支付现金或发行债券等方式合并其他一个或若干企业。吸收合并完成后，只有合并方仍保持原来的法律地位，被合并企业失去其原来的法人资格而作为合并企业的一部分从事生产经营活动。例如，A公司通过吸收合并方式并购B公司，则A公司仍然以原来的法律地位继续经营，而B企业被注销。这种合并可用下式表示：

A公司+B公司=A公司

②新设合并。

新设合并也称创立合并，是指两个或两个以上的公司合并后，成立一个新的公司，参与合并的原有各公司均不复存在的公司合并。如果A、B、C三个公司采用新设合并的方式，新设的公司为D公司，则这种合并可表示为：

A公司+B公司+C公司=D公司

③控股合并。

控股合并指的是合并方（或购买方）在企业合并中取得对被合并方（或被购买方）的控制权，被合并方（或被购买方）在合并后仍保持其独立的法人资格并继续经营的合并行为。在控股合并的情况下，控股企业被称为母公司，被控股企业被称为该母公司的子公司。以母公司为中心，连同它所控股的子公司，被称为企业集团。假设M公司采用控股合并方式取得N公司的控股权，取得控股权后的关系可表述为：

M公司+N公司=以M公司为母公司的企业集团

（2）按照合并前后的控制权划分

按参与合并的企业在合并前后是否属于同一控制下，企业合并分为同一控制下的企业合并与非同一控制下的企业合并。

①同一控制下的企业合并。

同一控制下的企业合并是指参与合并的企业在合并前后均受同一方或相同多方最终控制且该控制并非暂时的。通常情况下，同一控制下的企业合并，是指发生在同一企业集团内部企业之间的合并。例如，A、B两公司的最终控制人都是甲，则A、B企业的合并为同一控制下的企业合并。控制并非暂时的，是指参与合并各方在合并前后较长的时间内（一般在1年以上，含1年）受同一方或相同的多方最终控制。

同一控制下的企业合并包括但不限于以下几种情况，实务操作中，企业应根据企业会计准则中对同一控制下企业合并的界定，按照实质重于形式的原则进行判断：

A. 母公司将其持有的对子公司的股权用于交换非全资子公司增发的股份；

B. 母公司将其持有的对某一子公司的控股权出售给另一子公司；

C.集团内某子公司自另一子公司处取得对某一子公司的控制权。

正是由于同一控制下的企业合并形式中，参与合并的各方都受同一方或相同的多方最终控制，所以，这种合并形式具有如下两个特点：第一，从最终实施控制方的角度来看，其所能够实施控制的净资产没有发生变化；第二，由于该类合并发生于关联方之间，交易作价往往不公允，很难以双方议定的价格作为核算基础。

②非同一控制下的企业合并。

非同一控制下的企业合并是指参与合并的各方在合并前后不受同一方或相同的多方最终控制的合并。通常情况下，非关联企业之间的合并属于非同一控制下的企业合并。例如，甲企业的控制人为A，天恒企业的控制人为B，则甲、天恒两企业的合并为非同一控制下的企业合并。非同一控制下的企业合并一般为购买性质的合并。在购买日取得对其他参与合并企业控制权的一方为购买方，参与合并的其他企业为被购买方。购买日，是指购买方实际取得对被购买方控制权的日期。

企业合并形成的长期股权投资，应区分企业合并的类型，即同一控制下的企业合并与非同一控制下的企业合并，分别确定其初始投资成本。

2）同一控制下的企业合并所取得的长期股权投资

（1）合并方以支付现金、转让非现金资产或承担债务方式作为合并对价

合并方以支付现金、转让非现金资产或承担债务方式作为合并对价的，应当在合并日按照取得的被合并方在最终控制方合并财务报表中的净资产的账面价值的份额作为长期股权投资的初始投资成本。长期股权投资的初始投资成本高于支付的现金、转让的非现金资产及所承担债务的账面价值的，应将其差额记入“资本公积——资本（或股本）溢价”科目的贷方；反之，应将其差额记入“资本公积——资本（或股本）溢价”的借方，“资本公积——资本（或股本）溢价”科目余额不足冲减的，应依次冲减“盈余公积”和“未分配利润”科目余额。

［例5-1］东方物流公司和A公司均为M集团公司的子公司，2×21年1月1日，东方物流公司以920万元购入A公司80%的普通股股权，并准备长期持有。A公司2×21年1月1日的所有者权益账面价值总额为1 000万元，东方物流公司资本公积中的资本溢价为100万元，可辨认净资产的公允价值为1 100万元。计算东方物流公司该长期股权投资的成本，并做出相关会计处理。

东方物流公司该长期股权投资的成本=1 000×80%=800（万元）

东方物流公司应作如下会计处理：

借：长期股权投资	8 000 000	
资本公积——股本溢价	1 000 000	
盈余公积	200 000	
贷：银行存款		9 200 000

（2）合并方以发行权益性证券作为合并对价

合并方以发行权益性证券作为合并对价的，应按发行股份的面值总额作为股本，长期股权投资的初始投资成本高于发行股份面值总额的，应将其差额记入

“资本公积——资本（或股本）溢价”科目的贷方；反之，应将其差额记入“资本公积——资本（或股本）溢价”科目的借方，“资本公积——资本（或股本）溢价”科目余额不足冲减的，应依次冲减“盈余公积”和“未分配利润”科目余额。

［例 5-2］承［例 5-1］，假定东方物流公司以发行股票方式从 A 公司的股东手中取得 A 公司 80% 的普通股股权。A 公司发行 700 万股普通股股票，该股票按每股面值 1 元发行。计算东方物流公司该长期股权投资的成本，并做出相关会计处理。

东方物流公司该长期股权投资的成本=1 000×80%=800（万元）

东方物流公司应作如下会计处理：

借：长期股权投资	8 000 000	
贷：股本		7 000 000
资本公积——股本溢价		1 000 000

3）非同一控制下的企业合并所形成的长期股权投资

非同一控制下的企业合并，应当按照购买方付出的资产、发生或承担的负债、发行的权益性证券的公允价值以及为进行企业合并发生的各项直接相关费用之和作为长期股权投资的初始投资成本；按支付合并对价的账面价值，贷记有关资产或负债；按发生的直接相关费用，贷记“银行存款”等科目；如果支付的合并对价为固定资产、无形资产或金融资产的，按其差额，贷记或借记“资产处置损益”“投资收益”等科目。非同一控制下的企业合并涉及以库存商品等作为合并对价的，应按库存商品的公允价值，贷记“主营业务收入”科目，同时将相关的成本一并结转；涉及增值税的，还应进行相应的税务处理。

［例 5-3］东方物流公司于 2×21 年 4 月 2 日取得 A 公司 70% 股权，取得该部分股权后能够控制 A 公司的生产经营决策。为核实 A 公司的资产价值，东方物流公司聘请专业资产评估机构对 A 公司的资产进行评估，支付评估费用 100 万元。合并中，东方物流公司支付的有关资产在购买日的账面价值与公允价值见表 5-1。本例中假定合并前 A 公司与东方物流公司不存在任何关联方关系。

表5-1　**东方物流公司支付的有关资产在购买日的账面价值与公允价值（2×22年4月2日）**　单位：元

项　目	账面价值	公允价值
土地使用权	40 000000	50 000 000
库存商品	15 000 000	20 000 000
银行存款	20 000 000	20 000 000
合　计	75 000 000	90 000 000

该长期股权投资的成本=90 000 000+2 600 000=92 600 000（元）

东方物流公司应作如下会计处理：

借：长期股权投资 92 600 000

　贷：无形资产 40 000 000

　　银行存款 20 000 000

　　主营业务收入 20 000 000

　　应交税费——应交增值税（销项税额） 2 600 000

　　资产处置损益 10 000 000

借：主营业务成本 15 000 000

　贷：库存商品 15 000 000

借：管理费用 1 000 000

　贷：银行存款 1 000 000

5.2.3 非企业合并取得的长期股权投资的初始计量

（1）以支付现金取得的长期股权投资

以支付现金取得长期股权投资的，应当按照实际支付的购买价款以及与取得长期股权投资直接相关的费用、税金及其他必要支出之和作为长期股权投资的初始投资成本。

［例5-4］东方物流公司于2×21年5月7日，自公开市场中买入C公司30%的股权，实际支付价款7 000万元。另外，在购买过程中支付手续费等相关费用200万元。

该长期股权投资的成本=7 000+200=7 200（万元）

东方物流公司应作如下会计处理：

借：长期股权投资 72 000 000

　贷：银行存款 72 000 000

（2）以发行权益性证券取得的长期股权投资

以发行权益性证券取得长期股权投资的，应当按照发行权益性证券的公允价值作为初始投资成本。为发行权益性证券支付的手续费、佣金等应自权益性证券的溢价收入中扣除，溢价收入不足的，应冲减盈余公积和未分配利润。

［例5-5］2×21年3月，东方物流公司通过增发9 000万股本公司普通股（每股面值1元）取得B公司20%的股权，按照增发前后的平均股价计算，该9 000万股普通股的公允价值为15 600万元。为增发该部分股份，东方物流公司向证券承销机构等支付了600万元的佣金和手续费。假定东方物流公司取得该部分股权后，能够对B公司的生产经营决策施加重大的影响。

该项长期股权投资的成本=156 000 000元

东方物流公司应作如下会计处理：

借：长期股权投资 156 000 000

　贷：股本 90 000 000

　　资本公积——股本溢价 66 000 000

借：资本公积——股本溢价　　6 000 000

　贷：银行存款　　6 000 000

（3）投资者投入的长期股权投资

接受投资者投入长期股权投资的，应当按照投资合同或协议约定的价值作为初始投资成本，但合同或协议约定价值不公允的除外。

［例5-6］东方物流公司设立时，其主要出资方之一华美公司以其持有的对B公司的长期股权投资作为出资投入东方物流公司。投资各方在投资合同中约定，作为出资的该项长期股权投资作价6 000万元。该作价是按照B公司股票的市价经考虑相关调整因素后确定的。东方物流公司的注册资本为24 000万元。华美公司出资占东方物流公司注册资本的20%。取得该项投资后，华美公司根据其持股比例，能够派人参与东方物流公司的财务和生产经营决策。

东方物流公司应进行的会计处理为：

借：长期股权投资　　60 000 000

　贷：实收资本　　48 000 000

　　　资本公积——资本溢价　　12 000 000

5.3　长期股权投资的后续计量

5.3.1　长期股权投资后续计量的原则

长期股权投资在持有期间，应当根据投资企业对被投资单位的影响程度及是否存在活跃市场、公允价值能否可靠取得等进行划分，应当分别采用成本法及权益法进行核算。

5.3.2　长期股权投资的成本法核算

1）成本法的定义及适用范围

成本法，是指投资按成本计价的方法。长期股权投资成本法的核算适用于能够对被投资单位实施控制的长期股权投资，即企业对子公司的长期股权投资。

控制，即投资方拥有对被投资方的权力，通过参与被投资方的相关活动而享有可变回报，并且有能力运用对被投资方的权力影响其回报金额。在确定能否对被投资单位实施控制时，应按照《企业会计准则第33号——合并财务报表》的有关规定进行判断。控制一般存在于以下情况：①投资企业直接拥有被投资单位50%以上的表决权资本；②投资企业虽然直接拥有被投资单位50%或以下的表决权资本，但具有实质控制权。

投资企业对被投资单位是否具有实质控制权，可以通过以下一种或一种以上的情形来判定：

① 通过与其他投资者的协议，投资企业拥有被投资单位50%以上表决权资本。例如，东方物流公司对甲企业投资，持股比例为40%，B企业也对甲企业投资，持

股比例为20%，假定B企业在甲企业的权益全权由东方物流公司代表，在这种情况下，等于东方物流公司控制了甲企业60%的表决权资本，因此东方物流公司应采用成本法核算。

② 根据章程或协议，投资企业有权控制被投资单位的财务和经营政策。例如，东方物流公司对B企业投资，持股比例为40%，在东方物流公司和B企业的协议中约定东方物流公司有权控制B企业的财务和经营政策。

③ 有权任免被投资单位董事会等类似权力机构的多数成员。

④ 在董事会或类似权力机构会议上有半数以上投票权。这种情况是指，虽然投资企业拥有被投资单位50%或以下表决权资本，但能够控制被投资单位董事会等类似权力机构的会议，从而能够控制其财务和经营政策，以达到实质上的控制。

2）持有长期股权投资期间的成本法核算

（1）科目设置

在成本法下，一般要设置“长期股权投资”、“应收股利”和“投资收益”科目。

“长期股权投资”科目核算企业持有的按照初始投资成本计量的长期股权投资的金额。追加或收回投资应当调整长期股权投资的成本。

“应收股利”科目核算被投资企业已宣告发放但尚未领取的现金股利或利润。

“投资收益”核算被投资单位宣告分派的现金股利或利润。

（2）账务处理

采用成本法核算的长期股权投资，账务处理程序如下：

① 初始投资或追加投资时，按照初始投资或追加投资时的成本增加长期股权投资的账面价值。

② 被投资单位宣告分派的现金股利或利润中，投资企业按应享有的部分确认为当期投资收益。

［例5-7］东方物流公司2×21年1月1日，以银行存款购入C公司55%的股份，并准备长期持有，采用成本法核算。C公司于2×21年5月2日宣告分派2×20年度的现金股利100 000元。

2×21年5月2日C公司宣告发放现金股利时，东方物流公司按应享有的部分确认为当期投资收益，此时应作以下账务处理：

借：应收股利　　55 000

　贷：投资收益　　55 000

5.3.3 长期股权投资的权益法核算

1）权益法的定义及适用范围

权益法，是指投资以初始成本计量后，在投资持有期间根据投资企业享有被投资单位所有者权益的份额的变动对投资的账面价值进行调整的方法。投资企业对被投资单位具有共同控制或重大影响的长期股权投资，即对合营企业投资及对联营企业投资，应当采用权益法核算。

2）持有长期股权投资期间的权益法核算

（1）科目设置

在权益法下，长期股权投资核算一般要设置四个三级明细科目，即“长期股权投资——××公司（成本）”、“长期股权投资——××公司（损益调整）”、“长期股权投资——××公司（其他综合收益）”及“长期股权投资——××公司（其他权益变动）”。

“损益调整”明细科目核算企业根据被投资单位实现的净利润或经调整的净利润计算应享有的份额。

“其他综合收益”明细科目核算企业根据被投资单位因确认其他综合收益引起的所有者权益变动计算应享有的份额。

“其他权益变动”明细科目核算企业根据被投资单位除发生净损益、分配利润以及确认其他综合收益以外的其他项目引起所有者权益变动计算应享有的份额。例如，被投资单位接受其他股东的资本性投入或者其他股东对被投资单位增资导致投资方持股比例发生变动等。

（2）账务处理

①初始投资成本的调整。

投资企业取得对联营企业或合营企业的投资以后，对于取得投资时投资成本与应享有被投资单位可辨认净资产公允价值份额之间的差额，应区别情况分别处理：

A. 长期股权投资的初始投资成本大于投资时应享有被投资单位可辨认净资产公允价值份额的，该部分差额实际为通过购买作价体现出的与所取得股权份额相对应的商誉，不调整已确认的初始投资成本。

B. 长期股权投资的初始投资成本小于投资时应享有被投资单位可辨认净资产公允价值份额的，要增加长期股权投资，两者的差额记入“营业外收入”科目。

［例 5-8］2×20 年 1 月 1 日，东方物流公司以银行存款 2 000 万元取得 B 公司 30% 的股权，取得投资时被投资单位可辨认净资产的公允价值为 6 000 万元。

a. 如东方物流公司能够对 B 公司施加重大影响，则东方物流公司应进行的会计处理为：

借：长期股权投资——B 公司（成本）	20 000 000	
贷：银行存款		20 000 000

b. 如投资时 B 公司可辨认净资产的公允价值为 7 000 万元，则东方物流公司应进行的会计处理为：

借：长期股权投资——B 公司（成本）	21 000 000	
贷：银行存款		20 000 000
营业外收入		1 000 000

②投资损益的确认。

投资企业取得长期股权投资后，应当按照应享有或应分担的被投资单位实现的净损益的份额，记入“长期股权投资——××公司（损益调整）”科目的借方或贷方，同时增加或减少投资收益。投资企业按照被投资单位宣告分派的利润或现金股利计算应分得的部分，记入“长期股权投资——××公司（损益调整）”科目的贷方，同时增加应收股利。

投资企业确认被投资单位发生的净亏损，应当以长期股权投资的账面价值以及其他实质上构成对被投资单位净投资的长期权益减记至零为限，投资企业负有承担额外损失义务的除外。

在确认应分担被投资单位发生的亏损时，应当按照以下顺序进行处理：

A.冲减长期股权投资的账面价值。

B.长期股权投资的账面价值不足以冲减的，应当以其他实质上构成对被投资单位净投资的长期权益账面价值为限继续确认投资损失，冲减长期应收款等的账面价值。

C.经过上述处理，按照投资合同或协议约定企业仍承担额外义务的，应按预计承担的义务确认预计负债，计入当期投资损失。

［例5-9］承［例5-8］，假如B公司2×20年实现净利润1 000万元，2×21年3月5日宣告发放2×20年的现金股利200万元。2×21年3月14日，东方物流公司收到现金股利60万元。

东方物流公司应进行的会计处理为：

a.2×20年12月31日，B公司实现净利润时：

借：长期股权投资——B公司（损益调整）	3 000 000	
贷：投资收益		3 000 000

b.2×21年3月5日，B公司宣告发放股利时：

借：应收股利	600 000	
贷：长期股权投资——B公司（损益调整）		600 000

c.2×21年3月14日，收到现金股利时：

借：银行存款	600 000	
贷：应收股利		600 000

在确认应享有或应分担被投资单位的净利润或净亏损时，在被投资单位账面净利润的基础上，应考虑对被投资单位净利润进行调整的情况。

③对被投资单位的净利润进行调整的情况。

投资企业在确认应享有被投资单位实现净损益的份额时，应当以调整后的被投资单位的净利润为基础。常见的调整情况有以下三种：

A.会计政策及会计期间的调整。

被投资单位采用的会计政策及会计期间与投资企业不一致的，应当按照投资企业的会计政策及会计期间对被投资单位的财务报表进行调整，并据以确认投资损益。

B.公允价值的调整。

投资企业的投资收益，应当以取得投资时被投资单位各项可辨认资产等的公允价值为基础，对被投资单位净损益进行调整后加以确定。

被投资单位个别利润表中的净利润是以其持有的资产、负债的账面价值为基础持续计算的，而投资企业在取得投资时，以被投资单位有关资产、负债的公允价值为基础确定投资成本。长期股权投资的投资收益代表的是被投资单位资产、负债在公允价值计量的情况下在未来期间通过经营产生的损益中归属于投资企业的部分。取得投资时有关资产、负债的公允价值与其账面价值不同的，未来期间在计算投资企业应享有的净利润或应承担的净亏损时，应以投资时被投资单位有关资产对投资企业的成本即取得投资时的公允价值为基础计算确定，从而产生了需要对被投资单位账面净利润进行调整的情况。例如，以取得投资时被投资单位固定资产、无形资产的公允价值为基础计提的折旧额或摊销额，与被投资单位已计提的折旧额、摊销额之间存在差额的，应按其差额对被投资单位净损益进行调整，并按调整后的净损益和持股比例计算确认投资损益。

投资企业对被投资单位实现的净利润进行调整时，应当考虑具有重要性的项目。如果无法可靠确定投资时被投资单位各项可辨认资产等的公允价值，或者投资时被投资单位可辨认资产等的公允价值与其账面价值之间的差额较小，以及其他原因导致无法对被投资单位净损益进行调整的，可以按照被投资单位的账面净损益与持股比例计算确认投资损益，但应在附注中说明这一事实及其原因。

C.未实现内部交易损益的调整。

在确认投资收益时，除考虑公允价值的调整外，对于投资企业与其联营企业、合营企业之间发生的未实现内部交易损益应予抵销，即投资企业与联营企业、合营企业之间发生的未实现内部交易损益按照持股比例计算归属于投资企业的部分应当予以抵销，在此基础上确认投资损益。投资企业与被投资单位发生的内部交易损失，按照《企业会计准则第8号——资产减值》等规定属于资产减值损失的，应当全额确认。

投资企业与其联营企业、合营企业之间的未实现内部交易损益抵销和投资企业与其子公司之间的未实现内部交易损益抵销有所不同，母子公司之间的未实现内部交易损益在合并财务报表中是全额抵销的，而投资企业与其联营企业、合营企业之间的未实现内部交易损益抵销仅仅是投资企业或是纳入投资企业合并财务报表范围的子公司享有联营企业或合营企业的权益份额。

应当注意的是，该未实现内部交易损益的抵销既包括顺流交易也包括逆流交易，其中，顺流交易是指投资企业向其联营企业或合营企业出售资产，逆流交易是指联营企业或合营企业向投资企业出售资产。当该未实现内部交易损益体现在投资企业或其联营企业、合营企业持有的资产账面价值中时，相关的损益在计算确认投资损益时应予抵销。

第一，对于投资企业向联营企业或合营企业出售资产的顺流交易，在该交易存在未实现内部交易损益的情况下（即有关资产未对外部独立的第三方出售），投资企业在采用权益法计算确认应享有联营企业或合营企业的投资损益时，应抵销该未实现内部交易损益的影响，同时调整对联营企业或合营企业长期股权投资的账面价值。当投资方向联营企业或合营企业出资或是将资产出售给联营企业或合营企业，同时有关资产由联营企业或合营企业持有时，投资方对于投出或出售资产产生的损益确认仅限于归属于联营企业或合营企业其他投资者的部分。即在顺流交易中，投资方投出资产或出售资产给其联营企业或合营企业产生的损益中，按照持股比例计算确定归属于本企业的部分不予确认。

［例5-10］东方物流公司持有天恒公司有表决权股份的20%，能够对天恒公司生产经营施加重大影响。2×21年11月，东方物流公司将其账面价值为600万元的商品以900万元的价格出售给天恒公司，天恒公司将取得的商品作为管理用固定资产核算，预计使用寿命为10年，净残值为零。假定东方物流公司取得该项投资时，天恒公司各项可辨认资产、负债的公允价值与其账面价值相同，两者在以前期间未发生过内部交易。天恒公司2×21年实现净利润1 000万元。假定不考虑所得税影响。

东方物流公司在该项交易中实现利润300万元，其中的60万元（300×20%）是针对本企业持有的对联营企业的权益份额，在采用权益法计算确认投资损益时应予抵销，同时应考虑相关固定资产折旧对损益的影响，即东方物流公司应当进行的会计处理为：

借：长期股权投资——天恒公司(损益调整)((10 000 000-3 000 000+25 000)×20%)　1 405 000

　贷：投资收益　1 405 000

东方物流公司如存在子公司需要编制合并财务报表的情况，在合并财务报表中对该未实现内部交易损益应在个别报表已确认投资收益的基础上进行以下调整：

借：营业收入　1 800 000

　贷：营业成本　1 200 000

　　投资收益　600 000

第二，对于联营企业或合营企业向投资企业出售资产的逆流交易，在该交易存在未实现内部交易损益的情况下（即有关资产未对外部独立第三方出售），投资企业在采用权益法计算确认应享有联营企业或合营企业的投资损益时，应抵销该未实现内部交易损益的影响。当投资企业自其联营企业或合营企业购买资产再将该资产出售给外部独立的第三方之前，不应确认联营企业或合营企业因该交易产生的损益中本企业应享有的部分。

因逆流交易产生的未实现内部交易损益，在未对外部独立的第三方出售之前，体现在投资企业持有资产的账面价值当中。投资企业对外编制合并财务报表的，应在合并财务报表中对长期股权投资及包含未实现内部交易损益的资产账面价值进行调整，抵销有关资产账面价值中包含的未实现内部交易损益，并相应调整对联营企业或合营企业的长期股权投资。

［例5-11］东方物流公司于2×21年6月取得天恒公司20%的有表决权股份，能够对天恒公司施加重大影响。假定东方物流公司取得该项投资时，天恒公司各项可辨认资产、负债的公允价值与其账面价值相同。2×21年11月，天恒公司将其成本为600万元的某商品以900万元的价格出售给东方物流公司，东方物流公司将取得的商品作为固定资产，预计使用寿命为10年，采用直线法计提折旧，净残值为0。至2×21年资产负债表日，东方物流公司未对外出售该固定资产。天恒公司2×21年实现净利润为1 600万元。假定不考虑所得税影响。

东方物流公司在按照权益法确认应享有天恒公司2×21年净损益时，应进行以下会计处理：

借：长期股权投资——天恒公司（损益调整）（（16 000 000-3 000 000）×20%）　　2 600 000

　贷：投资收益　　2 600 000

进行上述处理后，投资企业如有子公司，需要编制合并财务报表的，在其2×21年合并财务报表中，因该未实现内部交易体现在投资企业持有固定资产的账面价值当中，应在合并财务报表中进行以下调整：

借：长期股权投资——天恒公司（损益调整）　　2 975 000

　　累计折旧　　25 000

　贷：固定资产　　3 000 000

应当说明的是，投资企业与其联营企业、合营企业之间发生的无论是顺流交易还是逆流交易产生的未实现内部交易损失，属于所转让资产发生减值损失的，有关的未实现内部交易损失均不应予以抵销。

④其他综合收益的确认。

投资企业对被投资单位确认的其他综合收益及其变动，应当调整长期股权投资的账面价值，同时调整其他综合收益。企业按持股比例计算应享有的份额，借记或贷记“长期股权投资”科目，贷记或借记“其他综合收益”科目。

［例5-12］承［例5-8］，假定B公司2×20年度持有的其他债权投资的公允价值增加100万元。不考虑所得税的影响。

东方物流公司应进行以下账务处理：

借：长期股权投资——B公司（其他综合收益）　　300 000

　贷：其他综合收益　　300 000

⑤其他权益变动的确认。

投资企业对被投资单位除净损益、其他综合收益以及利润分配以外的所有者权益的其他变动，应当调整长期股权投资的账面价值并计入所有者权益。

在持股比例不变的情况下，被投资单位除净损益、其他综合收益以及利润分配以外所有者权益的其他变动，企业按持股比例计算应享有的份额，借记或贷记“长期股权投资”科目，贷记或借记“资本公积——其他资本公积”科目。

［例 5-13］东方物流公司持有M公司25%的股份，能够对M公司施加重大影响。M公司为上市公司，当期M公司接受母公司捐赠现金200万元，该捐赠实质上属于资本性投入，M公司将其计入资本公积（资本溢价），不考虑其他因素。

东方物流公司应进行以下账务处理：

确认应享有被投资单位所有者权益的其他变动=200×25%=50（万元）

借：长期股权投资——M公司（其他权益变动） 500 000

贷：资本公积——其他资本公积 500 000

5.4 长期股权投资的处置

5.4.1 处置长期股权投资的核算原则

企业处置长期股权投资时，应相应结转与所售股权相对应的长期股权投资的账面价值，出售所得价款与处置长期股权投资账面价值之间的差额，应确认为处置损益。

5.4.2 处置长期股权投资的具体核算

1）采用成本法核算的长期股权投资

处置采用成本法核算的长期股权投资时，按照实际收到的价款，借记“银行存款”等科目；按其账面余额，贷记“长期股权投资”科目；按尚未领取的现金股利或利润，贷记“应收股利”科目；按其差额，贷记或借记“投资收益”科目，已计提减值准备的，还应同时结转减值准备。

2）采用权益法核算的长期股权投资

处置采用权益法核算的长期股权投资时，因被投资单位除净损益以外的所有者权益的其他变动而计入本企业所有者权益的，处置该项投资时应当将原计入所有者权益的部分相应地转入当期损益，即将原记入“其他综合收益”（不能结转损益的除外）和“资本公积”项目的金额转入“投资收益”账户，借记或贷记“其他综合收益”“资本公积——其他资本公积”科目，贷记或借记“投资收益”科目。部分处置某项长期股权投资时，应按该项投资的总平均成本确定其处置部分的成本，并按相应比例结转已计提的减值准备和资本公积。

■ 本章小结

本章的主要内容是不同方式取得的长期股权投资的核算。需要重点关注的知识点有：

初始计量：同一控制下计量看账面价值，差额计入资本公积；非同一控制下的计量看公允价值。

后续计量：后续计量主要有成本法和权益法两种。

成本法：长期股权投资成本法的适用范围是投资企业对子公司的投资。成本法下的投资账面价值一般不随着被投资单位利润或者所有者权益的变动而变动，在分配现金股利的时候才予以调整。

权益法：企业对被投资企业具有共同控制或重大影响的长期股权投资，应该采用权益法核算。在权益法下，投资企业应根据被投资企业所有者权益的变动情况调整长期股权投资的账面价值，但仅限于被投资企业所有者权益总额的变动，若所有者权益总额未发生变动则不作账务处理。

处置：比照金融资产，把持有期间计入“其他综合收益”“资本公积”的部分转入投资收益。

减值：计提的减值准备不得转回。出售已经计提了减值准备的长期股权投资时，应该把原已计提的减值准备予以转销。

本章与企业合并、合并报表的关系密切，应重点掌握。

■ 思考题

1. 什么是长期股权投资？它的取得方式有哪些？

2. 同一控制与非同一控制企业合并下取得的长期股权投资成本分别应如何确定？

3. 成本法和权益法的适用范围是什么？

4. 长期股权投资后续计量的成本法和权益法有何区别？

5. 采用权益法对长期股权投资进行后续计量，当被投资企业发生亏损时，在长期股权投资核算方面应注意什么？

■ 案例

1.2×19 年 1 月 10 日，东方物流公司以 1 510 000 元的价款购入 A 公司每股面值 1 元的普通股 600 000 股作为长期股权投资。该股票占 A 公司全部普通股的 50%，东方物流公司采用成本法记账。2×19 年 3 月 5 日，A 公司宣告发放 2×18 年度股利分配方案，每股分派现金股利 0.10 元，并于 2×19 年 4 月 10 日派发。2×19 年度 A 公司盈利 15 000 000 元。2×20 年 2 月 15 日宣告 2×19 年度股利分配方案，每股分派现金股利 0.20 元，并于 2×20 年 3 月 20 日派发。2×20 年度 A 公司亏损 7 200 000 元。2×21 年 3 月 5 日，宣告 2×20 年度股利分配方案，每 10 股派送股票股利 3 股，并于 2×21 年 4 月 15 日派发。

要求：编制东方物流公司上述有关该项长期股权投资的会计分录。

2.2×20 年 1 月 1 日，东方物流公司购入 B 公司股票 2 000 万股作为长期股权投资，占 B 公司普通股股份的 30%，东方物流公司采用权益法核算。假定投资当时，B 公司可辨认净资产公允价值与其账面价值之间的差额较小，东方物流公司直接根据 B 公司账面净损益计算确认投资损益。2×20 年度，B 公司报告净收益 1 500 万元，2×21 年 3 月 10 日，B 公司宣告 2×20 年度股利分配方案，每股分派现金股利 0.15 元；2×21 年度，B 公司报告净亏损 600 万元，当年未进行利润分配。

要求：

（1）计算 2×20 年度的投资收益；

（2）计算 2×21 年 3 月 10 日的应收股利；

（3）计算 2×21 年度的投资损失。

第6章 固定资产和无形资产

学习目标

通过本章的学习，要求学生了解物流企业固定资产和无形资产的组成与确认，理解固定资产的会计计量属性；掌握固定资产的初始计量和后续计量；掌握固定资产清查和处置的会计处理；掌握无形资产的确认、计量和处置。

6.1 固定资产的组成与确认

根据《企业会计准则第4号——固定资产》的规定，固定资产是指同时具有下列两个特征的有形资产：为生产商品、提供劳务、出租或经营管理而持有的；使用寿命超过一个会计期间。使用寿命，是指企业使用固定资产的预计期间，或者该固定资产所能生产产品或提供劳务的数量。

6.1.1 固定资产的特征

1）获取固定资产的目的是生产经营的需要

企业获取固定资产的目的是生产经营的需要，而不是获取以后把它们销售出去所得的收益。只有那些在企业正常的生产经营过程中使用的长期性实物资产，诸如土地、厂房和机器设备等才有可能划分为固定资产。

2）固定资产在本质上具有长期使用的效果，需要计提折旧

购置固定资产的支出较大，而且它们的服务期限超过一年，若一次性计入费用，对损益的影响很大，不利于财务信息的比较，并将误导投资者。根据费用与收入（所带来的经济利益）应遵循相互配比的原则，它们通常要经过折旧，即支出逐渐分次地费用化，与它们提供服务带来收益的未来使用期间相配比。

3）它们具有实物形态，即固定资产必须是有形资产

所谓有形资产，是指它们能够被人们“看得见，摸得着”，人们可以凭视觉和触觉知道它们的存在。我们经常接触到的厂房、建筑物、机器设备等都是实实在在地被大家看得见、摸得着的实物；反之，无形资产诸如专利权、商标权、版权等均无实体存在。

6.1.2 固定资产的组成

固定资产包括房屋建筑物、机器、机械、运输工具及其他的设备、器具和工具等。一项资产是否属于固定资产，还要视企业持有这项资产是否为了长期使用、是否为了生产经营来确定。

物流企业的固定资产种类繁多，根据不同的分类标准，可以分为不同的类别。

1）按固定资产的经济用途分类

① 生产经营用固定资产，指直接服务于企业生产经营过程的固定资产。物流企业生产经营使用的固定资产按其作业划分，可以进一步划分为：包装机械和集装单元器具、装卸搬运机械、装卸搬运车辆、运输机械、仓储机械设备、流通加工机械、配送中心机械设备系统。

② 非生产经营用固定资产，是指不直接服务于生产经营过程的固定资产。

按固定资产的经济用途分类，可以归类反映和监督企业生产经营用固定资产和非生产经营用固定资产，以及生产经营用各类固定资产的组成和变化情况，借以考核和分析企业固定资产的管理和利用情况，促使企业合理地配置固定资产，充分发

挥其效用。

现行制度规定，企业的固定资产应按生产经营用固定资产和非生产经营用固定资产分别核算。

2）按固定资产的使用情况分类

① 使用中的固定资产，指正在使用的经营用固定资产和非经营用固定资产。由于季节性经营或修理等原因，暂时停止使用的固定资产仍属于企业使用中的固定资产；企业出租给其他单位的固定资产以及内部替换使用中的固定资产，也属于使用中的固定资产。

② 未使用的固定资产，指已经完工或已购建的尚未使用的固定资产以及因进行改建、扩建等原因停止使用的固定资产，如企业尚待安装的固定资产、经营任务变更停止使用的固定资产等。

③ 不需使用的固定资产，指本企业多余或不适用的固定资产。

按固定资产的使用情况分类，有利于反映企业固定资产的使用情况及其比例关系，便于分析固定资产的利用效率，挖掘固定资产的使用潜力，促使企业合理地使用固定资产，也便于企业合理地计提固定资产折旧。

3）按固定资产的所有权分类

① 自有固定资产，指企业拥有的可供企业自由分配使用的固定资产。

② 租入固定资产，指企业采用租赁方式从其他单位租入的固定资产。

4）按固定资产经济用途和使用情况综合分类

① 生产经营用固定资产，指直接服务于物流企业生产、经营过程的各种固定资产，如存放商品用的仓库、建筑物、运输机器、设备、工具、器具等。

② 非生产经营用固定资产，指不直接服务于物流企业经营过程的各种固定资产，如职工宿舍、招待所、食堂、浴室、托儿所、附属学校等使用的房屋和设备。

③ 经营租赁租出固定资产，指企业出租给外单位的固定资产。

④ 未使用的固定资产，指已经完工或已经购建的尚未交付使用的固定资产，以及因进行改建、扩建等停止使用的固定资产。它不包括由于季节性或进行大修理等而暂时停止使用的固定资产。

⑤ 不需使用的固定资产，指本企业多余或者不适用、拟调配处理的各种固定资产。

⑥ 融资租赁租入的固定资产，指企业采用融资租赁方式租入的固定资产。

⑦ 土地，指过去已经单独估计入账的土地。因征地而支付的补偿款，应计入与土地有关的房屋、建筑物的价值内，不单独作为土地价值入账。物流企业取得的土地使用权不能作为固定资产管理。

6.1.3 固定资产的确认

将一项资产确认为企业的固定资产，除了满足固定资产的定义外，还必须同时满足以下两个条件：

1）该固定资产包含的经济利益很可能流入企业

固定资产包含的经济利益是指通过固定资产的使用预期会给企业带来的经济利益，具体地说，是指直接或者间接导致现金和现金等价物流入企业的潜力。例如，企业用来生产产品的机器设备有助于企业产品的形成，待生产出来的产品在市场上销售以后，很可能给企业带来现金流入。再比如，在钱货两清的情况下，企业可以直接收到客户交来的现金，给企业带来现金流入；在赊销产品的情况下，企业虽然不能直接收到现金，但根据购销合同等协议，企业在以后也是有可能收回现金的。当然，在这种销售方式下，由于一些因素的影响，如对方缺乏支付能力或已经破产清算，销售企业的款项就极有可能收不回来。另外，固定资产也具有给企业带来现金等价物的潜力。例如，用企业的一种固定资产去换取企业所需的另一企业的另一种固定资产，就可以使企业得到与原来的固定资产价值相当的另一种固定资产。

2）该固定资产的成本能够可靠计量

固定资产的成本主要是指企业取得固定资产时所发生的必要支出。例如，企业外购某一项固定资产时，所支付的购买价款、进口关税和其他税费，以及使固定资产达到预定可使用状态前所发生的可归属于该项资产的场地整理费、运输费、装卸费、安装费和专业人员服务费等，都属于企业取得该项资产所发生的支出，应全部计入该固定资产的成本。但这些成本的计入必须以发票、运输费单据、装卸安装费用单据等作为可靠依据。自行建造固定资产的成本由建造该项资产达到预定可使用状态前所发生的必要支出构成。例如，自行建造一栋房屋用于企业经营，会发生建筑材料费、施工人员费和机械使用费等，如果该项目的资金来自于银行长期借款，还会发生长期借款利息支出，这些必要支出都要依据有关凭证计入所建房屋的成本。

6.2　固定资产的初始计量

初始计量是指企业在以不同方式取得固定资产时对固定资产成本的确认和计量。由于企业的固定资产来源方式不同，其初始成本的组成内容也不尽相同。

6.2.1　固定资产成本的构成

固定资产成本的构成是指固定资产价值所包括的范围。由于固定资产的来源渠道不同，其价值构成的具体内容也有差异。企业会计准则对固定资产的价值构成作了明确的规定：

1）购置的不需要经过建造过程即可使用的固定资产

购置的不需要经过建造过程即可使用的固定资产，以实际支付的买价、包装费、运输费、安装成本、交纳的有关税金等作为入账价值。外商投资企业因采购国产设备而收到税务机关退还的增值税税款，冲减固定资产的入账价值。

2）自行建造的固定资产

自行建造的固定资产，按建造该项资产达到预定可使用状态前所发生的全部支出作为入账价值。

3）投资者投入的固定资产

投资者投入的固定资产，按照投资合同或协议约定的价值确定，但合同或协议约定的价值不公允的除外。

4）租入的固定资产（使用权资产）

企业执行《企业会计准则第21号——租赁》（2018）后，承租方除短期租赁和低价值资产租赁外，不再区分经营租赁和融资租赁，都需要确认“使用权资产”。在租赁期开始日，承租人应当按照成本对使用权资产进行初始计量。该成本包括以下四项：①租赁负债的初始计量金额。②在租赁期开始日或之前支付的租赁付款额；存在租赁激励的，应扣除已享受的租赁激励相关金额。③承租人发生的初始直接费用。④承租人为拆卸及移除租赁资产、复原租赁资产所在场地或将租赁资产恢复至租赁条款约定状态预计将发生的成本。

5）改建、扩建的固定资产

在原有固定资产的基础上进行改建、扩建的，按原固定资产的账面价值，加上由于改建、扩建而使该项资产达到预定可使用状态前发生的支出，减去改建、扩建过程中发生的变价收入，作为入账价值。

6）债务重组取得的固定资产

企业接受的债务人以非现金资产抵偿债务方式取得的固定资产，或以应收债权换入的固定资产，其成本包括放弃债权的公允价值和使该资产达到预定可使用状态前所发生的可直接归属于该资产的税金、运输费、装卸费、安装费、专业人员服务费等其他成本。。

7）非货币性资产交换换入的固定资产

非货币性资产交换具有商业实质，而且换入的固定资产或换出资产公允价值能够可靠计量时，换入的固定资产应当以换出资产的公允价值和应支付的相关税费之和作为入账价值。

非货币性资产交换不具有商业实质，而且换入的固定资产或换出资产公允价值不能够可靠计量时，换入的固定资产应当以换出资产的账面价值和应支付的相关税费之和作为入账价值。

8）接受捐赠的固定资产

接受捐赠的固定资产，应按以下规定确定其入账价值：

（1）捐赠方提供了有关凭据的，按凭据上标明的金额加上应支付的相关税费，作为入账价值。

（2）捐赠方没有提供有关凭据的，按如下顺序确定其入账价值：

① 同类或类似固定资产存在活跃市场的，按同类或类似固定资产的市场价格估计的金额，加上应支付的相关税费，作为入账价值；

② 同类或类似固定资产不存在活跃市场的，按该接受捐赠的固定资产的预计未来现金流量现值，作为入账价值。

（3）接受捐赠旧的固定资产，按照上述方法确认的价值，减去按该项资产的新旧程度估计的价值损耗后的余额，作为入账价值。

9）盘盈的固定资产

盘盈的固定资产，按同类或类似固定资产的市场价格，减去按该项资产的新旧程度估计的价值损耗后的余额，作为入账价值。

固定资产的入账价值中，还应当包括物流企业为取得固定资产而缴纳的相关税费。

6.2.2　固定资产的会计计量属性

为了正确地核算固定资产的价值，加强对固定资产的管理，便于分析其结构，正确计提折旧费用，应当按照规定的会计计量属性进行计量，确定其金额。会计计量属性主要包括：

1）历史成本

历史成本也称原始购置成本或原始价值，是指物流企业购建某项固定资产达到预定可使用状态前所发生的一切合理、必要的支出。物流企业新购建固定资产的计价、确定计提折旧的依据等均采用这种方法。其主要特点是具有客观性和可验证性，即按这种计价方法确定的价值，均是实际发生的并有支付凭据的支出。正是由于具有客观性和可验证性的特点，历史成本计量成为固定资产的基本计价标准。

2）重置成本

重置成本也称重置完全价值，是指在当前的生产技术条件和市场情况下，物流企业重新购置某项固定资产所需要的全部支出。物流企业按重置完全价值计价，虽然可以比较真实地反映固定资产的现时价值，但是其会计实务操作比较复杂。因此该方法的使用范围有限，仅在清查财产中确定盘盈固定资产的价值时使用，或在对报表进行补充、附注说明时采用。

3）可变现净值

在可变现净值计量模式下，固定资产的价值按照其正常对外销售所能收到现金或者现金等价物的金额扣减该资产至完工时估计将要发生的成本、估计的销售费用及相关税费后的金额计量。

4）现值

在现值计量模式下，固定资产的价值按照预计从其持续使用和最终处置中所产生的未来净现金流入量的折现金额计量。

5）公允价值

在公允价值计量模式下，固定资产的价值按照在公平交易中熟悉情况的交易双方自愿进行资产交换或者债务清偿的金额计量。

物流企业在对固定资产进行计量时，一般应当采用历史成本，采用重置成本、可变现净值、现值、公允价值计量的，应当保证所确定的会计要素金额能够取得并可靠计量。

固定资产的价值一经确定登记入账后，除以下原因外，不得任意变动、调整固定资产的账面价值：根据国家规定对固定资产价值重新估价；增加补充设备或改良装置；将固定资产的一部分拆除；根据实际价值调整原来的估计价值；发现原记固定资产价值有错误。

6.2.3 固定资产增加的会计处理

1）购置固定资产的核算

（1）购置不需要安装的固定资产的核算

物流企业购入不需要安装的固定资产，应按购入时实际支付的买价、包装费、运输费、安装成本、缴纳的有关税金等，借记“固定资产”科目，按应支付的增值税进项税额借记“应交税费——应交增值税（进项税额）”科目，贷记“银行存款”等科目。

［例6-1］东方物流公司购入不需要安装的设备，买价为280 000元，支付的增值税为36 400元，另支付其他费用5 000元，款项已通过银行存款支付。

该固定资产的原价=280 000+5 000=285 000（元）

借：固定资产　　285 000
　　应交税费——应交增值税（进项税额）　　36 400
　贷：银行存款　　321 400

（2）购置需要安装的固定资产的核算

物流企业购入需要安装的固定资产，应先记入“在建工程”科目，即购入时，按照实际支付的款项（包括买价、支付的税金、包装费、运输费等），借记“在建工程”科目，贷记“银行存款”科目；发生安装费用时，借记“在建工程”科目，贷记“银行存款”等科目；安装完成验收后交付使用时，按其实际成本（包括买价、支付的税金、包装费、运输费和安装费等）作为固定资产的原值入账，借记“固定资产”科目，贷记“在建工程”科目。

［例6-2］东方物流公司购入需要安装才能使用的车辆检测线一条，买价80 000元，增值税税额为10 400元，支付包装及运杂费2 000元。设备由供货商安装，支付安装费2 000元，增值税税额为180元。款项均以银行存款支付。

①支付设备价款、税金、包装及运杂费合计92 400元时：

借：在建工程　　82 000
　　应交税费——应交增值税（进项税额）　　10 400
　贷：银行存款　　92 400

②支付安装费时：

借：在建工程　　2 000
　　应交税费——应交增值税（进项税额）　　180

贷：银行存款　　2 180

③安装完成交付使用时，确定的固定资产价值为 84 000 元（82 000+2 000）：

借：固定资产　　84 000

贷：在建工程　　84 000

2）自行建造的固定资产的核算

自行建造的固定资产，是指物流企业为了新建、改建、扩建固定资产或者对固定资产进行技术改造、设备更新而建造的固定资产。按其建造实施方式的不同，可分为自营工程和出包工程两种。

（1）自营工程的核算

自营工程是指物流企业自行组织工程物资采购、自行组织施工人员施工的建筑工程和安装工程。购入工程物资时，借记"工程物资"科目，贷记"银行存款"等科目。工程物资领用时，借记"在建工程"科目，贷记"工程物资"科目。生产经营用动产或不动产在建工程领用本企业原材料时，借记"在建工程"科目，贷记"原材料"科目。自营工程发生的其他费用（如支付职工工资、借款利息等），借记"在建工程"科目，贷记"银行存款""应付职工薪酬""长期借款"等科目。

自营工程完工交付使用时，按实际发生的全部支出，借记"固定资产"科目，贷记"在建工程"科目。

［例 6-3］东方物流公司采用自营方式建造仓库，为工程购置物资 180 000 元，增值税税额为 23 400 元，全部用于工程建设，为工程支付的建设人员工资为 32 000 元，为工程借款而发生的利息支出为 20 000 元，支付工程发生的其他费用为 5 000 元。工程完工验收交付使用。编制的有关会计分录如下：

①购入工程物资时：

借：工程物资　　180 000

应交税费——应交增值税（进项税额）　　23 400

贷：银行存款　　203 400

②工程领用工程物资时：

借：在建工程　　180 000

贷：工程物资　　180 000

③支付建设人员工资时：

借：在建工程　　32 000

贷：应付职工薪酬　　32 000

④结转为工程而发生的借款利息时：

借：在建工程　　20 000

贷：长期借款　　20 000

⑤支付工程发生的其他费用时：

借：在建工程　　5 000

贷：银行存款　　5 000

⑥工程完工验收交付使用时，按其实际造价237 000元（180 000+32 000+20 000+5 000）转入“固定资产”科目：

借：固定资产　237 000

　贷：在建工程　237 000

（2）出包工程的核算

出包工程是指物流企业通过招标等方式将工程项目发包给建造商，由建造商组织施工的建筑工程和安装工程。物流企业采用出包方式进行的固定资产工程，其工程的具体支出主要由建造商核算，在这种方式下，“在建工程”科目主要是物流企业与建造商办理工程价款的结算账户。物流企业支付给建造商的工程价款作为工程成本，通过“在建工程”科目核算，具体会计处理如下：

物流企业按合同约定向建造商支付预付款或进度款时，借记“在建工程”科目，贷记“银行存款”等科目；工程完工补付工程价款时，借记“在建工程”科目，贷记“银行存款”等科目；工程完工交付使用时，按实际发生的全部支出，借记“固定资产”科目，贷记“在建工程”等科目。

［例6-4］东方物流公司以出包方式建造仓库一座，预付工程款300 000元，工程完工决算，根据竣工工程决算表，需补付工程款50 000元。编制的有关会计分录如下：

①预付工程款时：

借：在建工程　300 000

　贷：银行存款　300 000

②补付工程款时：

借：在建工程　50 000

　贷：银行存款　50 000

③工程完工交付使用时：

借：固定资产　350 000

　贷：在建工程　350 000

3）接受投资者投入的固定资产的核算

物流企业投资者投资转入的固定资产，既要增加物流企业的固定资产，又要增加投资者的投资额，投资者投入的固定资产一般按投资双方确认的价值入账，借记“固定资产”科目，贷记“实收资本”或“股本”等科目。

［例6-5］东方物流公司接受乙公司投资的已使用过的旧汽车5辆，账面原值为800 000元，评估确认的净值为700 000元。

借：固定资产　700 000

　贷：实收资本——乙公司　700 000

4）接受捐赠的固定资产的核算

物流企业接受捐赠的固定资产，应按照固定资产账面原值与已计提折旧、减值准备之间的差额记入“营业外收入”科目，发生的相关费用记入“银行存款”等科目，按照固定资产的账面价值与相关费用之和记入“固定资产”科目。

［例 6-6］东方物流公司接受乙公司捐赠的一套新的装卸设备，账面原值为 60 000 元，已计提折旧 5 000 元，发生运费 200 元。

编制的有关会计分录如下：

借：固定资产	55 200	
贷：银行存款		200
营业外收入——捐赠利得		55 000

5）盘盈固定资产的核算

物流企业盘盈的固定资产，应作为会计差错处理。对于当期发现的属于当期的会计差错，应调整当期相关项目；对于当期发现的属于前期的会计差错，涉及损益的应记入“以前年度损益调整”科目核算，不涉及损益的直接调整相关项目。因此，应按同类或类似资产的市场价格作为固定资产的入账价值，其与估计折旧额之间的差额记入“以前年度损益调整”科目。

［例 6-7］东方物流公司在财产清查中，盘盈固定资产一台，当前市场价格为 8 000 元，根据其新旧程度估计价值损耗为 2 000 元，则盘盈固定资产入账价值为 8 000 元，其会计处理为：

借：固定资产	8 000	
贷：累计折旧		2 000
以前年度损益调整		6 000

6）以债务重组方式换入固定资产的核算

企业接受的债务人以非现金资产抵偿债务方式取得的固定资产，其成本包括放弃债权的公允价值和使该资产达到当前位置和状态所发生的可直接归属于该资产的税金、运输费、装卸费、安装费、专业人员服务费等其他成本，借记“固定资产”科目。放弃债权的公允价值与账面价值之间的差额，借记或贷记“投资收益”科目。

［例 6-8］东方物流公司决定以企业应收乙公司的货款交换乙公司的铲车。东方物流公司应收账款的账面余额为 214 000 元；在交换日铲车的公允价值为 200 000 元，另支付相关的税费 2 000 元，乙公司另付给东方物流公司 10 000 元。东方物流公司和乙公司均为增值税一般纳税人，销售商品适用的增值税税率为 13%。

借：固定资产	202 000	
应交税费——应交增值税（进项税额）	26 000	
银行存款	10 000	
贷：应收账款		214 000
投资收益		24 000

7）以非货币性资产交换换入固定资产的核算

非货币性资产交换具有商业实质时，以换出资产的公允价值和应支付的相关税费作为换入固定资产的入账价值。涉及补价的，如支付补价，以换出资产的公允价值，加上支付补价的公允价值和应支付的相关税费，作为换入资产的成本，换出资产的公允价值与其账面价值之间的差额计入当期损益；如为收到补价的，以换出资产的公允价值，减去收到补价的公允价值，加上应支付的相关税费，作为换入资产的成本，换出资产的公允价值与其账面价值之间的差额计入当期损益。

非货币性资产交换不具有商业实质时，以换出资产的账面价值加上应支付的相关税费作为换入固定资产的入账价值，不确认损益。涉及补价的，如支付补价，以换出资产的账面价值，加上支付补价的账面价值和应支付的相关税费，作为换入资产的初始计量金额，不确认损益；如为收到补价的，以换出资产的账面价值，减去收到补价的公允价值，加上应支付的相关税费，作为换入资产的初始计量金额，不确认损益。

［例 6-9］东方物流公司决定以一辆货车换入乙公司的一台经营用设备。货车的实际成本为300 000元，已计提折旧50 000元，计税价格为260 000元。本例属于具有商业实质的非货币性资产交换。

借：固定资产——设备	260 000	
应交税费——应交增值税（进项税额）	33 800	
累计折旧	50 000	
贷：固定资产——货车		300 000
应交税费——应交增值税（销项税额）		33 800
资产处置损益		10 000

［例6-10］东方物流公司决定以一辆货车换入乙公司的一台经营用设备。货车的实际成本为300 000元，已计提折旧50 000元。本例属于不具有商业实质的非货币性资产交换（假定不考虑相关税费）。

借：固定资产——设备	250 000	
累计折旧	50 000	
贷：固定资产——货车		300 000

8）租入固定资产的核算（使用权资产）

［例 6-11］东方物流公司年初就某写字楼的一层楼与乙公司签订为期 10 年的租赁协议，并拥有 5 年的续租选择权。有关资料如下：（1）初始租赁期内的不含税租金为每年 50 000 元，续租期间为每年 55 000 元，所有款项应于每年年初支付；（2）为获得该项租赁，东方物流公司发生初始直接费用 20 000 元，其中，15 000 元为向该楼层前任租户支付的款项，5 000 元为向房地产中介支付的佣金；（3）作为对东方物流公司的激励，乙公司同意补偿东方物流公司 5000 元的佣金；（4）在租赁期开始日，东方物流公司评估后认为，不能合理确定将行使续租选择权，因此，将租赁期定为 10 年；（5）东方物流公司无法确定租赁内涵利率，其增量借款利率为每年 5%，该利率反映的是东方物流公司以类似抵押条件借入期限为 10 年、

与使用权资产等值的相同币种的借款而必须支付的利率。为简化处理，假设不考虑相关税费影响。

承租人东方物流公司的会计处理如下：

第一步，计算租赁期开始日租赁付款额的现值，并确认租赁负债和使用权资产。

在租赁期开始日，东方物流公司支付第 1 年的租金 50 000 元，并以剩余 9 年租金（每年 50 000 元）按 5% 的年利率折现后的现值计量租赁负债。租赁付款额及其现值的计算过程如下：

剩余9期租赁付款额=50 000×9=450 000（元）

租赁负债=剩余9期租赁付款额的现值=50 000×（P/A，5%，9）=355 391（元）

未确认融资费用=剩余9期租赁付款额−剩余9期租赁付款额的现值=450 000−355 391=94 609（元）

借：使用权资产　　405 391

　　租赁负债——未确认融资费用　　94 609

　贷：租赁负债——租赁付款额　　450 000

　　　银行存款（第 1 年的租赁付款额）　　50 000

第二步，将初始直接费用计入使用权资产的初始成本。

借：使用权资产　　20 000

　贷：银行存款　　20 000

第三步，将已收的租赁激励相关金额从使用权资产入账价值中扣除。

借：银行存款　　5 000

　贷：使用权资产　　5 000

6.3　固定资产的后续计量

固定资产在使用过程中会发生价值损耗，它必须通过计提折旧的方式加以合理补偿。物流企业提取的折旧，是固定资产更新的资金来源。只有正确地对固定资产折旧进行管理，编制固定资产折旧计划，及时提取固定资产折旧，使固定资产在生产中的损耗足额得到补偿，才能保证固定资产再生产的顺利进行。

6.3.1　固定资产折旧的影响因素

固定资产是一种为物流企业经营所需而长期使用的资产，它可以多次参加企业的生产经营过程而不改变其实物形态，但服务潜力会随着其在生产经营中的使用而逐渐降低直至消逝，它的价值也会随着固定资产的使用而逐渐、分次地转移到成本费用中去，并从物流企业的最终收入中得到补偿。在会计上，将固定资产因使用磨损而逐渐转移到成本中去的价值称为固定资产折旧。

在会计核算上，根据配比原则，对固定资产损耗的价值，应在固定资产的预计有效使用期限内，以计提折旧的方式计入各期成本费用，从各期营业收入中逐步得到补偿。

1）固定资产折旧的影响因素

影响物流企业固定资产折旧的因素主要有以下四个方面：

（1）固定资产原价

计算固定资产折旧，一般是以其账面原始价值为基数的。它包括为取得某项固定资产所发生的一切合理必要的支出。

（2）固定资产净残值

这是指固定资产报废时可以收回的残余价值扣除预计清理费用后的余额，是固定资产使用期满时的实际回收额。

在确定预计残值时还要注意扣除清理费用。若物流企业直至固定资产不再具有服务潜能时才予以报废，残值会很小。而有些物流企业在固定资产还在使用寿命内时就予以更替，此时的残值就要参考被处置资产在处置时的公允市价来确定。在残余废料收入和拆迁清理费用不相上下或难以估计，或与固定资产原始成本相比，比重不大时，因其对折旧的计算影响极小，这时净残值可以不予考虑。

（3）固定资产减值准备

固定资产减值准备是指固定资产已计提的固定资产减值准备累计金额。固定资产计提减值准备后，应当在剩余使用寿命内根据调整后的固定资产账面价值（固定资产账面余额扣减累计折旧和累计减值准备后的金额）与预计净残值重新计算确定折旧率和折旧额。

（4）固定资产使用年限

固定资产使用年限直接影响各期应提的折旧额。因而，企业应当合理确定固定资产的使用年限。物流企业在确定各项资产的使用年限时，应考虑下列因素：

① 该项资产预计生产能力或实物产量，如运输车辆的预计行驶里程。

② 该项资产预计有形损耗，如设备使用中发生磨损，在仓库、堆场等受到自然侵蚀等。

③ 该项资产预计无形损耗，如因先进的货物储备技术的出现而引起原有仓库的储存设施设备陈旧过时，因先进的物流服务操作技术的产生而引起原有起重、装卸、搬运、运输设备的淘汰等；

④ 法律或类似规定对该项资产使用的限制，如要求运输车辆必须达到一定的环保标准，凡不达标的运输车辆会被强制淘汰等。

2）固定资产计提折旧的范围

根据《企业会计准则第4号——固定资产》的规定，除下列情况外，企业应对所有固定资产计提折旧：

① 已提足折旧仍继续使用的固定资产。

② 按规定单独作价作为固定资产入账的土地。

已达到预定可使用状态的固定资产，如果尚未办理竣工决算，应当按照估计价值暂估入账，并计提折旧；待办理了竣工决算手续后，再按照实际成本调整原来的暂估价值，当期计提的折旧额和对原折旧额的调整，均作为当期的成本、费用处理。

物流企业应当根据固定资产的性质和消耗的情况，合理确定固定资产的预计使用年限和预计净残值，并根据科技发展、环境变化及其他因素，选择合理的固定资产折旧方法，按照管理权限，经股东大会、董事会、经理会议或类似机构批准，作为计提折旧的依据。同时，按照法律、行政法规的规定报送有关方面备案，并备案于物流企业所在地，以供投资者或利益相关各方查阅。有关固定资产的预计使用年限、预计净残值、折旧方法等，一经确定不得随意变更，如确实需要变更，仍然应当按照上述程序，经批准后报送有关各方面备案，并在财务报表附注中予以说明。

物流企业一般以固定资产原值为依据按月提取折旧，对于当月增加的固定资产，当月不提折旧，从下月起计提；当月减少的固定资产，当月照提折旧，从下月起不提。固定资产提足折旧后，不管能否继续使用，均不再提取折旧；提前报废的固定资产，也不再补提折旧。

6.3.2　固定资产折旧的方法

物流企业固定资产的折旧方法主要有平均年限法、工作量法、双倍余额递减法、年数总和法等。固定资产的折旧方法一经确定，不得随意变更。但企业应当于每年年度终了，对固定资产的使用寿命、预计净残值和折旧方法进行复核。

1）平均年限法

平均年限法也叫直线法，它是根据固定资产原始价值减去预计净残值后的余额，按照固定资产折旧年限平均计算折旧额的一种方法。按照这种方法提取的折旧额，在各个使用年份或月份都是相等的，折旧的累积额是一条直线上升的趋势线。

平均年限法的基本计算公式如下：

预计净残值率=预计净残值÷固定资产原价×100%

年折旧率=（1-预计净残值率）÷预计使用寿命（年）

月折价率=年折旧率÷12

月折旧额=原值×月折旧率

为了简化核算，企业不必每月按固定资产项目逐项计算，可以在上月计提折旧额的基础上，考虑上月固定资产增减变动的影响，加以调整。用公式表述如下：

本月应提折旧额=上月计提折旧额+上月增加固定资产应提折旧额-上月减少固定资产应提折旧额

［例 6-12］东方物流公司某项固定资产原值 10 000 元，预计净残值率为 4%，预计折旧年限 10 年，有关计算如下：

年折旧率=（1-4%）÷10=9.6%

年折旧额=10 000×9.6%=960（元）

月折旧率=9.6%÷12=0.8%

月折旧额=10 000×0.8%=80（元）

2）工作量法

物流企业中使用的一些特别的固定资产，在各个使用期内提供的效益不均衡。为了正确计算这些固定资产的折旧费，使用平均年限法计算折旧额在这时就不适宜。此时，可以按工作量法来计算折旧额。

工作量法是按固定资产在预计使用年限内可以完成的工作量比例计算折旧额的方法。采用这种方法，首先要确定固定资产单位工作量（工作小时）的折旧额（单位折旧额）。每月再按照固定资产完成的工作数量或工作时间乘以单位折旧额，即可算出各月份的折旧金额。其计算公式如下：

单位工作量折旧率=（1-预计净残值率）÷预计使用年限内总工作量

单位工作量折旧额=固定资产原值×单位工作量折旧率

固定资产月折旧额=单位工作量折旧额×该固定资产当月实际的工作量

［例6-13］东方物流公司拥有载货汽车一辆，原值200 000元，预计净残值率为5%，规定行驶100万千米，本月实际行驶了2 000千米，则该辆载货汽车的单位折旧额和该月的折旧额为：

单位工作量折旧额=200 000×（1-5%）÷1 000 000=0.19（元/千米）

本月折旧额=2 000×0.19=380（元）

3）双倍余额递减法

双倍余额递减法是定率递减法的一种简化计算方法。它是在不考虑固定资产净残值的情况下，根据应提折旧的固定资产期初净值，以直线法折旧率的两倍计提折旧额的一种方法。其计算公式如下：

年折旧率=2÷预计使用寿命×100%

月折旧率=年折旧率÷12

月折旧额=固定资产月初账面价值×月折旧率

物流企业在采用双倍余额递减法时，固定资产的期末账面净值是逐年递减的，所以每年计提的折旧额也是逐年递减的。也就是使用前期的折旧额多，以后逐渐递减。在应用双倍余额递减法时，由于每年折旧额是递减的，到某一年度时，可能出现按双倍余额递减法所计提的折旧额小于按直线法计提的折旧额的情况，这时，通常应转化为按直线法计提折旧。为了简化计算，使用双倍余额递减法计提折旧，可在固定资产使用期限的最后两年，改用直线法计提折旧。

［例6-14］东方物流公司一项设备原值200 000元，预计净残值率为4%，预计使用年限为5年。按双倍余额递减法计算每年折旧额，见表6-1。

表6-1　**双倍余额递减法各年折旧额计算表**　金额单位：元

年次	期初账面净值	年折旧率（%）	年折旧额	累计折旧额	期末账面净值
1	200 000	40	80 000	80 000	120 000
2	120 000	40	48 000	128 000	72 000
3	72 000	40	28 800	156 800	43 200
4	43 200	—	17 600	174 400	25 600
5	25 600	—	17 600	192 000	8 000

年折旧率=2÷5×100%=40%

从第4年开始，改用直线法计提折旧：

每年折旧额=（43 200−8 000）÷2=17 600（元）

4）年数总和法

年数总和法亦称合计年限法、变率递减法，它是将固定资产的原值减去预计净残值后的余额（该项固定资产应计折旧总额）乘以一个逐年递减的分数（相当于折旧率）计算每期折旧额的一种计算方法。

年折旧率=尚可使用年限÷预计使用寿命的年数总和×100%

年折旧额=（固定资产原值−预计净残值）×年折旧率

月折旧额=年折旧额÷12

［例6−15］东方物流公司某项固定资产原值100 000元，预计净残值为4 000元，预计使用年限为5年。其采用年数总和法计算折旧的过程见表6−2。

表6−2　**年数总和法各年折旧额计算表**　金额单位：元

年次	尚可使用年限	原值−净残值	年折旧率	年折旧额	累计折旧额	期末账面净值
1	5	96 000	5/15	32 000	32 000	68 000
2	4	96 000	4/15	25 600	57 600	42 400
3	3	96 000	3/15	19 200	76 800	23 200
4	2	96 000	2/15	12 800	89 600	10 400
5	1	96 000	1/15	6 400	96 000	4 000

6.3.3　固定资产折旧的会计处理

固定资产应当按月计提折旧，计提的折旧应通过“累计折旧”科目核算。物流企业计提的固定资产折旧，应根据固定资产的不同用途计入有关成本费用。对于运输车队固定资产计提的折旧，记入“主营业务成本——运输支出”科目；生产车间固定资产计提的折旧，记入“制造费用”科目；行政管理部门固定资产计提的折旧，记入“管理费用”科目；营业站点固定资产计提的折旧，记入“销售费用”科目；经营租赁租出固定资产计提的折旧，记入“其他业务成本”科目。

在我国会计实务中，各月计提折旧的工作一般是通过编制“固定资产折旧计算汇总表”来完成的。

［例6−16］东方物流公司某月运输车队折旧额30 000元，基本生产车间折旧额20 000元，行政管理部门折旧额5 000元，营业站点固定资产折旧额3 000元，经营租赁租出固定资产计提的折旧额2 000元。

借：主营业务成本——运输支出	30 000
制造费用	20 000
管理费用	5 000
销售费用	3 000
其他业务成本	2 000

贷：累计折旧　　60 000

6.3.4　固定资产的后续支出

物流企业的固定资产投入使用后，为了适应新技术发展的需要，或者为维护或提高固定资产的使用效能，往往会发生一些必要的支出，如对现有固定资产进行改建、扩建、改良或者维护保养的支出。这些支出也称为“固定资产的后续支出”。物流企业在发生这些支出时，需要确定这些支出应该资本化还是费用化。如果这些支出增强了固定资产获取未来经济利益的能力，提高了固定资产的性能，如延长了固定资产的使用寿命、使营业质量实质性提高或使营业成本实质性降低，使可能流入物流企业的经济利益超过了原先的估计，则应将该后续支出计入固定资产的账面价值；否则，应将这些后续支出予以费用化，计入发生当期的损益。

1）资本化的后续支出

固定资产发生可资本化的后续支出时，物流企业应将该固定资产的原价、已计提的累计折旧和减值准备转销，将固定资产的账面价值转入在建工程，并在此基础上重新确定固定资产原价。因已转入在建工程，因此停止计提累计折旧。在固定资产发生的后续支出完工并达到预定可使用状态时，再从在建工程转为固定资产，并按重新确定的固定资产原价、使用寿命、预计净残值和折旧方法计提折旧。固定资产发生的可资本化的后续支出，通过“在建工程”科目核算。

［例6-17］2×21年1月1日，东方物流公司持有的一条车辆检测线，原价为200 000元，已计提累计折旧为80 000元，账面价值为120 000元。公司决定对现有检测线进行改良，以提高其检测能力。2×21年1月1日至3月31日，经过3个月完成了对这条检测线的改良工程，共发生支出30 000元，全部以银行存款支付。该检测线达到预定可使用状态后，大大提高了检测能力，预计将其使用年限延长了5年。为简化计算，整个过程不考虑其他相关费用。

本例中，由于对检测线进行改良，提高了生产能力并延长了其寿命，所以，此项后续支出应予以资本化，计入固定资产的账面价值。东方物流公司的账务处理如下：

① 2×21年1月1日固定资产转入改良：

借：在建工程　　120 000

　　累计折旧　　80 000

　贷：固定资产　　200 000

②2×21年1月1日至3月31日，固定资产后续支出发生：

借：在建工程　　30 000

　贷：银行存款　　30 000

③2×21年3月31日，改良工程达到预定可使用状态：

借：固定资产　　150 000

　贷：在建工程　　150 000

2）费用化的后续支出

如果固定资产的后续支出不符合资本化的条件，则应在发生时直接计入当期损益。为了维护固定资产的正常运转和使用，充分发挥其使用效能，物流企业应对固定资产进行必要的维护。固定资产的日常修理费用等支出只是确保固定资产的正常工作状况，一般不产生未来的经济利益。因此，通常不符合资本化的确认条件，发生时直接计入当期损益。生产车间和行政管理部门发生的固定资产修理费用等后续支出应记入“管理费用”科目，销售机构发生的固定资产后续支出应记入“销售费用”科目。

固定资产的大修理只是对固定资产使用效能的恢复和维持，不再进行资本化处理，只在发生当期按照固定资产的用处和部门的不同分别计入有关成本和费用中。

6.3.5　固定资产的清查

物流企业在固定资产的使用过程中，为保证固定资产账实相符，充分挖掘现有固定资产的潜力，确保财产不受损失，应定期或不定期对固定资产进行清查。固定资产的清查应每年至少实地盘点清查一次，一般在年末进行。清查的基本方式是实地盘点，其目的是达到账实相符，防止固定资产流失或被侵占。

会计部门应会同有关各方认真核对固定资产账目，做到账账相符，并与固定资产的使用部门共同进行固定资产的盘点清查。通过实际盘点，不仅要查明固定资产的实际数量与账面结存是否相符，同时还应十分注意每项固定资产的使用和保管情况。对清查中发现的盘盈和盘亏的固定资产，应查明原因，按规定的报批程序批准后处理。

1）固定资产盘盈的处理

物流企业在财产清查中盘盈的固定资产，应作为会计差错处理。对于当期发现的属于当期的会计差错，应调整当期相关项目；对于当期发现前期的差错，涉及损益的应通过“以前年度损益调整”科目核算，不涉及损益的直接调整相关项目。因此，物流企业盘盈的固定资产应按同类或类似资产的市场价格作为其入账价值，其与估计折旧额之间的差额记入“以前年度损益调整”科目。

[例6-18] 东方物流公司在固定资产清查过程中，发现未入账的设备一台，该设备当前市场价格为30 000元，按其新旧程度估计折旧额为10 000元。有关会计处理如下：

盘盈固定资产时，设备入账价值为30 000元，其会计处理为：

借：固定资产	30 000	
贷：累计折旧		10 000
以前年度损益调整		20 000

2）固定资产盘亏的处理

固定资产盘亏造成的损失，应当计入当期损益。物流企业盘亏的固定资产，按其账面价值借记“待处理财产损溢——待处理固定资产损溢”科目，按已计提的折旧，借记“累计折旧”科目，按已计提的减值准备，借记“固定资产减值准备”科目，按固定资产原价，贷记“固定资产”科目。按可收回的保险赔偿或过失人赔偿，借记“其他应收款”科目，按应计入营业外支出的金额，借记“营业外支出——盘亏损失”科目，贷记“待处理财产损溢——待处理固定资产损溢”科目。

［例6-19］东方物流公司在财产清查中盘亏设备一台，账面原始价值为50 000元，已计提折旧20 000元，已提减值准备6 000元。经查，设备丢失是由于保管员看管不当。经批准，应由保管员赔偿5 000元。

①上报有关机构批准前：

借：待处理财产损溢——待处理固定资产损溢	24 000	
累计折旧	20 000	
固定资产减值准备	6 000	
贷：固定资产		50 000

②批准后转账时：

借：其他应收款	5 000	
营业外支出——盘亏损失	19 000	
贷：待处理财产损溢——待处理固定资产损溢		24 000

6.4 固定资产的处置

固定资产处置是指由于各种原因使企业固定资产需退出生产经营过程所做的处理活动。物流企业在生产经营中，对那些由于使用而不断磨损直至最终报废，或由于技术进步等提前报废，或由于遭受自然灾害等非常损失发生毁损的固定资产，应及时进行清理。此外，由于对外投资、非货币性资产交换、债务重组等减少的固定资产，也属于固定资产处置的范围。固定资产处置时，应注销被处置固定资产的净值，并确认净损益。

6.4.1 固定资产终止确认的条件

物流企业的固定资产满足下列条件之一的，应当予以终止确认：

1）该固定资产处于处置状态

处于处置状态的固定资产不再用于生产商品、提供劳务、出租或经营管理，因此不再符合固定资产的定义，应予终止确认。

2）该固定资产预期通过使用或处置不能产生经济利益

固定资产的确认条件之一是“与该固定资产有关的经济利益很可能流入企业”，如果一项固定资产预期通过使用或处置不能产生经济利益，那么它就不再符合固定资产预期通过使用或处置能产生经济利益的定义和确认条件，应予终止确认。

6.4.2　固定资产处置的会计处理

固定资产处置包括出售、转让、报废、毁损，也包括对外投资、债务重组、非货币性资产交换转出固定资产的情形。

物流企业应设置“固定资产清理”科目核算固定资产的处置损益。“固定资产清理”账户是计价对比账户，它核算物流企业因出售、报废和毁损等原因转入清理的固定资产净值以及在清理过程中所发生的清理费用和清理收入，转入清理的固定资产的账面价值、发生的清理费用，记入该科目的借方；清理固定资产的变价收入和应由保险公司或过失人承担的损失等，记入该科目的贷方。借方与贷方的差额即为固定资产处置的净损益，按照规定，其处置净损益的处理区分为两种情况。其中，固定资产出售、转让或将固定资产用于对外投资、非货币性资产交换产生的利得或损失记入“资产处置损益”科目；固定资产属于已丧失使用功能正常报废或毁损产生的利得或损失，分别记入“营业外收入”科目或“营业外支出”科目。物流企业因出售、报废、毁损、对外投资、非货币性资产交换、债务重组等原因减少的固定资产，会计处理一般可分为以下几个步骤：

1）固定资产转入清理

固定资产转入清理时，按固定资产账面价值，借记“固定资产清理”科目，按已计提的累计折旧，借记“累计折旧”科目，按已计提的减值准备，借记“固定资产减值准备”科目，按固定资产账面余额，贷记“固定资产”科目。

2）发生的清理费用

固定资产清理过程中发生有关费用以及应付的相关税费，借记“固定资产清理”科目，贷记“银行存款”“应交税费”等科目。

3）出售收入和残料等的处理

企业收回出售固定资产的价款、残料价值和变价收入等，应冲减清理支出。按实际收到的出售价款以及残料变价收入等，借记“银行存款”“原材料”等科目，贷记“固定资产清理”科目。

4）保险赔偿的处理

企业计算或收到的应由保险公司或过失人赔偿的损失，应冲减清理支出，借记“其他应收款”“银行存款”等科目，贷记“固定资产清理”科目。

5）清理净损益的处理

固定资产因已丧失使用功能或因自然灾害发生毁损等而报废清理完成后的净损失，属于生产经营期间正常的处理损失，借记“营业外支出——处置非流动资产损失”科目，贷记“固定资产清理”科目；属于生产经营期间由于自然灾害等非正常原因造成的，借记“营业外支出——非常损失”科目，贷记“固定资产清理”科目；如为净收益，借记“固定资产清理”科目，贷记“营业外收入”科目。

固定资产因出售、转让或将固定资产用于对外投资、债务重组、非货币性资产交换而产生的净收益，借记“固定资产清理”科目，贷记“资产处置损益——固定资产处置损益”科目；如果是净损失，借记“资产处置损益——固定资产处置损益”科目，贷记“固定资产清理”科目。

[例6-20] 东方物流公司报废一台维护设备，账面原值20 000元，已计提折旧18 000元，已计提减值准备500元，以现金600元支付清理费用，回收残料价值300元（假定不考虑相关税费）。

①转销报废设备时：

借：固定资产清理	1 500	
累计折旧	18 000	
固定资产减值准备	500	
贷：固定资产		20 000

②支付清理费用时：

借：固定资产清理	600	
贷：库存现金		600

③结转残料价值时：

借：原材料	300	
贷：固定资产清理		300

④结转清理净损失时：

借：营业外支出——处置非流动资产损失	1 800	
贷：固定资产清理		1 800

6.5 无形资产的确认、计量和处置

6.5.1 无形资产的确认

无形资产，是指企业拥有或者控制的没有实物形态的可辨认非货币性资产，如专利权、商标权、非专利技术、著作权、土地使用权和特许权等。与其他资产相比，无形资产具有以下特征：①没有实物形态；②将在较长时期内为企业提供经济利益；③具有可辨认性；④所提供的未来经济利益具有高度不确定性；⑤属于非货币性资产。

企业确认无形资产必须同时满足以下三个条件：一是符合无形资产的定义；二是与该无形资产相关的预计未来经济利益很可能流入企业；三是无形资产的成本能够可靠地计量。

企业自创的商誉以及企业内部产生的品牌、报刊名等，因其发生的成本无法明确区分，不应当确认为企业的无形资产。

6.5.2 无形资产的初始计量

初始计量是指物流企业初始取得无形资产时入账价值的确定。无形资产通常是按实际（历史）成本计量的，即以取得无形资产并使之达到预定用途而发生的全部

支出，作为无形资产的成本。不同来源取得的无形资产，其成本构成不尽相同。

1）外购的无形资产

外购的无形资产，应以实际支付的价款、进口关税和其他税费以及直接归属于使该项资产达到预定用途所发生的其他支出的合计数作为入账价值。如果物流企业购买无形资产的价款超过正常信用条件延期支付，实质上具有融资性质的，无形资产的成本应以购买价款的现值为基础加以确定。实际支付的价款与现值之间的差额，如果按照《企业会计准则第 17 号——借款费用》的规定应予资本化的，则应进行资本化处理；不能资本化的，应当在信用期间内计入当期损益。

［例 6-21］东方物流公司为提高经济效益，向永新技术开发公司购入一项专利权，支付专利权转让费及有关手续费 268 000 元，增值税进项税额 15 600 元，款项用银行存款一次性付清。

借：无形资产	268 000	
应交税费——应交增值税（进项税额）	15 600	
贷：银行存款		283 600

2）自行开发的无形资产

物流企业内部研究开发取得专利权和非专利技术等无形资产的，其研究开发过程分为两个阶段，即研究阶段和开发阶段。研究阶段是指为获取新的技术和知识等进行的有计划的调查。研究阶段是探索性的，为进一步开发活动进行资料及相关方面的准备，已进行的研究活动将来是否会转入开发、开发后是否会形成无形资产等均具有较大的不确定性。开发阶段是指进行商业性使用前，将研究成果或其他知识应用于某项计划或设计。其中，研究阶段的支出不能资本化，在发生时全部计入当期损益。而对于开发阶段的支出，满足一定的条件才能予以资本化，计入无形资产的价值。开发阶段的支出，同时满足下列条件的，才能确认为无形资产：

① 完成该无形资产以使其能够使用或出售在技术上具有可行性。

② 具有完成该无形资产并使用或出售的意图。

③ 无形资产产生经济利益的方式，包括能够证明运用该无形资产生产的产品存在市场或无形资产自身存在市场，无形资产将在内部使用的，应当证明其有用性。

④ 有足够的技术、财务资源和其他资源支持，以完成该无形资产的开发，并有能力使用或出售该无形资产。

⑤ 归属于该无形资产开发阶段的支出能够可靠地计量。

为了正确计算企业的利润以及合理地对无形资产进行确认，需要设置“研发支出”科目，以反映企业内部在研发过程中发生的支出。“研发支出”科目应当按照研究开发项目，分别“费用化支出”与“资本化支出”进行明细核算。企业自行开发无形资产发生的研发支出，对于不满足资本化条件的，应当借记“研发支出——费用化支出”科目，满足资本化条件的，借记“研发支出——资本化支出”科目，贷记“原材料”“银行存款”“应付职工薪酬”等科目；研究开发项目达到预定用途形成无形资产时，应按“研发支出——资本化支出”科目的余额，借记“无形资产”科目，贷记“研发支出——资本化支出”科目。期末，企业应将本科目归集的费用化支出金额转入“管理费用”科目，借记“管理费用”科目，贷记“研发支出——费用化支出”科目。本科目期末借方余额，反映企业正在进行中的研究开发项目中满足资本化条件的支出。

［例6-22］东方物流公司组织研究人员进行一项技术发明。在研发过程中发生材料费126 000元，应付研发人员薪酬82 000元，支付设备租金6 900元。根据我国会计准则的规定，上述各项支出应予资本化的部分是134 500元，应予费用化的部分是80 400元。另外，该项技术又成功申请了国家专利，在申请专利过程中发生注册费26 000元、聘请律师费6 500元。

费用化支出=80 400元

资本化支出=134 500+26 000+6 500=167 000（元）

①研发支出发生时：

借：研发支出——费用化支出	80 400	
——资本化支出	167 000	
贷：原材料		126 000
应付职工薪酬		82 000
银行存款		39 400

②研发项目达到预定用途时：

借：无形资产	167 000	
贷：研发支出——资本化支出		167 000

③期末结转费用化支出时：

借：管理费用	80 400	
贷：研发支出——费用化支出		80 400

3）投资者投入的无形资产

如果某物流企业的经营管理活动需要某些无形资产，可以接受投资者以无形资产的形式向企业进行投资，以换取企业的权益。投资者投入的无形资产，在合同或协议约定的价值公允的前提下，应以投资合同或协议约定的价值作为入账价值。无形资产的入账价值与折合资本额之间的差额，作为资本溢价，计入资本公积。

［例6-23］东方物流公司接受M公司以商标权向企业进行的投资。根据投资双方签订的投资合同，此项商标权的价值为280 000元。

借：无形资产——商标权	280 000	
贷：实收资本		280 000

6.5.3 无形资产的后续计量

物流企业在无形资产取得之后应该对其进行后续计量，这主要涉及无形资产摊销的方法选择和会计处理问题。

企业应当于取得无形资产时分析判断其使用寿命。无形资产的使用寿命如为有限的，应当估计该使用寿命的年限或者构成使用寿命的类似计量单位数量；无法预见无形资产为企业带来未来经济利益的期限的，应当视为使用寿命不确定的无形资产。

使用寿命有限的无形资产，其应摊销金额应当在使用寿命内合理摊销。企业选择的无形资产摊销方法，应当反映企业预期消耗该项无形资产所产生的未来经济利益的方式。无法可靠确定消耗方式的，应当采用直线法摊销。

使用寿命有限的无形资产应当自取得当月起在预计使用年限内分期平均摊销，计入损益。我国会计准则规定，来源于合同性权利或其他法定权利的无形资产，其使用寿命不应超过合同性权利或其他法定权利的期限；如果合同性权利或其他法定权利能够在到期时因续约等延续，且有证据表明企业续约不需要付出大额成本，续约期应当计入使用寿命。合同或法律没有规定使用寿命的，企业应当综合各方面情况进行判断，以确定无形资产能为企业带来未来经济利益的期限。例如，与同行业的情况进行比较、参考历史经验，或聘请相关专家进行论证等。

物流企业根据可获得的相关信息判断，如果仍无法合理确定无形资产为企业带来经济利益期限的，则该项无形资产应作为使用寿命不确定的无形资产进行核算。对于使用寿命不确定的无形资产，在持有期间内不需要摊销，但应在每个会计期间进行减值测试。

物流企业摊销无形资产时，设置“累计摊销”科目，反映因摊销而减少的无形资产价值。企业按月计提无形资产摊销额时，借记“管理费用”“其他业务成本”等科目，贷记“累计摊销”科目。本科目期末贷方余额，反映企业无形资产的累计摊销额。

［例6-24］东方物流公司根据市场发展的需要购入一项专利权。根据相关法律的规定，购买时该项专利权的使用寿命为10年，企业采用直线法按10年期限进行摊销。专利权购买成本为260 000元。假定不考虑相关税费。

购买专利权时：

借：无形资产　　　　260 000

　贷：银行存款　　　　260 000

专利权每年摊销额=260 000÷10=26 000（元）

借：管理费用　　　　26 000

　贷：累计摊销　　　　26 000

需要注意的是，企业应当至少于每年年度终了，对使用寿命有限的无形资产的使用寿命及未来经济利益的消耗方式进行复核。如果无形资产的预计使用寿命及未来经济利益的预期消耗方式与以前估计不同，就应该改变摊销期限和摊销方法。同时如果无形资产计提了减值准备，则无形资产减值准备金额要从应摊销金额中扣除，以后每年的摊销金额要重新调整计算。

［例6-25］承［例6-24］，假定东方物流公司在使用专利权的第3年，经重新复核，此项专利权尚可使用5年，而且公司在第3年年末对该项无形资产计提减值准备金30 000元，则公司第3年的摊销金额为：

（260 000−26 000×2−30 000）÷5=35 600（元）

如果以后各年有关条件不变，则以后每年的摊销金额均为35 600元。

6.5.4 无形资产的处置

无形资产的处置，主要指无形资产出售、对外出租、对外捐赠，或者是无法为企业带来未来经济利益时，应予终止确认并转销。

1）无形资产的出售

物流企业出售无形资产，一方面应反映因转让而取得的收入，另一方面应将无形资产的摊余价值予以转销。如果出售的无形资产已计提了减值准备，在出售时还应将已计提的减值准备注销。同时，按现行税法的规定，出售无形资产还应按不含税的转让收入计算缴纳增值税，增值税税率为6%（转让土地使用权的增值税税率为9%）。

企业出售无形资产的净收益，作为非流动资产处置利得，记入“资产处置损益——无形资产处置损益”科目贷方；出售无形资产的净损失，作为非流动资产处置损失，记入“资产处置损益——无形资产处置损益”科目的借方。

［例6-26］假定［例6-24］中的专利权，东方物流公司在使用4年以后将其出售，出售价款为180 000元，增值税税额为10 800元。

已摊销金额=260 000÷10×4=104 000（元）

摊余价值=260 000−104 000=156 000（元）

应交增值税=180 000×6%=10 800（元）

净收益=180 000−156 000=24 000（元）

借：银行存款	190 800	
累计摊销	104 000	
贷：无形资产		260 000
应交税费——应交增值税		10 800
资产处置损益——无形资产处置损益		24 000

2）无形资产的报废

无形资产未来发挥作用的期限，以及未来能否给企业带来经济利益，由于受到很多不可预知因素的影响，因而变得具有很大的不确定性。如果在无形资产使用的某一个期间，由于各种因素的影响，使得无形资产预期不能为物流企业带来未来的经济利益，则该无形资产应转入报废处理，无形资产的账面价值作为非流动资产处置损失要予以转销，计入营业外支出。

［例6-27］假定［例6-24］中的专利权，东方物流公司在使用到第7年时，由于市场变化，导致此项专利权未来给企业带来经济利益变得非常困难，因此公司按

规定将其做报废处理。

报废时累计摊销额=26 000×6=156 000（元）

报废时账面价值=260 000−156 000=104 000（元）

借：累计摊销	156 000	
营业外支出——处置非流动资产损失	104 000	
贷：无形资产		260 000

■ 本章小结

固定资产是指同时具有下列两个特征的有形资产：为生产商品、提供劳务、出租或经营管理而持有；使用寿命超过一个会计期间。使用寿命，是指企业使用固定资产的预计期间，或者该固定资产所能生产产品或提供劳务的数量。

固定资产的确认除了满足固定资产定义之外，还必须同时满足以下两个条件：该固定资产包含的经济利益很可能流入企业；该固定资产的成本能够可靠计量。

固定资产的会计计量属性包括历史成本、重置成本、可变现净值、现值、公允价值。

固定资产的后续计量包括固定资产的折旧和后续支出。固定资产折旧是指在固定资产的使用寿命内，按照确定的方法对应计提折旧额进行分摊，固定资产折旧的影响因素有固定资产的原价、净残值、减值准备和预计使用年限等。物流企业应对所有固定资产计提折旧，但已提足折旧仍继续使用的固定资产和按规定单独作价作为固定资产入账的土地除外。

固定资产的折旧方法有年限平均法、工作量法、双倍余额递减法、年数总和法等。固定资产的后续支出满足固定资产的确认条件的，应当作为资本性支出，不满足固定资产的确认条件的，应当在发生时计入当期损益。

固定资产的清查应每年至少实地盘点清查一次，通过实地盘点，保证固定资产的账实相符。对于清查中发现的固定资产的盘盈和盘亏，应查明原因，按规定的报批程序报经批准后处理。

固定资产的处置是指由于各种原因使企业固定资产需退出生产经营过程所做的处理活动。处于处置状态和预期通过使用或处置不能产生经济利益的固定资产应当予以终止确认。固定资产处置时，应注销被处置固定资产的净值，并确认净损益。

因丧失使用功能或因自然灾害发生毁损等原因而报废产生的净损益记入“营业外支出”或者“营业外收入”科目；因出售转让等原因产生的净损益记入“资产处置损益——固定资产处置损益”科目。

无形资产是指物流企业拥有或控制的没有实物形态的可辨认的非货币性资产。无形资产的特征有以下几个方面：没有实物形态；将在较长时期内为企业提供经济利益；所提供的未来经济利益具有高度不确定性；企业持有无形资产的目的是生产商品、提供劳务、出租给他人或是用于企业的管理而不是其他方面。

无形资产的内容：专利权、商标权、非专利技术、著作权、土地使用权和特许权等。

无形资产的确认条件：符合无形资产的定义；与该无形资产相关的预计未来经济利益很可能流入企业；无形资产的成本能够可靠地计量。

无形资产的初始计量：购入的无形资产、自行开发的无形资产、投资者投入的无形资产，其入账价值不尽相同，初始计量也有不同之处。

无形资产的后续计量：无形资产摊销主要涉及三个方面的问题，即使用寿命的确定、摊销方法的选择和摊销金额的列支去向。其摊销主要采用直线法进行。

无形资产的处置：无形资产的处置，主要指无形资产出售、对外出租、对外捐赠，或者是无法为企业带来未来经济利益时，应予终止确认。无形资产处置时，应注销被处置无形资产的净值，并确认净损益。因丧失使用功能或因自然灾害发生毁损等原因而报废产生的净损益记入“营业外支出”或者“营业外收入”科目，因出售转让等原因产生的净损益记入“资产处置损益——无形资产处置损益”科目。

■ 思考题

1. 什么是固定资产？它有哪些特征？

2. 固定资产可分为哪几类？各类固定资产如何定义？

3. 我国对固定资产的折旧范围是如何规定的？

4. 固定资产的折旧方法有哪些？这些方法各有什么特点？

5. 不同形式的固定资产的后续支出，应当如何进行会计处理？

6. 物流企业无形资产的确认应满足哪几个条件？

7. 物流企业无形资产的摊销期限是如何规定的？一般有哪些摊销方法？我国企业通常采用什么摊销方法？

8. 终止确认的固定资产和无形资产，应如何确定其处置损益？

■ 案例

1. 东方物流公司发生一项固定资产出售业务，其凭证为：

借：银行存款	80 000	
累计折旧	20 000	
贷：固定资产		100 000

该公司收到由购买固定资产单位支付的款项20 000元，其相应凭证为：

借：银行存款	20 000	
贷：其他应付款		20 000

要求：东方物流公司固定资产出售业务处理存在哪些问题？该如何正确处理？

提示：没有在“固定资产清理”账户中核算出售过程。

2. 如果你是东方物流公司的财务主管，总经理认为本年内发生的费用太多，本年的利润指标可能完成不了，因此想让你将公司的一项使用年限为10年的无形资产改为使用年限不确定的无形资产，这样就不用对无形资产进行摊销了，那么管理费用就少了，利润指标也就能够完成了。

要求：作为财务主管，你应该怎样对待总经理提出的要求？

第7章 负债

学习目标

通过本章的学习，要求学生了解负债产生的原因和偿还方式；理解负债的基本内容、负债的分类；掌握短期借款、应付款项、应付职工薪酬、应交税费等流动负债、长期借款、应付债券的会计处理。

负债是指企业过去的交易或事项形成的、预期会导致经济利益流出企业的现时义务。物流企业在经营过程中常常会因资金不足而向银行借款，因购买物资、接受劳务而产生应付款项、应付职工薪酬，因预收款而形成预收款项，因未缴纳税款而产生应交税费，因发行债券而产生应付债券等负债项目。负债是企业承担的现时义务，负债的发生与偿还都影响到企业的财务状况与经营成果，其核算与监督是物流企业会计的一项重要内容。

7.1 流动负债

本节主要介绍流动负债的概念、特征、内容以及流动负债的核算。

7.1.1 流动负债概述

负债包括的内容很多，按偿还期限的长短，可分为流动负债和非流动负债。流动负债是指在一年以内或者超过一年的一个营业周期内偿还的债务，包括短期借款、应付账款、应付票据、应付职工薪酬、应交税费、其他应付款等。

除了具有负债的基本特征以外，流动负债还具有以下特点：

① 偿还期限短。流动负债一般是指偿还期在一年以内或者超过一年的一个营业周期之内的债务。

② 企业举债目的是满足经营周转资金的需要。流动负债的资金一般用以补充企业经营过程中流动资金的需要。

③ 负债的数额相对较小。与非流动负债比较而言，流动负债具有金额小、期限短等特点。

④ 负债一般以物流企业的流动资金来偿付。流动负债的偿还一般是以企业的货币资产或其他流动性实物资产来完成的。物流企业应根据流动负债的特点，加强对流动负债的管理与核算，及时筹措资金，按期偿还各项债务，严格遵守信贷和结算纪律，加速资金周转。

7.1.2 短期借款

1）短期借款的含义及分类

短期借款是指企业向银行或其他金融机构等借入的期限在一年以下（含一年）的各种借款。对物流企业来讲，短期借款一般是企业为维持正常经营所需资金或者为偿还某项债务而借入的款项。

短期借款按照目的和用途不同，可分为经营周转借款、临时借款、结算借款和票据贴现借款等。

① 经营周转借款。经营周转借款是企业因流动资金不能满足正常经营需要，而向银行或其他金融机构取得的借款。办理该项借款时，企业应按有关规定向银行提出年度、季度借款计划，经银行核定后，在借款计划之内根据借款借据办理借款。

② 临时借款。临时借款是指企业因季节性和临时性客观原因，在正常周转的资金不能满足需要时，超过经营周转借款而借入的短期借款。临时借款实行“逐笔核贷”的办法，借款期限一般为3至6个月，按规定用途使用，并按核算期限归还。

③ 结算借款。结算借款是指在采用托收承付结算方式办理款项结算的情况下，企业为解决商品发出或劳务提供后至收到托收款项前的在途资金需要而借入的款项。企业在商品发出或劳务提供后的规定期间（一般为3天，特殊情况最长不超过7天）内向银行托收的，可申请托收承付结算借款。借款金额通常按托收金额和约定的折扣率进行计算，大致相当于提供劳务的成本加代垫运杂费。企业的款项收回后，银行将自行扣回其借款。

④ 票据贴现借款。持有银行承兑汇票或商业承兑汇票的企业，发生经营周转困难时，可申请票据贴现借款，其期限一般不超过3个月。票据贴现借款额一般是票据的票面金额扣除贴现息后的金额，贴现借款的利息即为票据贴现息，由银行办理贴现时先行扣除。

2）短期借款的核算

为了总括地核算和监督短期借款的取得和偿还情况，应设置“短期借款”科目。该科目属于负债类，专门用来核算企业借入期限在一年以内或超过一年的一个经营周期以内的各种借款。该账户贷方登记企业取得的各种短期借款的数额；借方登记企业归还的各种短期借款数额；期末余额在贷方，表示企业尚未偿还的短期借款的数额。“短期借款”科目可按债权人设置明细账，并按借款种类和币种进行明细核算。

企业取得的短期借款需按照合同规定支付利息，用于经营周转所借入的短期借款利息支出，应作为财务费用计入当期损益。由于利息支付的方式不同，其会计核算也不完全一样。短期借款的利息结算方式分为按月支付、按季支付、按半年支付和到期一次还本付息。如果企业的短期借款利息按月支付，或者利息是在借款到期归还本金时一并支付、且数额不大的，可以在实际支付或收到银行的计息通知时，直接记入“财务费用”科目。如果短期借款的利息按期支付（如按季或按半年），或者利息是在借款到期归还本金时一并支付、且数额较大的，为了正确计算各期的盈亏，应采用预提的办法，先按月预提，需设置“应付利息”科目。“应付利息”科目是用来核算企业按照约定应支付而尚未支付利息形成的负债。在预提各期借款利息时，借记“财务费用”等科目，贷记“应付利息”科目；实际支付利息时，按实际支付利息的金额，借记“应付利息”科目，贷记“银行存款”科目。“应付利息”科目的期末余额在贷方，表示企业尚未支付的借款利息。

［例7-1］东方物流公司于2×21年1月1日向银行借入期限为9个月、年利率为4.5%的短期借款40万元，该借款的利息按季支付，本金到期归还。东方物流公司的相关会计处理如下：

①1月1日取得短期借款时：

借：银行存款　　400 000

　贷：短期借款　　400 000

②1月末预提当月短期借款利息时：

1月份利息=400 000×4.5%÷12=1 500（元）

借：财务费用　　1 500

　贷：应付利息　　1 500

2月末预提当月利息的处理与1月末相同。

③3月末支付本季度应付利息时：

借：财务费用　　1 500

　　应付利息　　3 000

　贷：银行存款　　4 500

第二季度、第三季度的账务处理同上。

④9月末偿还借款本金时：

借：短期借款　　400 000

　贷：银行存款　　400 000

7.1.3 应付款项

物流企业在经营过程中，往往与其他单位或个人发生一定的经济往来。在这些经济往来中，由于购买商品、接受劳务供应等商品交易和业务活动形成的企业承担的必须用资产或劳务在短期内偿还的债务，一般称为应付款项。应付款项通常包括应付票据、应付账款、预收账款等。

1）应付票据

（1）应付票据的含义

应付票据是由出票人出票，委托付款人在指定日期无条件支付确定的金额给收款人或者持票人的票据。应付票据与应付账款不同，虽然都是由于交易而引起的流动负债，但应付账款是尚未结清的债务，而应付票据是一种期票，是延期付款的证明，有承诺付款的票据作为凭据。在我国，企业的应付票据主要指的是商业汇票。按照票面是否载明利率，应付票据分为带息票据和不带息票据。由于应付票据的期限较短，不论是否带息，我国会计实务中，一般都采用按票据的面值记账的方法。

（2）应付票据的核算

为了反映和监督应付票据的发生、偿付等情况，企业应设置“应付票据”科目。该科目属于负债类科目，贷方登记企业开出并经承兑的商业汇票面值及按期计提的带息票据的应付利息，借方登记企业到期支付或无力支付而转出的应付票据本息，期末贷方余额反映企业持有尚未到期的应付票据本息。对于带息票据，企业应当于中期期末和年度末计提应付票据利息，计入财务费用。企业应当设置“应付票据备查簿”，详细登记每一应付票据的种类、号数、签发日期、到期日、票面金额、票面利率、合同交易号、收款人姓名或单位名称，以及付款日期和金额等资料。应付票据到期结清时，应当在备查簿内逐笔注销。

应付票据到期，若企业无力支付票款，属商业承兑汇票的，应按应付票据账面余额转入“应付账款”科目的贷方，属银行承兑汇票的，应按应付票据账面余额转入“短期借款”科目的贷方。到期不能支付的带息应付票据，转入“应付账款”等科目后，期末不再计提利息。

［例7-2］东方物流公司于2×21年7月1日从安阳汽车零件厂购入离合器压板100块，每块320元，货款32 000元，增值税为4 160元，该公司同时签发并承兑一张为期3个月、面值为36 160元的不带息商业承兑汇票，离合器压板已验收入库。则东方物流公司的相关会计处理如下：

①2×21年7月1日购入离合器压板时：

借：原材料——离合器压板	32 000	
应交税费——应交增值税（进项税额）	4 160	
贷：应付票据——安阳汽车零件厂		36 160

②2×21年10月1日到期付款时：

借：应付祟据——安阳汽车零件厂	36 160	
贷：银行存款		36 160

③若上述票据到期，公司无力支付货款：

借：应付票据——安阳汽车零件厂	36 160	
贷：应付账款——安阳汽车零件厂		36 160

［例7-3］东方物流公司于2×21年6月1日从大发轮胎厂购入轮胎60只，每只800元，货款共计48 000元，增值税为6 240元，该公司同时签发并承兑一张为期3个月、面值为54 240元的带息银行承兑汇票，年利率为5%，轮胎已验收入库。东方物流公司的相关会计处理如下：

①2×21年6月1日购入轮胎时：

借：原材料——轮胎	48 000	
应交税费——应交增值税（进项税额）	6 240	
贷：应付票据——大发轮胎厂		54 240

②2×21年6月末，计算应付利息时：

月应付利息=54 240×5%÷12=226（元）

借：财务费用	226	
贷：应付票据——大发轮胎厂		226

③2×21年9月1日付款时：

借：应付票据——大发轮胎厂	54 692	
财务费用	226	
贷：银行存款		54 918

2）应付账款

应付账款是企业因购买材料、商品或接受劳务供应等业务，应向供应单位支付的款项，是买卖双方在购销活动中由于取得物资与支付货款在时间上不一致而产生的负债。应付账款是生产企业和商业企业中最常见、最普遍的流动负债项目。对于物流企业来讲，其采购业务量通常较小，采购的主要是包装物、修理用的备品备件、加工业务需要的零星材料、轮胎、燃料、管理用具以及修理用具等。当物流企业发生了上述采购业务而尚未支付款项时，就形成了应付账款。物流企业在提供物流服务以及企业管理过程中耗用的水、电等形成的应付未付的水电费，也是物流企业应付账款核算的内容。

（1）应付账款的确认与计量

应付账款入账时间的确定，应以与所购物资所有权有关的风险和报酬已经转移或劳务已经接受为标志。但在实际工作中，应区别情况处理：在物资和发票账单同时到达的情况下，应付账款一般待物资验收入库后，才按发票账单登记入账；在物资已验收入库、发票账单未到的情况下，应付账款可暂不入账，月份内等收到账单后再根据实际情况处理；至月份终了仍未收到发票账单的，应按估计价或计划价暂估入账，下月初再用红字冲回，待以后收到发票账单时，再按具体情况处理。

现行制度规定，应付账款按照到期应付金额（即实际应付金额）入账。在存在购货折扣的情况下，若是商业折扣，应付账款应按扣减商业折扣以后的实际购买价来计量。

（2）应付账款的核算

为了总括反映和监督物流企业因购买材料、商品和接受劳务供应等产生的债务及其偿还情况，企业应设置“应付账款”科目。该科目属于负债类科目，贷方登记物流企业购买材料、包装物、备品备件等应付而未付的款项；借方登记偿还的应付账款以及用商业汇票抵付的应付账款；期末贷方余额反映尚未偿还或抵付的应付账款。该账户应按债权人设置明细账，进行明细核算。物流企业购买的油品、包装材料、备品备件等物资如用于增值税应税项目，其购入物资的增值税可以抵扣，不计入所采购物资的成本。所以在所采购物资验收入库时，应按购入存货的实际成本借记“原材料”“周转材料”等科目，按支付的增值税借记“应交税费——应交增值税（进项税额）”科目，贷记“应付账款”科目；支付款项时，借记“应付账款”科目，贷记“银行存款”科目。

［例7-4］东方物流公司于2×21年4月1日向天福炼油厂采购柴油40 000升，柴油已验收入库，货款暂欠。已收到结算凭证，增值税专用发票上记载柴油20 000升，每升6元，价款共计120 000元、增值税15 600元，共计135 600元。4月16日东方物流公司用银行存款支付此笔款项。东方物流公司的相关会计处理如下：

①材料验收入库时：

借：原材料——柴油	120 000	
应交税费——应交增值税（进项税额）	15 600	
贷：应付账款——天福炼油厂		135 600

②实际支付款项时：

借：应付账款——天福炼油厂	135 600	
贷：银行存款		135 600

3）合同负债

合同负债是指企业已收或应收客户对价而应向客户转让商品的义务。需要说明的是，对于尚未向客户履行转让商品的义务而已收或应收客户对价中的增值税部分，因不符合合同负债的定义，不应确认为合同负债。

［例 7-5］按照合同规定，2×21 年 9 月 8 日，东方物流公司收到丁公司预付的运输款包含增值税合计 6 540 元。9 月 15 日，东方物流公司向丁公司提供运输服务，该业务使用的增值税税率为 9%。则东方物流公司的相关会计处理如下：

①9 月 8 日公司收到丁公司预付的运输款时：

借：银行存款	6 540	
贷：合同负债		6 000
应交税费——待转销项税额		540

②9 月 15 日公司向丁公司提供劳务时：

借：合同负债	6 000	
应交税费——待转销项税额	540	
贷：主营业务收入		6 000
应交税费——应交增值税（销项税额）		540

如果物流企业的预收账款不多，也可以不设置“合同负债”科目，而是直接将预收的款项记入“应收账款”科目进行核算。

7.1.4 应付职工薪酬

1）职工薪酬的内容

职工薪酬是指企业为获得职工提供的服务或解除劳动关系而给予的各种形式的报酬或补偿。职工薪酬不仅包括企业一定时期支付给全体职工的劳动报酬总额，也包括按照工资的一定比例计算并计入成本费用的其他相关支出。从广义上讲，职工薪酬是企业必须付出的人力成本，是吸引和激励职工的重要手段，也就是说，职工薪酬是职工对企业投入劳动获得的报酬，也是企业的成本费用。物流企业的组织形式不同、规模不同，其劳动用工的形式也不同。目前，我国各类物流企业的劳动用工形式包括与企业签订合同的全职人员、兼职人员以及临时人员。还有相当一部分物流企业为了更好地适应市场竞争环境，增强竞争力，提高效率，通过与劳动者签订劳务用工合同，将这部分劳动者纳入物流企业的用工计划和控制之下，促使其有序地为物流企业提供服务。这些人员都属于物流企业的职工，因其为企业提供服务而由企业支付的各种形式的报酬及相关支出都属于物流企业的职工薪酬。企业提供给职工配偶、子女、受赡养人、已故员工遗属和其他受益人等的福利，也属于职工薪酬。

具体而言，物流企业的职工薪酬包括短期薪酬、离职后福利、辞退福利和其他长期职工薪酬。短期薪酬是指企业在职工提供相关服务的年度报告期间结束后12个月内需要全部予以支付的职工薪酬，因解除职工的劳动关系给予的补偿除外。短期薪酬主要包括：①职工工资、奖金、津贴和补贴；②职工福利费，是指企业为职工集体提供的福利，如职工生活困难补助等；③医疗保险费、工伤保险费和生育保险费等社会保险费；④住房公积金，是指企业按照国务院《住房公积金管理条例》规定的基准和比例计算，向住房公积金管理机构缴存的住房公积金；⑤工会经费和职工教育经费，是企业为了改善职工文化生活、提高职工业务素质、用于开展工会活动和职工教育及职业技能培训，根据国家规定的基准和比例，从成本费用中提取的金额；⑥短期带薪缺勤，是指支付工资或提供补偿的职工缺勤，包括年假、病假、短期伤残假、婚假、产假、丧假、探亲假等；⑦短期利润分享计划，是指企业因职工提供服务而与职工达成的基于利润或其他经营成果为标准计算并提供薪酬的协议；⑧非货币性福利，包括企业以自产产品或外购商品等非货币性资产发放给职工作为福利、企业将向自己拥有的资产无偿提供给职工使用、企业为职工无偿提供商品或类似医疗保健服务等。

离职后福利，是指企业为获得职工提供的服务而在职工退休或与企业解除劳动关系后提供的各种形式的报酬和福利。辞退福利，是指企业在职工劳动合同到期之前解除与职工的劳动关系，或者为鼓励职工自愿接受裁减而给予职工的补偿。其他长期职工福利，是指除短期薪酬、离职后福利、辞退福利之外所有的职工薪酬，包括长期带薪缺勤、长期残疾福利、长期利润分享计划等。

这里主要以工资、福利费和住房公积金为例介绍物流企业职工薪酬的核算。

2）应付职工薪酬的核算

（1）科目设置

为了总括地核算企业应付职工薪酬的结算和分配情况，应设置“应付职工薪酬”科目，核算物流企业应付职工薪酬的分配、支付等业务。该科目属于负债类科目，贷方登记当月应发放的职工薪酬数额，借方登记企业实际发放职工薪酬的数额，期末余额一般在贷方，反映企业应付未付的职工薪酬。该科目可按职工薪酬的内容设置“工资”“职工福利”“社会保险费”“住房公积金”“工会经费”“职工教育经费”“非货币性福利”“辞退福利”“股份支付”等明细科目进行核算。

（2）应付职工薪酬的确认

物流企业应当在职工为其服务的会计期间，将应付职工薪酬确认为对职工的一项负债，记入“应付职工薪酬”科目的贷方，并根据职工提供服务的受益对象的不同，分别以下情况处理：

① 直接提供物流服务人员的薪酬，应计入主营业务成本。如果物流企业为客

户提供的物流服务可一次性完成或者其开始与完成属于同一会计期间，可于当期直接记入“主营业务成本”科目，并根据物流服务的类别分别记入“运输成本”“配送成本”等明细科目；如果物流企业为客户提供的物流服务的开始与完成分属不同会计期间的，则直接提供物流服务人员的职工薪酬，应先记入“劳务成本”科目，在资产负债表日再根据规定的收入、费用计算方法计算本期应承担的劳务成本，转入“主营业务成本”科目及相应的明细科目。

② 业务部门管理人员和技术人员的薪酬，应记入“营运间接费用”科目，待期末根据一定标准，在各项劳务业务间进行分配，转入“劳务成本”或“主营业务成本”科目。

③ 物流企业行政管理部门的职工薪酬应记入“管理费用”科目。

④ 业务承揽部门的职工薪酬应记入“销售费用”科目。

⑤ 企业工程建设人员和无形资产开发人员的职工薪酬，应记入“在建工程”或“研发支出”科目。

在此基础上，再根据有关代扣款项凭证计算实际应发给每一职工的金额，一般情况下，应按照部门分别编制“工资结算表”，企业也可根据本单位的实际需要设计该表的格式与内容。

（3）工资的核算

物流企业的工资是物流企业使用职工的知识、技能、时间和精力而给予职工的一种补偿（报酬），应付工资是职工薪酬的重要组成部分。企业应该根据每月计算出的每位职工的工资、奖金、津贴、补贴、加班加点工资和特殊情况下支付的工资等应付职工工资总额和实际支付工资总额分别进行确认。在计算应该发放的工资总额时，借记“劳务成本”“主营业务成本”“营运间接费用”“管理费用”“销售费用”“在建工程”“研发支出”等科目，贷记“应付职工薪酬——工资”科目；实际发放工资时，按照实际支付总额，借记“应付职工薪酬——工资”科目，贷记“银行存款”或“库存现金”科目；按代扣代缴的个人所得税金额，借记“应付职工薪酬——工资”科目，贷记“应交税费——应交个人所得税”科目；代扣代缴职工保险费、住房公积金等时，借记“应付职工薪酬——工资”科目，贷记“其他应付款”或“其他应收款”科目。

［例7-6］东方物流公司编制的2×21年10月工资结算汇总表见表7-1。相关会计处理如下：

①东方物流公司确认本月工资费用时：

借：主营业务成本——仓储成本	64 400	
——装卸成本	46 000	
辅助营运费用	18 150	
营运间接费用	11 690	
管理费用	16 120	
贷：应付职工薪酬——工资		156 360

表7-1

工资结算汇总表

2×21年10月

单位：元

部门及人员	工资标准	缺勤应扣工资		应发标准工资	工资性津贴和补贴		奖金	应发工资合计	非工资性津贴		代扣款项						实发金额
		病假工资	事假工资		副食品补贴	中夜班津贴			车贴	房贴	住房公积金	养老保险	医疗保险	失业保险	个人所得税	合计	
仓储人员工资	44 400	48	192	44 160	1 700	340	18 200	64 400	800	110	4 466	5 104	1 276	638	600	12 084	53 226
装卸人员工资	30 800	60		30 740	1 200	260	13 800	46 000	640	68	3 192	3 648	912	456	400	8 608	38 100
修理人员工资	13 500		80	13 420	500		4 230	18 150	320	34	1 260	1 440	360	180	150	3 390	15 114
物流管理人员工资	8 400			8 400	300		2 990	11 690	280	28	812	928	232	116	90	2 178	9 820
行政管理人员工资	12 000	70		11 930	400		3 790	16 120	240	32	1 120	1 280	320	160	120	3 000	13 392
合计	109 100	178	272	108 650	4 100	600	43 010	156 360	2 280	272	10 850	12 400	3 100	1 550	1 360	29 260	129 652

②实际支付工资时：

借：应付职工薪酬——工资　　129 652

　贷：银行存款　　129 652

③代扣个人所得税时：

借：应付职工薪酬——工资　　1 360

　贷：应交税费——应交个人所得税　　1 360

④代扣住房公积金和保险费时：

借：应付职工薪酬——工资　　27 900

　贷：其他应付款　　27 900

（4）福利费的核算

企业因雇用员工，应该承担为员工提供必要福利待遇的责任，这项责任在尚未履行或尚未全部履行时，就形成了一项应付职工的负债。职工福利费主要用于职工医疗卫生费用和困难补助。为了保证职工的身体健康和提高职工的福利待遇，根据国家规定，企业发生的合理的职工福利费可以在成本费用中据实列支，有关职工福利费的发放和确认通过“应付职工薪酬——职工福利”科目进行核算。企业支付职工福利费时，应按照所支付福利费的金额，记入“应付职工薪酬”科目的借方，同时记入“银行存款”等资产类科目的贷方；按福利费实际发生金额列支职工福利费时，应按照列支金额记入“劳务成本”“主营业务成本”“营运间接费用”“管理费用”“销售费用”“在建工程”“研发支出”等科目，同时记入“应付职工薪酬”科目的贷方。职工福利费的列支口径与工资费用相同，按照职工服务的不同岗位，分别在不同的成本费用科目中列支。

［例7-7］东方物流公司于2×21年10月向职工发放困难补助21 890元。其中：仓储人员的困难补助为9 016元；装卸人员的困难补助为6 440元；修理人员的困难补助为2 541元；物流管理人员的困难补助为1 636元；行政管理人员的困难补助为2 257元。相关会计处理如下：

① 支付福利费：

借：应付职工薪酬——职工福利　　21 890

　贷：库存现金　　21 890

②分配福利费：

借：主营业务成本——仓储成本　　9 016

　　　　　　　　——装卸成本　　6 440

　　辅助营运费用　　2 541

　　营运间接费用　　1 636

　　管理费用　　2 257

　贷：应付职工薪酬——职工福利　　21 890

(5) 职工社会保险费、住房公积金、职工教育经费和工会经费的核算

企业为职工缴纳的医疗保险费、工伤保险费、生育保险费等和住房公积金以及用于职工教育的职工教育经费和向工会部门缴纳的工会经费，应当在职工为企业提供服务的会计期间，根据工资总额的一定比例计算，在成本费用中列支。其列支范围与工资基本相同。

[例7-8] 东方物流公司2×21年11月按工资总额的一定比例计算的应为职工缴纳的住房公积金为43 780元。其中：仓储人员的住房公积金为18 032元；装卸人员的住房公积金为12 880元；修理人员的住房公积金为5 082元；物流管理人员的住房公积金为3 273元；行政管理人员的住房公积金为4 513元。相关会计处理如下：

①分配职工住房公积金时：

借：主营业务成本——仓储成本	18 032	
——装卸成本	12 880	
辅助营运费用	5 082	
营运间接费用	3 273	
管理费用	4 513	
贷：应付职工薪酬——住房公积金		43 780

②向相关部门缴纳住房公积金时：

借：应付职工薪酬——住房公积金	43 780	
贷：库存现金		43 780

7.1.5 应交税费

自2013年8月1日起，在全国范围内开展交通运输业和部分现代服务业营业税改征增值税（以下简称“营改增”）试点。仓储服务和装卸搬运服务等物流辅助服务包括在“营改增”试点的现代服务业中。因此，物流企业提供的仓储、装卸、运输各项物流服务从2013年8月1日起需要缴纳增值税。2016年3月24日，财政部、国家税务总局向社会公布了《营业税改征增值税试点实施办法》。经国务院批准，自2016年5月1日起，在全国范围内全面推开“营改增”试点，建筑业、房地产业、金融业、生活服务业等全部营业税纳税人，纳入试点范围，由缴纳营业税改为缴纳增值税。根据税法规定，物流企业应缴纳的税费还有：城市维护建设税、教育费附加、所得税、土地增值税、房产税、车船税、印花税、车辆购置税等。

1）科目设置

为总括反映各种税费的缴纳情况，物流企业应设置“应交税费”科目。该科目属于负债类科目，贷方登记应该缴纳的各种税费，借方登记实际缴纳的税费，期末如为贷方余额，反映企业尚未缴纳的税费；期末如为借方余额，反映企业多交或尚未抵扣的税费。本科目可按应交的税费项目进行明细核算。企业代扣代缴的个人所得税等，也通过本科目核算。需要注意的是，物流企业应缴纳的印花税、车辆购置

税不需通过该科目进行核算。

2）应交增值税

增值税是对在我国境内销售货物，提供加工、修理修配劳务（以下简称提供应税劳务），销售服务、无形资产及不动产（以下简称发生应税行为），以及进口货物的企业单位和个人，就其销售货物、提供应税劳务、发生应税行为的增值额和货物进口金额为计税依据而课征的一种流转税。2013年8月1日起，交通运输业和部分现代服务业开始“营改增”试点，纳入到增值税的征收范围之中，物流企业成为增值税的纳税人。按其经营规模及会计核算的健全程度，物流企业分为一般纳税人和小规模纳税人两类，这两类纳税人有关增值税的征税办法与会计处理均不相同。

（1）一般纳税人的核算

一般纳税人当期应纳增值税税额，采用进项税额抵扣销项税额的方法计算确定，即：

一般纳税人应交增值税=销项税额-进项税额

当期销项税额小于当期进项税额不足抵扣时，不足部分可以结转下期继续抵扣。

进项税额是指物流企业因提供增值税应税劳务而购进货物、接受加工修理修配劳务和应税服务，支付或者负担的增值税税额；销项税额是指物流企业提供应税服务按照销售额和增值税税率计算的增值税。销项税额的计算公式：

销项税额=销售额×税率

销售额不包括销项税额，纳税人采用销售额和销项税额合并定价方法的，按照下列公式计算销售额：

销项税额=含税销售额÷（1+税率）

提供交通运输业服务，税率为9%；提供仓储和装卸搬运服务等物流辅助服务，税率为6%。

为了核算一般纳税人应交增值税及其缴纳情况，应在“应交税费”科目下设置“应交增值税”明细科目，并分别设置“销项税额”“进项税额”“已交税金”等专栏，分别反映提供增值税应税劳务时收取的增值税销项税额，为提供增值税应税劳务而购入材料、接受应税劳务时支付的增值税进项税额，缴纳的增值税，期末贷方余额为本期应该缴纳而尚未缴纳的增值税，借方余额为在以后期间可以继续抵扣的进项税额或多交的增值税。

物流企业购进材料或接受应税劳务用于提供增值税应税劳务时，应根据取得的增值税专用发票上注明的增值税税额，借记“应交税费——应交增值税（进项税额）”科目，贷记“银行存款”等科目；提供增值税应税劳务并收取价款时，按照应收取的增值税，借记“银行存款”等科目，贷记“应交税费——应交增值税（销项税额）”科目；实际缴纳增值税时，借记“应交税费——应交增值税（已交税金）”科目，贷记“银行存款”等科目。

［例7-9］东方物流公司为增值税一般纳税人，2×21年6月，购入汽油3 000升

用于运输车辆，取得的增值税专用发票上注明：价款20 000元，增值税2 600元，汽油已验收入库，全部款项已通过银行转账支付。6月份提供运输服务并收取价款40 000元、增值税3 600元，款项已全部收到并存入银行。6月份应交增值税于7月5日通过银行缴纳。作会计分录如下：

①购入汽油时：

借：原材料——燃料　　20 000

　　应交税费——应交增值税（进项税额）　　2 600

　贷：银行存款　　22 600

②取得运输收入时：

借：银行存款　　43 600

　贷：主营业务收入——运输收入　　40 000

　　　应交税费——应交增值税（销项税额）　　3 600

③7月5日，缴纳增值税时：

借：应交税费——应交增值税（已交税金）　　1 000

　贷：银行存款　　1 000

（2）小规模纳税人的核算

小规模纳税人应纳增值税税额，按照销售额和规定的征收率确定，即：

小规模纳税人应纳增值税=不含税的销售额×征收率

小规模纳税人适用的征收率为3%。

为进一步支持小微企业发展，《关于明确增值税小规模纳税人免征增值税政策的公告》（财政部 税务总局公告2021年第11号）规定：自2021年4月1日至2022年12月31日，对月销售额15万元以下（含本数）的增值税小规模纳税人，免征增值税。

为核算小规模纳税人的应交增值税及其缴纳情况，应在“应交税费”科目下设置“应交增值税”明细科目，贷方登记应缴纳的增值税，借方登记实际缴纳的增值税，期末贷方余额表示尚未缴纳的增值税，期末借方余额表示多交的增值税。

小规模纳税人购进材料或接受应税劳务支付的增值税不能进项抵扣，在发生时直接计入所购材料或应税劳务成本。提供增值税应税劳务时，按照计算的应该缴纳的增值税，借记“银行存款”等科目，贷记“应交税费——应交增值税”科目；实际缴纳增值税时，借记“应交税费——应交增值税”科目，贷记“银行存款”等科目。

［例7-10］沙通公司是一家物流企业，为增值税小规模纳税人，适用的增值税征收率为3%。2×21年7月提供仓储服务实现的含税收入为41 200元，款项已全部收到并存入银行。8月5日，通过银行缴纳了7月份的增值税。作会计分录如下：

①取得仓储收入时：

不含增值税收入=41 200÷（1+3%）=40 000（元）

应交增值税=40 000×3%=1 200（元）

借：银行存款 41 200

贷：主营业务收入——仓储收入 40 000

应交税费——应交增值税 1 200

②8月5日，缴纳增值税时：

借：应交税费——应交增值税 1 200

贷：银行存款 1 200

3）应交城市维护建设税

城市维护建设税，简称城建税，是国家为了加强城市、乡镇的维护建设，扩大和稳定城乡维护建设资金的来源，而向有生产、经营收入的单位和个人征收的税种。它以纳税人依法实际缴纳的增值税、消费税税额（以下简称两税税额）为计税依据。依法实际缴纳的两税税额，是指纳税人依照增值税、消费税相关法律法规和税收政策规定计算的应当缴纳的两税税额（不含因进口货物或境外单位和个人向境内销售劳务、服务、无形资产缴纳的两税税额），加上增值税免抵税额，扣除直接减免的两税税额和期末留抵退税退还的增值税税额后的金额。直接减免的两税税额，是指依照增值税、消费税相关法律法规和税收政策规定，直接减征或免征的两税税额，不包括实行先征后返、先征后退、即征即退办法退还的两税税额。其纳税人为缴纳增值税、消费税的单位和个人，因纳税人所在地不同，税率为1%~7%不等。应交城建税税额的计算公式为：

$$\text{应交城建税税额}=\left(\text{实际缴纳的增值税}+\text{实际缴纳的消费税}+\text{增值税免抵税额}-\text{直接减免的两税税额和期末留抵退税退还的增值税税额后的金额}\right)\times\text{适用税率}$$

为了核算城建税的应交及实际缴纳的情况，企业应在“应交税费”科目下设置“应交城市维护建设税”明细科目。该科目贷方登记应缴纳的城建税，借方登记已缴纳的城建税，期末贷方余额为尚未缴纳的城建税。计算出应缴纳城建税时，借记“税金及附加”等科目，贷记“应交税费——应交城市维护建设税”科目。

［例7-11］东方物流公司2×21年3月份实际应缴纳增值税69 000元，按7%的税率计算应交城建税，并于次月初通过银行缴纳。相关账务处理如下：

①计算应交城建税时：

本月应交城建税=69 000×7%=4 830（元）

借：税金及附加 4 830

贷：应交税费——应交城市维护建设税 4 830

②实际缴纳时：

借：应交税费——应交城市维护建设税 4 830

贷：银行存款 4 830

4）应交教育费附加

教育费附加是为了发展地方性教育事业，扩大地方教育经费的资金来源，而对缴纳增值税、消费税的单位和个人征收的一种附加费。教育费附加计征依据与城市维护建设税计税依据一致。企业按应交的教育费附加，借记“税金及附加”科目，贷记“应交税费——应交教育费附加”科目。

［例7-12］东方物流公司按税法规定计算2×21年3月份应缴纳教育费附加2 070元，于4月初用银行存款缴纳。

①计算应交教育费附加时：

借：税金及附加	2 070	
贷：应交税费——应交教育费附加		2 070

②实际缴纳时：

借：应交税费——应交教育费附加	2 070	
贷：银行存款		2 070

7.1.6 应付股利

应付股利是指企业经董事会或股东大会决议进行利润分配时，确定以现金形式向股东派发的股利或利润。企业自确定并宣告分派现金股利或利润之日起，就形成对股东承担的一项流动负债。

为了核算企业分配的现金股利或利润，物流企业应设置“应付股利”科目。该科目属于负债类科目，贷方登记企业根据股东大会或类似机构审议批准的利润分配方案应支付的现金股利或利润数额，借方登记实际支付的现金股利或利润数额。本科目期末贷方余额，反映企业应付未付的现金股利或利润数额。该科目可按投资者进行明细核算。

对董事会或类似机构通过的利润分配方案中拟分配的现金股利或利润，不作账务处理，但应在附注中披露。另外需要说明的是，企业以股票股利（即送股）形式分配的股利，不属于应付股利的核算内容。股票股利实际上是将企业的未分配利润转作股东的股本处理，是企业股东权益内部的结构调整，不会导致经济利益流出企业。

［例7-13］东方物流公司于2×21年4月1日经股东大会表决通过，确定并宣告向股东分派现金股利375 000元。现金股利发放日为2×21年4月28日。该公司的相关账务处理如下：

①4月1日，宣告分派现金股利时：

借：利润分配——应付现金股利	375 000	
贷：应付股利		375 000

②4月28日派发现金股利时：

借：应付股利	375 000	
贷：银行存款		375 000

7.1.7 其他应付款

物流企业除了有短期借款、应付及预收款项、应付职工薪酬、应交税费、应付股利等流动负债外，经营过程中还有其他暂收应付款项，以及因经营活动的需要而代联运单位向客户收取的物流服务款项等其他应付款项。物流企业的其他应付款包括应付给联运企业的代收运输费、代收客票或代为承揽业务而代收的营业款、应付租入包装物租金、出租或出借包装物向客户收取的押金、存入保证金等。

为了正确核算发生的各项其他应付款项，物流企业应设置“其他应付款”科目核算其他应付款的增减变动及结存情况。该科目属于负债类科目，贷方登记企业发生的其他各种应付、暂收款项；借方登记支付的其他各种应付、暂收款项；期末贷方余额，反映企业应付未付的其他应付款项。本科目可按其他应付款的项目和对方单位（或个人）进行明细分类核算。

［例7-14］东方物流公司2×21年1月1日向客户出借一批包装箱，收到现金押金5 000元；2×21年3月31日，客户将该批完好无损的包装箱还回，东方物流公司于当日退还其现金押金5 000元。东方物流公司应编制如下会计分录：

①1月1日，收到押金：

借：库存现金	5 000	
贷：其他应付款		5 000

②3月31日，退还押金：

借：其他应付款	5 000	
贷：库存现金		5 000

7.2 非流动负债

物流企业的非流动负债是指流动负债以外的负债，主要包括长期借款、应付债券和长期应付款以及预计负债等等。本节主要介绍非流动负债中长期借款与应付债券的核算。

7.2.1 长期借款

长期借款是指物流企业从银行、其他金融机构或其他单位借入的、偿还期在一年以上（不含一年）的各种借款。物流企业属于资金密集型企业，取得土地使用权、增加或更新固定资产、开发管理用软件、建造堆场或仓库、受让股权等都需要大量资金。当物流企业自有资金不足时，需要从银行等金融机构取得长期借款，以满足企业战略投资或保持长期经营能力等方面的需要。长期借款是物流企业非流动负债的重要组成部分。

为了正确地核算长期借款的借入、归还、利息计算及支付等情况，物流企业应设置“长期借款”科目和“应付利息”科目。“长期借款”科目属于负债类科目，贷方登记长期借款本金的增加额及利息调整项目，借方登记长期借款本金的减少额及利息调整项目，期末贷方余额，反映企业尚未偿还的长期借款。物流企业取得长期借款时，应按实际收到的金额，借记“银行存款”科目，贷记“长期借款”科目，如有差额记入“长期借款——利息调整”科目。本科目按贷款单位和贷款种类，分别“本金”“利息调整”等进行明细核算。

与短期借款相比，长期借款除借款期限较长外，其不同点还体现在对借款利息费用的处理上。长期借款的利息费用应当按照权责发生制原则的要求按期预提，同时按照借款费用的确认原则计入所购建资产的成本（资本化）或直接计入当期财务费用（费用化）。物流企业应设置“应付利息”科目，核算按照合同约定应支付的利息，包括吸收存款、分期付息到期还本的长期借款及企业债券等应支付的利息。“应付利息”科目属于负债类科目，贷方登记应支付的利息，借方登记实际支付的利息，期末余额在贷方，反映企业期末应付未付的利息。按期计提长期借款利息，根据借款用途和资本化要求，分别借记“在建工程”“研发支出”“财务费用”等科目，贷记“应付利息”科目，如有差额记入“长期借款——利息调整”科目。该科目可按存款人或债权人进行明细核算。

［例7-15］东方物流公司2×18年1月1日从银行借入3年期借款480 000元，年利率为10%。2×18年1月1日开始建造仓库。该仓库于2×19年12月31达到预定可使用状态，交付使用。2×21年1月1日归还银行借款的本息。相关账务处理如下：

①2×18年1月1日取得借款时：

借：银行存款　　480 000

　贷：长期借款——本金　　480 000

②2×18年年末计提长期借款利息时：

借：在建工程　　48 000

　贷：应付利息　　48 000

③2×19年年初支付长期借款利息时：

借：应付利息　　48 000

　贷：银行存款　　48 000

④2×19年年末计提长期借款利息及2×20年年初支付利息的会计处理同上。

⑤2×20年各月末，分别计算当月借款利息4 000元（48 000÷12）时：

借：财务费用　　4 000

　贷：应付利息　　4 000

⑥2×21年1月1日，支付2×20年利息并偿还借款本金时：

借：长期借款　　480 000

　　应付利息　　48 000

　贷：银行存款　　528 000

7.2.2　应付债券

1）应付债券概述

债券是企业为筹集长期使用资金而发行的一种书面凭证。企业通过发行债券取得资金，是以将来履行归还购买债券者的本金和利息作为保证的。债券的本质是债务证明书，具有法律效力。债券购买者与发行者之间是一种债权债务关系，债券发行人即债务人，投资者（或债券持有人）即债权人。

债券作为证明债权债务关系的凭证，一般用具有一定格式的票面形式来表现。通常，债券的基本要素包括：

① 票面价值，包括币种和票面金额。

② 还本期限，是指债券从发行之日起至偿清本息之日止的时间。

③ 债券利率，是指债券利息与债券票面价值的比率，通常年利率用百分比表示。

④ 发行人名称，指明债券的债务主体，为债权人到期追回本金和利息提供依据。

此外，一些债券还包含其他要素，如还本付息方式等。按偿还方式不同，债券可以分为一次到期债券和分期到期债券。一次到期债券是发行公司于债券到期日一次偿还全部债券本金的债券；分期到期债券是指在债券发行的当时就规定不同到期日的债券，即分批偿还本金的债券。分期到期债券可以减轻发行公司集中还本的财务负担。

同其他公司一样，物流企业发行债券的方式包括面值发行、溢价发行和折价发行三种情况。当债券票面利率等于市场利率时，即债券按面值发行，发行价格等于面值。当债券票面利率低于市场利率时，企业仍以面值发行就不能吸引投资者，故一般要折价发行，即发行价格低于面值。债券折价对于发行企业而言，实质上是预先付给债券购买者的一笔利息，它可从以后各期少付的利息中获得补偿，是对债券利息费用的一项调整。反之，当债券票面利率高于市场利率时，企业仍以面值发行就会增加发行成本，故一般要溢价发行，即发行价格大丁面值。债券溢价对于发行企业而言，实质上是在债券到期前对发行企业各期多付利息的一种补偿，是对债券利息费用的一项调整。本节以面值发行债券为例介绍物流企业应付债券的核算。

2）应付债券的核算

为正确核算企业为筹集（长期）资金而发行债券的本金和利息，企业应设置“应付债券”科目。该科目属于负债类科目，贷方登记应付债券的本金和利息，借方登记归还的债券本金和利息，期末余额在贷方，反映企业尚未偿还的长期债券摊余成本。该科目可按“面值”“利息调整”“应计利息”等进行明细分类核算。

企业还应当设置“企业债券备查簿”，详细登记每一企业债券的票面金额、债券票面利率、还本付息期限与方式、发行总额、发行日期和编号、委托代售单位、转换股份等资料。企业债券到期结清时，应当在备查账簿内逐笔注销。

（1）债券发行的核算

［例7-16］东方物流公司于2×18年1月1日按面值发行3年期、年利率为10%、面值总额为20 000 000元的债券。债券按面值发行，到期一次还本分期付息，发行款项已存入银行。假定不考虑债券发行手续费。相关账务处理如下：

借：银行存款　　20 000 000

　贷：应付债券——面值　　20 000 000

（2）债券利息的核算

发行债券的物流企业应在规定的付息期按债券面值和每一计息期的票面利率计算并支付利息。资产负债表日，物流企业应按应付债券的摊余成本和实际利率计算确定的利息费用，借记“在建工程”“研发支出”“财务费用”等科目，按票面金额和票面利率计算的应付未付利息，贷记“应付债券——应计利息”科目[①]。平价发行的债券，各期实际发生的债券利息费用就是当期支付或应付的债券利息。如果债券是溢价或折价发行的，在计提利息的同时，还应将溢价或折价在债券的存续期内摊销，即溢价或折价发行的债券，各期实际发生的债券利息费用通过摊余成本和实际利率计算确定，与应付债券利息的差额借记或贷记“应付债券——利息调整”。

［例7-17］承［例7-16］，东方物流公司将发行债券筹集的资金用于建造仓库，仓库于2×21年1月1日完工。每年应计利息费用为2 000 000元（20 000 000×10%）。相关账务处理如下：

①2×18年、2×19年、2×20年每年年末计提应付债券利息时：

借：在建工程　　2 000 000

　贷：应付债券——应计利息　　2 000 000

②2×19年、2×20年、2×21年每年年初支付债券利息时：

借：应付债券——应计利息　　2 000 000

　贷：银行存款　　2 000 000

（3）债券还本的核算

债券可以一次偿还，也可以分期偿还。我国目前基本上采取到期一次还本付息的方式。采用这种偿还方式，在债券整个偿还期内，溢价或折价应摊销的数额已全部摊销完毕。因此，应付债券的账面价值已等于其面值。此时无论是平价、溢价还是折价发行债券，都可以按债券面值归还本息，并在账面上注销。

［例7-18］承［例7-17］，东方物流公司于2×21年1月1日偿还债券本金。东方物流公司会计处理如下：

借：应付债券——面值　　20 000 000

　贷：银行存款　　20 000 000

■ 本章小结

负债是指企业过去的交易或事项形成的、预期会导致经济利益流出企业的现时义务。负债按偿还期限的长短，可分为流动负债和非流动负债。

流动负债是指在一年内或者超过一年的一个营业周期内偿还的债务。流动负债主要包括短期借款、应付账款、应付票据、应付职工薪酬、应交税费、应付股利、其他应付款等。本章主要介绍了短期借款、应付账款、应付票据、应付职工薪酬、应交税费、应付股利、其他应付款的概念、内容、核算科目以及相应的账务处理。

① 与长期借款应付未付利息核算相同，如果是分期付息一次还本的债券，应付未付的利息通过“应付利息”科目核算。

非流动负债是指流动负债以外的负债，主要包括长期借款、应付债券、长期应付款和预计负债等等。本章主要介绍了长期借款和按面值发行应付债券的核算。

■ 思考题

1. 什么是流动负债？它包括哪些内容？有何特点？

2. 短期借款的利息结算方式主要有几种？如何进行核算？

3. 什么是预收款项？与其他企业相比，物流企业的预收款项有什么特点？

4. 若存在现金折扣，应付账款如何核算？

5. 带息的商业票据如何进行会计核算？

6. 职工薪酬主要包括哪些内容？

7. 什么是城建税？物流企业缴纳的城建税如何计算？

8. 什么是长期借款？长期借款与短期借款核算有什么区别？

9. 债券的构成要素主要有哪些？

10. 债券的发行价格有几种？债券的发生价格取决于哪些因素？

■ 案例

东方物流公司为增值税一般纳税人，2×21年6月发生以下业务：

1. 以银行存款偿还短期借款90 000元。

2. 购入设备一台，不含税价款10 000元，增值税额1 300元，价税合计11 300元，取得增值税专用发票，签发并承兑一张为期3个月、面值为11 300元的不带息商业承兑汇票。

3. 提供运输服务收取价款60 000元，增值税5 400元，款项已全部收到并存入银行。

4. 购入汽油1 000升用于运输车辆，取得的增值税专用发票上注明：价款7 000元，增值税910元，汽油已验收入库，全部款项已通过银行转账支付。

要求：编写东方物流公司上述业务的会计处理分录。

第8章 所有者权益

学习目标

通过本章的学习，要求学生掌握物流企业所有者权益的基本内容；理解实收资本、资本公积、盈余公积和未分配利润的含义及其分类；掌握实收资本、资本公积、盈余公积的会计核算。

同其他行业的企业一样，物流企业的所有者权益同样来源于所有者投入的资本、直接计入所有者权益的利得和损失、留存收益等，对企业经营活动承担着最终的风险，是构成会计核算的重要内容之一。

8.1 所有者权益的概念与组成

本节主要介绍物流企业所有者权益的概念以及所有者权益的组成。

8.1.1 所有者权益的概念与特征

1）所有者权益的概念

我国《企业会计准则——基本准则》规定："所有者权益是指企业资产扣除负债后由所有者享有的剩余权益。"这一定义说明了所有者权益是企业所有者对企业净资产的要求权。所谓净资产，在数量上等于企业全部资产减去全部负债后的余额，这可以通过对会计恒等式的变形来表示。即：

资产-负债=所有者权益

2）所有者权益的特征

企业的所有者和债权人均是企业资金的提供者，因而所有者权益和负债（债权人权益）二者均是对企业资产的要求权。但所有者对企业的经营活动承担着最终风险，与此同时，也享有最终的权益。如果企业在经营中获利，所有者权益将随之增长；反之，所有者权益将随之缩减。任何企业的所有者权益都是由企业投资者投入的资本及其增值所构成的。与债权人权益比较，所有者权益一般具有以下四个基本特征：

① 所有者权益在企业经营期内可供企业长期、持续地使用，企业不必向投资人返还资本金；负债则须按期返还给债权人。

② 企业所有人凭其对企业投入的资本，享受分配税后利润的权利。所有者权益是企业分配税后净利润的主要依据；债权人除按规定取得利息外，无权分配企业的盈利。

③ 企业所有人有权行使企业的经营管理权，或者授权管理人员行使经营管理权；债权人并没有经营管理权。

④ 企业的所有者对企业的债务和亏损负有无限的责任或有限的责任；债权人与企业的其他债务不发生关系，一般也不承担企业的亏损。

8.1.2 所有者权益的组成

企业所有者拥有的权益，最初表现为投资者投入的资本。随着企业生产经营活动的开展，从企业盈利中提取的盈余公积以及未分配利润等形成了企业的资本积累，也归投资者所有，与投入资本共同构成企业的所有者权益。因此，所有者权益按其来源不同，主要包括所有者投入的资本、留存收益和直接计入所有者权益的利得和损失等。

(1) 投入资本

投入资本是指投资者直接投入企业的资金，包括实收资本和资本公积。

(2) 留存收益

留存收益是企业生产经营活动所产生的利润在向国家缴纳所得税后留存在企业的部分，包括盈余公积和未分配利润。

(3) 直接计入所有者权益的利得和损失

利得是指由企业非日常活动所形成的、会导致所有者权益增加的、与所有者投入资本无关的经济利益的流入，分为直接计入所有者权益的利得和直接计入当期利润的利得。

损失是指由企业非日常活动所发生的、会导致所有者权益减少的、与向所有者分配利润无关的经济利益的流出，分为直接计入所有者权益的损失和直接计入当期利润的损失。

直接计入所有者权益的利得和损失是指不应计入当期损益、会导致所有者权益发生增减变动的、与所有者投入资本或者向所有者分配利润无关的利得或者损失，主要包括：①其他债权投资公允价值变动；②其他权益工具投资公允价值变动；③将存货或自用房产转为以公允价值模式计量的投资性房地产形成的利得；④权益法核算的长期股权投资，投资方应享有的被投资单位实现的其他综合收益的份额；⑤现金流量套期工具产生的利得或损失中属于有效套期的部分；⑥重新计量设定受益计划净负债或净资产形成的变动。鉴于直接计入所有者权益的利得和损失的复杂性，这部分内容本书不作具体阐述。本书主要讲解所有者权益的投入资本和留存收益两部分。

为了反映所有者权益的构成，便于投资者和其他会计信息使用者了解所有者权益的来源及变动情况，《企业财务会计报告条例》规定："在资产负债表上，所有者权益应当按照实收资本（或股本）、资本公积、盈余公积、未分配利润等项目分项列示。"

8.2 实收资本

本节主要介绍实收资本的含义、实收资本与注册资本的关系、实收资本的出资方式、投入资产的计价以及实收资本和股本的核算。

8.2.1 实收资本概述

企业要进行经营，必须有一定的"本钱"。实收资本是指企业投资者按照企业章程规定或合同、协议约定，接受投资者投入企业的资本。

在不同类型的企业中，投入资本的表现形式有所不同。对于股份有限公司，投入资本表现为实际发行股票的面值，也称为股本；对于其他企业，投入资本表现为所有者在注册资本范围内的实际出资额，也称为实收资本。

投资者向企业投入的资本，在企业持续经营期间内，除依法转让外，不得以任何形式抽回。

（1）实收资本与注册资本

所谓注册资本，是指企业在设立时向市场监督管理部门登记的资本总额，也就是全部出资者设定的出资额之和。自2014年3月1日起，我国实行注册资本认缴登记制，即有限责任公司的注册资本为在公司登记机关登记的全体股东认缴的出资额。所有者向企业投入的资本，在一般情况下无须退还，可以长期周转使用，有关法规另有规定的除外。注册资本是企业的法定资本，是企业承担民事责任的财力保证。

（2）实收资本的来源

投入资本按照所有者的性质不同，可以分为国家投入资本、法人投入资本、个人投入资本和外方投入资本。国家投入资本是指有权代表国家投资的政府部门或者机构以国有资产投入企业所形成的资本；法人投入资本是指我国具有法人资格的单位以其依法可以支配的资产投入企业所形成的资本；个人投入资本是指我国公民以其合法财产投入企业所形成的资本；外方投入资本是指外国投资者以及中国香港特别行政区、澳门特别行政区和台湾地区的投资者将资产投入企业所形成的资本。投入资本按照投入资产的形式不同，可以分为货币投资、实物投资和无形资产投资。

（3）实收资本的出资方式

投资者既可以以货币的方式出资，也可以以固定资产、材料、物资等实物资产的方式出资，还可以以无形资产的方式出资。不论以何种方式出资，投资者如在投资过程中违反投资合约，不按规定如期缴付出资额或不如期缴足规定的出资额，企业均可以依法追究投资者的违约责任。

（4）投入资产的计价

企业应按照企业章程、合同、协议或有关规定，根据实际收到的货币、实物及无形资产来确认投入资本。

对于以货币投资的，包括以人民币和外币出资的，应以物流企业银行账户或确定的临时存款账户实际收到的金额入账。

对于以固定资产、无形资产或存货等非货币性资产出资的，应按投资合同或协议约定的公允价值入账。物流企业的投资以存货出资的情况较少。

8.2.2　实收资本的核算

1）一般企业取得实收资本的核算

为了反映和监督投资者投入资本的增减变动情况，作为非股份有限公司的物流企业应设置“实收资本”科目。该科目属于所有者权益类科目，贷方登记企业实际收到投资者缴付的资本，借方登记企业按法定程序减资时所减少的注册资本数，期末贷方余额，反映企业实收资本总额。本科目可按投资者进行明细核算。

企业收到投资者投入的资本后，应根据有关原始凭证，分别以不同的出资方式进行会计处理。

［例 8-1］甲、乙、丙共同投资设立A物流有限责任公司，注册资本为3 000 000元，甲、乙、丙持股比例分别为60%、25%和15%。按照章程规定，甲、乙、丙投入资本分别为1 800 000元、750 000元和450 000元。A物流有限责任公司已如期收到投资者一次缴足的款项。A物流有限责任公司的会计处理如下：

借：银行存款　　3 000 000

　贷：实收资本——甲　　1 800 000

　　　　　　——乙　　750 000

　　　　　　——丙　　450 000

［例8-2］B物流有限责任公司在设立时收到乙公司作为资本投入的不需要安装的机器设备一台，合同约定该机器设备的价值为3 000 000元，增值税进项税额为390 000元（假设不允许抵扣）。合同约定的价值与公允价值相符，不考虑其他因素，B物流有限责任公司的会计处理如下：

借：固定资产　　3 390 000

　贷：实收资本——乙公司　　3 390 000

本例中，该项固定资产合同约定的价值与公允价值相符，并且B公司接受的固定资产投资产生的相关增值税不允许抵扣，因此，固定资产应按合同约定的价值与增值税进项税额的合计金额3 390 000元入账。B物流有限责任公司接受乙公司投入的固定资产按合同约定金额作为实收资本，因此，贷记“实收资本”科目3 390 000元。

［例8-3］C物流有限责任公司在设立时收到甲公司作为资本投入的非专利技术一项，合同约定该专利技术的价值为30 000元，同时收到丙公司作为资本投入的土地使用权一项，投资合同约定价值为40 000元。假设C物流有限责任公司接受这两项投资符合国家注册资本管理的有关规定，可按合同约定价值作为实收资本入账，合同约定的价值与公允价值相符，不考虑其他因素，C物流有限责任公司的会计处理如下：

借：无形资产——非专利技术　　30 000

　　　　　——土地使用权　　40 000

　贷：实收资本——甲公司　　30 000

　　　　　　——丙公司　　40 000

2）股份有限公司股本的核算

股份有限公司是指其全部资本分为等额股份，股东以其所持股份为限对公司承担责任，公司以其全部资产对公司的债务承担责任的企业法人。股票是股份有限公司在筹集资本时向出资人发行的股份凭证，代表着其持有者（即股东）对股份公司的所有权。同一类别的每一份股票所代表的公司所有权是相等的。每位股东所拥有的公司所有权份额取决于其持有的股票数量占公司总股本的比重。股票一般可以通过买卖方式有偿转让，股东能通过股票转让收回其投资，但不能要求公司返还其出资。股东是公司的所有者，以其出资额为限对公司负有限责任，承担风险，分享收益。

（1）股票的种类

股票根据代表的股东权利不同，可分为普通股和优先股。普通股是指在公司的经营管理和盈利及财产的分配上享有普通权利的股份，代表满足所有债权偿付要求及优先股股东的收益权与求偿权要求后，对企业盈利和剩余财产的索取权。普通股构成公司资本的基础，是股票的一种基本形式。目前，在上海证券交易所和深圳证券交易所中交易的股票都是普通股。

普通股股东按其所持有股份比例享有以下基本权利：①公司决策参与权。普通股股东有权参与股东大会，并有建议权、表决权和选举权，也可以委托他人代表其行使其股东权利。②利润分配权。普通股股东有权从公司利润分配中得到股息。普通股的股息是不固定的，由公司盈利状况及其分配政策决定。普通股股东必须在优先股股东取得固定股息之后才有权享受股息分配权。③优先认股权。在公司需要扩张而增发普通股股票时，现有普通股股东有权按其持股比例，以低于市价的某一特定价格优先购买一定数量的新发行股票，从而保持其对企业所有权的原有比例。④剩余资产分配权。当公司破产或清算时，若公司的资产在偿还欠债后还有剩余，其剩余部分按先优先股股东、后普通股股东的顺序进行分配。

优先股是相对于普通股而言的，优先股在利润分红及剩余财产分配的权利方面，优先于普通股。优先股股东有两种权利：①优先分配权。在公司分配利润时，拥有优先股股票的股东先于持有普通股股票的股东获得分配，但是享受固定金额的股利，即优先股的股利是相对固定的（如果公司不对优先股股东进行股利分配，则不能对普通股股东进行股利分配，因为优先股股东要优先于普通股股东分配股利）。②优先求偿权。若公司清算，分配剩余财产时，优先股在普通股之前分配。

（2）股票发行的价格

股票发行是指符合条件的发行人按照法定的程序，向投资人出售股份、募集资金的过程。股票的发行价格，从理论上来讲，有三种情况：一是平价发行，也称为等额发行或面额发行，是指发行人以股票面值作为发行价格。二是溢价发行，是指发行人按高于股票面值的价格发行股票。三是折价发行，是指发行人以低于股票面值的价格出售新股，即按面值打一定折扣后发行股票。但从实务来看，很多国家都不允许折价发行股票，我国也是如此。

（3）股票发行的核算

股份有限公司应设置“股本”科目，核算公司实际发行股票的面值总额。该科目属于所有者权益类科目，贷方登记公司在核定的股份总额及股本总额范围内实际发行股票的面值总额，借方登记公司按照法定程序经批准减少的股本数额，期末贷方余额反映公司股本实有数额。本科目可按投资者进行明细核算。

在我国采用溢价发行股票的情况下，企业应将相当于股票面值的部分记入“股本”科目。

［例8-4］某物流有限公司发行普通股2 000万股，每股面值1元，每股发行价

格4元。股票发行成功，扣除发行费用240万元，剩余股款7 760万元已全部收到。有关会计处理如下：

借：银行存款　　77 600 000

　贷：股本　　20 000 000

　　资本公积　　57 600 000

8.3 资本公积

本节主要介绍资本公积的含义、来源、用途以及资本公积形成与使用的核算。

8.3.1 资本公积的含义、内容与用途

（1）资本公积的含义

物流企业的资本公积是指由投资者投入但不能构成实收资本的资金，或从其他非收益来源取得，由投资者共同享有的资金。它属于投入资本的范畴，是所有者权益的重要组成部分。

（2）资本公积的内容

物流企业的资本公积包括资本（或股本）溢价和其他资本公积。

资本（或股本）溢价是物流企业收到的投资者超出其在注册资本（或股本）中所占份额的投资。资本（或股本）溢价是资本公积中最主要的项目。形成资本（或股本）溢价的原因有溢价发行股票、投资者超额缴存资本等。公司在创立时，投资者认缴的出资额如果与注册资本一致，不会产生资本（或股本）溢价。如果物流企业在经营过程中有新的投资者加入、原有投资者追加投资或企业通过增发股票的方式筹集资金，就可能出现资本（或股本）溢价。

（3）资本公积的用途

公司在经营过程中出于种种考虑，诸如增加投资者持有的股份，从而增加公司股票的流通量，提高股票的交易量和资本的流动性，改变公司投入资本的结构，体现公司稳健、持续发展的潜力等，对于形成的资本公积金可以按照规定的用途予以使用。资本公积的主要用途在于转增资本，即在办理增资手续后用资本公积转增资本，按股东原有股份比例发行新股或增加每股面值。

8.3.2 资本公积的核算

为核算企业收到投资者出资额超出其在注册资本或股本中所占份额的部分及直接计入所有者权益的利得和损失，物流企业应设置“资本公积”科目。本科目属于所有者权益类，科目贷方登记资本溢价等原因导致的资本公积增加的数额，借方登记转增资本等原因导致的资本公积减少的数额，期末贷方余额，反映企业的资本公积实有数。本科目应当分别“资本（或股本）溢价”“其他资本公积”进行明细核算。

1）资本（或股本）溢价的核算

资本或股本的溢价部分应记入“资本公积”科目的贷方。股份有限公司发行股票支付的相关手续费、佣金等交易费用，如果是溢价发行股票的，应从溢价中扣除，冲减资本公积（股本溢价）；无溢价发行股票或溢价金额不足以抵扣的，应将不足抵扣的部分冲减盈余公积和未分配利润。

［例8-5］某物流股份有限公司发行普通股1 000万股，每股面值1元，每股发行价格5元。该公司以银行存款支付发行手续费、咨询费等费用共计150万元。假定股票发行收入5 000万元已全部收到，发行费用已全部付出，若不考虑其他因素，有关会计处理如下：

①收到发行收入时：

股本溢价=（5-1）×10 000 000=40 000 000（元）

借：银行存款　　50 000 000

　贷：股本　　10 000 000

　　　资本公积——股本溢价　　40 000 000

②支付发行费等费用时：

借：资本公积——股本溢价　　1 500 000

　贷：银行存款　　1 500 000

2）资本公积转增资本的核算

经股东大会或类似机构决议，物流企业用资本公积转增资本时，借记“资本公积”科目，贷记“实收资本”或“股本”科目。

［例8-6］某物流有限责任公司注册资本金为120万元，由甲、乙两方各出资60万元设立。经过多年经营，资本公积已达40万元。经股东大会批准，将资本公积30万元转增资本，并办理了相应的增资手续。公司有关会计处理如下：

借：资本公积——资本溢价　　300 000

　贷：实收资本　　300 000

8.4　留存收益

本节主要介绍留存收益的含义与内容以及盈余公积的核算。

8.4.1　留存收益

留存收益是企业在经营过程中所创造的，但由于企业经营发展的需要或由于法定的原因等，没有分配给所有者而留存在企业的盈利。留存收益是指企业从历年实现的利润中提取或留存于企业的内部积累，它来源于企业的生产经营活动所实现的净利润，包括企业的盈余公积和未分配利润两个部分，其中，盈余公积是有特定用途的累积盈余，未分配利润是没有指定用途的累积盈余。

8.4.2 盈余公积

1）盈余公积概述

盈余公积是指企业按照规定从净利润中提取的积累资金，包括法定盈余公积和任意盈余公积。根据《中华人民共和国公司法》的有关规定，公司制物流企业应该按照净利润（减弥补以前年度亏损，下同）的10%提取法定盈余公积（非公司制企业也可按照超过10%的比例提取），法定盈余公积累计额达注册资本的50%时可以不再提取。值得注意的是，在计算提取法定盈余公积基数时，不应包括企业年初未分配利润。

任意盈余公积主要是公司制企业按照股东会的决议提取，非公司制企业经类似权力机构批准，也可提取任意盈余公积。法定盈余公积和任意盈余公积的区别在于计提的依据不同，前者以国家的法律法规为依据，后者由企业的权力机构自行决定。

物流企业提取的盈余公积可用于弥补亏损、转增资本（或股本）、扩大企业生产经营规模，在符合规定的条件时也可用于发放现金股利或利润。

2）盈余公积的核算

为核算从净利润中提取的盈余公积的情况，物流企业应设置“盈余公积”科目。该科目属于所有者权益类科目，贷方登记盈余公积的提取数，借方登记转增资本等导致的盈余公积的减少数，期末贷方余额，反映企业的盈余公积实有数。本科目应当分别设置“法定盈余公积”“任意盈余公积”进行明细核算。

（1）提取盈余公积

［例8-7］东方物流股份有限公司本年实现净利润5 000 000元，年初未分配利润为0。经股东大会批准，该股份有限公司按当年净利润的10%提取法定盈余公积。假定不考虑其他因素，其会计处理如下：

当年提取的法定盈余公积数额=5 000 000×10%=500 000（元）

借：利润分配——提取法定盈余公积	500 000	
贷：盈余公积——法定盈余公积		500 000

（2）盈余公积补亏

［例8-8］经股东大会批准，某物流股份有限公司用以前年度提取的盈余公积弥补当年亏损，当年弥补亏损的数额为400 000元。假定不考虑其他因素，其会计处理如下：

借：盈余公积	400 000	
贷：利润分配——盈余公积补亏		400 000

（3）盈余公积转增资本

［例8-9］因扩大经营规模需要，经股东大会批准，某物流股份有限公司将盈余公积500 000元转增资本。假定不考虑其他因素，其会计处理如下：

借：盈余公积	500 000	
贷：股本		500 000

（4）用盈余公积发放现金股利或利润

［例8-10］某物流股份有限公司2×20年12月31日普通股为25 000 000股，每股面值1元，可供投资者分配的利润为2 500 000元，盈余公积为10 000 000元。2×21年3月20日，股东大会批准了2×20年度的利润分配方案，以2×20年12月31日为股权登记日，按每股0.2元发放现金股利。共需要分配5 000 000元的现金股利，其中，动用可供投资者分配的利润2 500 000元，盈余公积2 500 000元。假定不考虑其他因素，该公司作如下会计处理：

①宣告分派股利时：

借：利润分配——应付现金股利或利润	2 500 000	
盈余公积	2 500 000	
贷：应付股利		5 000 000

②支付股利时：

借：应付股利	5 000 000	
贷：银行存款		5 000 000

8.4.3　未分配利润

1）未分配利润概述

未分配利润是物流公司等待分配或留待以后年度再进行分配的结存利润。从数量上看，未分配利润是期初未分配利润，加上本期实现的税后利润，减去提取的各种盈余公积和分配的利润后的余额，即历年积存的未分配利润。未分配利润有两层含义：一是这部分税后利润没有分给投资者，留待以后年度处理。二是这部分税后利润未指定特定用途。这部分留待以后年度分配的利润，可用于企业扩大生产经营活动的资金需要，也可用于弥补以后年度的亏损，还可以留待以后年度向投资者分配利润。相对于所有者权益的其他部分而言，企业对未分配利润的使用有较大的自主权。

2）未分配利润的核算

在会计核算上，未分配利润是通过“利润分配”科目下的“未分配利润”明细科目进行核算的。在会计期末，物流公司将本期实现的各项收入和发生的各项费用全部转入“本年利润”账户，从而计算出本期净利润，并转入“利润分配——未分配利润”账户进行利润分配的核算。“未分配利润”明细账户贷方登记实现的净利润以及盈余公积补亏金额，借方登记利润分配的金额，贷方余额表示未分配利润，如出现借方余额则表示未弥补的亏损。

［例8-11］东方物流股份有限公司年初未分配利润为20万元，本年实现净利润80万元，经股东大会批准的利润分配方案为：本年提取法定盈余公积8万元，向投资者分配现金股利40万元。有关会计处理如下：

①结转本年实现的净利润时：

借：本年利润	800 000	

贷：利润分配——未分配利润　　800 000

②按规定进行利润分配时：

借：利润分配——提取法定盈余公积　　80 000

　　　　——应付现金股利　　400 000

　贷：盈余公积——法定盈余公积　　80 000

　　　应付股利　　400 000

③派发现金股利时：

借：应付股利　　400 000

　贷：银行存款　　400 000

④结转本年利润分配时：

借：利润分配——未分配利润　　480 000

　贷：利润分配——提取法定盈余公积　　80 000

　　　　——应付现金股利　　400 000

经过上述分配处理，“利润分配——未分配利润”账户的贷方余额为52万元（20+80-8-40），即为该公司年末未分配利润的数额。

■ 本章小结

所有者权益是指企业所有者对企业净资产的要求权。所谓净资产，在数量上等于企业全部资产减去全部负债后的余额，这可以通过对会计恒等式的变形来表示，即：资产-负债=所有者权益。

所有者权益的来源包括所有者投入的资本、直接计入所有者权益的利得和损失、留存收益等。投入资本是指投资者直接投入企业的资金，包括实收资本和资本公积。

留存收益是企业生产经营活动所产生的利润在向国家缴纳所得税后留存在公司制企业的部分，包括盈余公积和未分配利润。

投资者既可以采用以货币的方式出资，也可以采用以固定资产、材料、物资等实物资产的方式出资，还可以采用无形资产的方式出资。

股票是股份有限公司在筹集资本时向出资人发行的股份凭证，代表着其持有者（即股东）对股份公司的所有权。股票按照持有者享有权利的不同分为优先股股票和普通股股票。

资本公积是企业收到投资者的超出其在企业注册资本（或股本）中所占份额的投资，以及直接计入所有者权益的利得和损失等。资本公积包括资本溢价（或股本溢价）和其他资本公积。

盈余公积是指企业按照规定从净利润中提取的积累资金，包括法定盈余公积和任意盈余公积。法定盈余公积按照净利润（减弥补以前年度亏损，下同）的10%提取（非公司制企业也可按照超过10%的比例提取）。法定盈余公积累计额达注册资本的50%时可以不再提取。值得注意的是，在计算提取法定盈余公积基数时，不应包括企业年初未分配利润。企业提取的盈余公积可用于弥补亏损、转增资本

(或股本)、扩大企业经营规模，在符合规定的条件时也可用于发放现金股利或利润。

未分配利润是企业历年积存的未分配利润。

■ 思考题

1. 什么是注册资本？注册资本与实收资本的关系是什么？
2. 企业可以接受投资者哪些方式的投资？
3. 企业的实收资本如何核算？
4. 优先股股东和普通股股东分别享有哪些权利？
5. 股票发行价格有几种？股本溢价应记入哪个科目？
6. 什么是留存收益？其主要包括哪些内容？
7. 盈余公积有哪些用途？

■ 案例

天海物流公司2×20年12月31日的“未分配利润”科目有借方余额60万元(已超过5年)。2×21年该公司实现税后利润240万元。按照《中华人民共和国公司法》的规定，公司应按税后利润的10%提取法定盈余公积。公司董事会在讨论公司2×21年的利润分配方案时，董事赵某认为2×21年应提取的盈余公积为24万元(240×10%)。而公司独立董事李某却指出，公司2×21年的税后利润应该先弥补未弥补的累计亏损后才能计提盈余公积，2×21年应提取的盈余公积为18万元（(240-60)×10%)，即税后利润应在弥补以前年度的累计亏损之后，才能作为提取盈余公积的基数。

要求：请查阅《中华人民共和国公司法》中的相关规定，分析判断上述哪一种观点正确。

第9章 成本与费用

学习目标

通过本章的学习，要求学生了解物流成本的组成、构成与分类；理解运输成本、仓储成本、装卸成本、配送成本、期间成本的内容及其项目构成；掌握运输成本、仓储成本、装卸成本、配送成本、期间成本的会计核算。

就一般意义而言，成本费用泛指企业在生产经营中所发生的各种资金耗费。企业的成本费用，就其经济实质来看，是产品价值构成中C+V两部分价值的等价物，用货币形式来表示，就是企业在产品经营中所耗费的资金的总和。成本费用的作用体现在以下几个方面：成本费用是反映和监督劳动耗费的工具；成本费用是补偿生产耗费的尺度；成本费用可以综合反映企业工作质量，是推动企业提高经营管理水平的重要杠杆；成本费用是制定产品价格的一项重要依据。成本核算是物流企业会计的一项重要内容。

9.1　物流企业成本核算概述

本节主要介绍物流企业成本的组成情况。

9.1.1　物流企业成本的含义与构成

1）物流企业成本的含义

物流企业成本，即物流企业的物流成本，应该从物流服务的供应方来理解，可以通过对物流企业提供的物流劳务产品的分析明确其概念。物流企业根据与客户签订的合同要求履行各项约定的物流劳务，物流企业提供的劳务产品与一般工商企业提供的实体产品相比较，至少存在两方面的特性：一是无形性，即没有构成产品实体的原材料；二是生产和销售甚至消费环节是有机统一的。

由此可以认为，物流企业成本是指物流企业在履行客户物流业务合同或订单的过程中所发生的应归属于某一业务合同或订单的耗费。更确切地说，物流企业的物流成本应为物流业务成本的概念，即物流企业在经营物流业务的过程中所发生的耗费。

2）物流企业成本的构成

物流成本涵盖了生产、流通、消费全过程中因物品实体与价值变化而发生的全部费用，概括来讲，物流成本由以下几个部分构成：

① 物流活动中的物资消耗，主要包括电力、燃料、包装材料和固定资产的损耗等。

② 物流活动中物资发生的合理损耗。

③ 物流活动中的人工成本，包括职工工资、奖金、津贴等。

④ 物流活动中发生的其他费用，包括与物流活动有关的办公和差旅费支出。

⑤ 保证物流系统运行顺畅的资金成本，包括利息和手续费等。

⑥ 研究、设计、重建与优化物流过程的费用。

总体来看，物流企业的物流环节不同，其成本构成也各不相同，本章将会具体讨论各环节物流成本的具体构成。

9.1.2　物流成本的基本分类

1）物流成本按流通的环节分类

物流成本按流通的环节分类，可分为运输成本、仓储成本、装卸搬运成本和配送成本。

（1）运输成本

在物流企业中，运输在其经营业务中占主导地位，物流运输费用在整个物流业务中占较大比例。因此，物流合理化在很大程度上依赖于运输合理化，而运输合理与否直接影响着物流运输费用的高低，进而影响物流成本的高低。物流运输，按运输设备和运输工具的不同，可以分为公路运输、铁路运输、水路运输、航空运输和管道运输。概括来讲，物流企业的运输成本主要包括人工费用、营运费用和其他费用。

（2）仓储成本

仓储管理的主要任务是用最低的费用在适当的时间和地点取得适当数量的存货。仓储成本是物流总成本的一个重要组成部分，物流成本的高低常常取决于仓储成本的高低。

（3）装卸搬运成本

装卸搬运成本，即装卸和搬运成本的总称。在指定的地点以人力或机械设备装入或卸下物品，一般发生在同一地域范围内（如车站、工厂和仓库等），改变“物”的存放和支承状态的活动称为装卸；改变“物”的空间位置的活动称为搬运。物流活动中，装卸搬运成本项目主要包括装卸直接费用和营运间接费用。其中，前者包括相关人员的人工费用、装卸搬运过程中发生的合理损耗、固定资产折旧费、维修费、燃料动力费、劳动保护费、运输管理费和外付装卸费等。

（4）配送成本

配送是指物流企业按用户订单或配送协议进行配货，选择经济合理的运输路线与运输方式，在用户指定的时间内，将符合要求的货物送达指定地点的一种商品供应方式。配送是一种小范围的物流活动。一般的配送集装卸、包装、保管、运输和加工等于一身。配送成本包括分拣成本、配货成本、配送运输成本和流通加工成本。

2）物流成本按计入成本对象的方式分类

物流成本按计入成本对象的方式分类，可分为直接计入成本和间接计入成本。

（1）直接计入成本

直接计入成本是指费用发生时，能直接计入某一成本计算对象的费用。某项费用是否属于直接计入成本，取决于该项费用能否确认与某一成本计算对象直接有关和是否便于直接计入该成本计算对象。物流企业在经营过程中所发生的原材料费用、直接人工费用通常属于直接计入成本。

（2）间接计入成本

间接计入成本是指生产费用发生时，不能或不便于直接计入某一成本计算对象，而需先按发生地点或用途加以归集，待月终选择一定的分配方法进行分配后才能计入有关成本计算对象的费用。物流企业的仓储装卸费、营运部等部门管理人员的工资、建筑物和机器设备的折旧、租赁费、修理费、机物料消耗、水电费、办公费等，通常属于间接计入成本。

除此之外，物流成本还存在其他一些分类方式。如根据物流成本是否可以控制，分为可控成本与不可控成本；按物流费用的支付形态，可分为材料费、人工费、燃料动力费、经营管理费和一般经费等。

9.1.3 物流企业的成本计算对象与成本计算期

为了正确核算物流成本，必须确定成本计算对象和成本计算期。

1）物流企业的成本计算对象

物流企业的成本计算对象是指物流企业为归集和分配各项物流成本而确定的成本计算实体。物流企业可以将各种不同的物流功能确定为不同的物流成本计算对象。物流企业的成本计算对象包括运输、仓储、装卸搬运、包装、配送等。

（1）运输

运输是指对物品进行长距离空间位移的物流活动。运输是物流的主要功能之一，是物流企业经营活动的中心环节。一定时期内，物流企业在提供运输服务过程中发生的各种耗费构成物流企业的运输成本。运输成本包括从事货物运输服务的职工薪酬、车辆（包括其他运输工具）的燃料费、折旧费、保养费、租赁费、养路费、过路费、事故损失费、相关税金等。

（2）仓储

仓储是指通过特定场所储存和保管物资和商品的行为，是对有形物品提供存放场所、存取物品的物流活动和对存放物品的保管、控制的物流活动。仓储是商品流通的重要环节之一，也是物流活动的重要支柱。一定时期内，物流企业提供仓储服务过程中发生的全部费用构成了物流企业的仓储成本。仓储成本包括仓储业务的职工薪酬，仓储设施的折旧费、保养费、水电费、燃料与动力消耗等。

（3）装卸搬运

装卸搬运是装卸和搬运的总称。装卸是指在同一地域范围内（如仓库内部、车站等）改变货物的存放、支承状态的物流活动。搬运是指改变货物的空间位置的物流活动。装卸搬运的基本活动包括装车、卸车、装船、卸船，以及入库、堆垛、出库过程中的装载搬运等，是随运输和保管等活动而产生的必要活动。一定时期内，物流企业提供装卸搬运服务过程中发生的全部费用构成物流企业的装卸搬运成本。装卸搬运成本包括装卸搬运业务的职工薪酬，装卸搬运设施折旧费、保养费、燃料与动力消耗等。

（4）包装

包装是指为了在流通过程中保护产品、方便储运、促进销售，在采用容器、材料及辅助材料的过程中使用一定技术方法的物流活动。一定时期内，物流企业提供包装服务过程中发生的全部费用构成物流企业的包装成本。包装成本包括包装业务的职工薪酬，包装材料消耗，包装设施折旧费，包装技术设计、实施费用，包装标记的设计、印刷等辅助费用。

（5）配送

配送是指在经济合理区域内，根据用户要求，对物品进行拣选、加工、包装、分割、组配等作业，并按时送达指定地点的物流活动。一定时期内，物流企业在提供配送服务过程中发生的各种耗费构成物流企业的配送成本。配送成本根据其配送的功能可以进一步划分为运输成本、分拣成本、配装成本、包装成本、流通加工成本等。

2）物流企业的成本计算期

物流企业的成本计算期是指归集物流费用、计算物流成本的时间范围。由于物流活动是连续不断进行的，往往难以对某一项物流活动确定经营期或单独计算成本，因此，根据权责发生制原则，一般以月份作为物流成本计算期。但是对于一些特殊的物流服务如远洋运输服务，也可以经营周期作为成本计算期。物流服务经营周期是指某项物流服务从开始到完成所经历的时间。

9.1.4 物流企业成本核算的科目设置

为了归集、分配结转物流企业提供物流服务所发生的各项物流成本，物流企业应设置“主营业务成本”“营运间接费用”“辅助营运费用”等科目。对于开始和完成分属于不同会计期间的物流服务还应设置“劳务成本”科目。

（1）“主营业务成本”科目

“主营业务成本”科目属于损益类科目中的费用类科目，主要核算物流企业因提供物流服务而发生的实际成本。发生物流服务实际成本时，记入该科目的借方，期末应将本科目的余额转入“本年利润”科目，结转后本科目无余额。本科目可按主营业务的种类，即成本计算对象设置仓储成本、装卸成本、配送成本、运输成本、包装成本等明细科目，并按直接费用、直接人工、营运间接费用等成本项目设置专栏进行明细核算。

由于物流企业的绝大部分物流服务开始与完成时间归属于同一会计期间，所以物流服务成本绝大部分都是直接记入“主营业务成本”科目核算。

（2）“劳务成本”科目

“劳务成本”科目属成本类科目，主要核算物流企业提供的开始与完成不属于同一会计期间的物流服务所发生的实际支出。该科目借方登记当期实际发生的各项支出，贷方登记在会计期末结转计入当期损益的费用金额。期末余额一般在借方，反映物流企业本期发生的应该由以后期间承担的各项支出。

（3）“营运间接费用”科目

“营运间接费用”科目属于成本类科目，主要核算物流企业在提供各项物流服务过程中为组织与管理物流服务所发生的不能直接计入成本核算对象的各项间接费用，如运输中心、装卸中心、仓储中心、配送中心等基层营运单位组织管理物流活动所发生的职工薪酬、固定资产折旧、无形资产摊销、水电费、办公费、差旅费、通信费以及其他必要支出。本科目借方登记当期实际发生的各项营运间接费用，贷方登记期末分配转入各成本计算对象的费用金额，期末结转后无余额。

物流企业应根据业务特点和成本管理要求设置“营运间接费用”明细科目，并按费用发生的用途或性质设置专栏进行明细核算。如按业务设置“运输中心”“仓储中心”等明细科目，按职工薪酬、燃料费、折旧费、保险费、办公费、水电费、差旅费等设置专栏进行明细核算。

（4）“辅助营运费用”科目

“辅助营运费用”科目属于成本类科目，主要核算物流企业所属的修理中心等辅助部门为开展物流活动提供修理修配、加工服务，水，汽等所发生的各项支出。该科目借方登记当期实际发生的各项辅助营运费用，贷方登记期末分配转入各成本计算对象的费用金额，期末结转后一般无余额。

9.2 运输成本

运输业务是物流企业向客户提供的重要物流活动之一，也是物流企业收入的主要来源，因此运输成本在整个物流费用中占较大比例。本节主要介绍运输成本的核算。

9.2.1 运输业务概述

1）运输业务的概念及意义

运输是人和物的载运及输送。它是在不同地域间，以改变物和人的空间位置为目的的活动。我国国家标准《物流术语》中对运输的定义是：用设备和工具将物品从一地点向另一地点运送的物流活动。其包括集货、分配、搬运、中转、装入、卸下、分散等一系列操作。运输也是社会生产力的有机组成部分，它将生产和消费所处的不同空间联结起来，实现实物从生产到消费的移动。

在现代社会条件下，物的生产地点与消费地点通常不在一处，人们需求的发生与满足地点也通常不在一处。基于生产和消费的需要，必须克服空间上的距离，实现人或物的位移，因而产生了运输。运输是社会化大生产的产物，它的发展既依存于其他产业部门的发展，又对整个社会经济活动及其规模的扩大具有决定性的作用。今天四通八达的交通运输网以及在天空、水面和陆地上运行的各种现代化的交通工具，是社会生产力发展的结果，也是经济技术水平发展的重要标志。运输业务是指物流企业运营各种运输工具及其设备，为客户提供货物在物流节点之间流动的服务。这种服务是指不同地域间，以改变货物的空间位置为目的，对货物进行的空间位移。在现代物流企业中，运输在其经营中占主导地位，物流企业的运输收入是其主要收入来源，也是其利润的主要源泉。

由于运输是物流中最重要的功能之一，物流合理化在很大程度上取决于运输业务的合理化，因此运输成本的高低直接影响到整个物流成本的高低。

2）物流运输的方式

物流运输的方式，按运输设备及运输工具的不同，一般可分为以下几类：

（1）公路运输

公路运输一般指使用汽车或其他车辆在公路上进行运输。公路运输主要承担近距离、小批量的货运和水运难以到达地区的长途运输。公路运输的主要优点是灵活性强，可以采取“门到门”的运输形式；但它的运输能力较小，受道路条件和气候的影响较大。

（2）铁路运输

铁路运输是指使用铁路列车运送客货，它是货物运输的主要承担者。铁路运输的优点是载运量大，运输极少受自然条件的限制；缺点是灵活性差，只能在固定线路上实现运输，需要与其他运输手段配合和衔接。

（3）水路运输

水路运输包括内河运输和海运，其工具主要是船舶。水路运输主要承担大数量、长距离的运输。其主要优点是成本低；缺点是运送速度慢，受港口、水位、季节和气候的影响较大。

（4）航空运输

航空运输是指使用飞机或其他航空器进行运输，航空运输的主要优点是速度快，不受地形的限制；缺点是成本较高，它是运费最高的一种运输方式。

（5）管道运输

管道运输是指利用管道输送气体、液体和粉状固体的一种运输方式。其运输形式是靠物体在管道内顺着压力方向循环移动实现的，与其他运输方式的重要区别是管道设备是静止不动的。管道运输的优点是，由于采用密封设备，在运输过程中可以避免散失、丢失等损失，也不存在其他运输设备在运输过程中消耗动力形成的无效运输问题。

9.2.2 运输成本的构成

运输成本是指为完成运输活动所发生的一切费用。它是物流成本的一大要素，是物流成本计算的重要组成部分。一般来讲，运输总成本包括：货运费、车费、燃料费、设备维护费、劳务费、保险费、装卸费、逾期/滞留费用、税收和跨国费用等。不同运输方式所包含的运输成本有不同的构成类别和范围。根据物流企业运输服务耗费的特点，运输费用分为运输直接费用和营运间接费用。

1）运输直接费用

运输直接费用就是物流企业的营运车辆从事运输生产活动时所发生的各项费用，主要包括：

（1）直接材料

直接材料是指营运车辆在营运过程中耗用的燃料、轮胎。燃料包括营运过程中耗用的汽油、柴油。轮胎包括营运车辆所耗用的外胎、内胎、垫带、轮胎翻新和零星修补等。

（2）直接人工

直接人工是指物流企业支付给从事运输服务的营运车辆司机及其助手的工资、奖金、津贴、职工福利、社会保险费、住房公积金、工会经费和职工教育经费等职工薪酬，包括司机及其助手在所驾车辆保养和修理期间发生的工资、奖金、津贴、职工福利、社会保险费、住房公积金等职工薪酬。

（3）保养费

保养费是指对营运车辆进行各级保养所发生的料工费以及营运车辆在营运过程中所耗用的机油、润滑油等费用。

（4）折旧费

折旧费是指按规定计提的营运车辆折旧费。

（5）其他直接费用

其他直接费用是指不属于以上各项目的与营运车辆直接相关的费用，包括按规定向运输管理部门缴纳的营运车辆管理费（简称“车管费”）、行车事故损失费、车辆牌照和检验费、保险费、车船税、洗车费、过路过桥费、轮渡费、司机及其助手途中住宿费、行车杂费等。

2）营运间接费用

营运间接费用是指运输中心及其车队、车站、车场等基层营运单位为管理和组织运输服务所发生的各项间接费用，主要包括营运单位管理和技术人员的工资、奖金、津贴、职工福利、社会保险费、住房公积金、工会经费和职工教育经费等职工薪酬，劳动保护费，取暖费，水电费，办公费，差旅费，折旧费，保险费，保养费等。营运间接费用先通过“营运间接费用”科目归集，期末再按一定标准分配给各成本计算对象。

9.2.3　运输成本计算对象与成本计算期

1）运输业务的成本计算对象

物流企业运输业务的营运车辆的车型如果较多，为了反映不同车型的运输收益情况，可以将不同的燃料和不同厂牌的营运车辆作为成本计算对象。对于使用特种大型车、集装箱车、零担车、冷藏车和油罐车从事运输业务的物流企业，还应将不同类型、不同用途的车辆分别作为单独的成本计算对象。如果企业的车型较少，可以不进行分类，直接一并作为成本计算对象。

2）成本计算期

汽车运输业务的成本应按月、季、半年和年计算，从年初至各月末止的累计成本，通常不计算在产品成本中。营运车辆在经营跨月运输业务时，通常以行车路单签发日期所归属的月份计算其运输成本。

9.2.4　运输成本的核算

1）燃料费用的归集和分配

燃料费用在物流企业运输成本中占有较大的比重。物流企业应根据燃料领用凭证和期末燃料盘存资料编制燃料耗用计算汇总表，按照燃料的用途计算汇总当期燃料的实际耗用量。物流企业燃料管理方式不同，当期燃料实际耗用量的计算也有所不同。对于实行满油箱制度管理方式的物流企业，营运车辆当期加油数就是当期燃料的实际耗用量。对于实行盘存制管理方式的物流企业，应根据以下公式计算各期燃料的实际耗用量，即：

当月耗用数量=月初车存数量+当月领用数量-月末车存数量

在燃料按计划成本核算的情况下，以实际耗用量乘以计划单位成本计算出各成本计算对象、各营运单位耗用燃料的计划成本，然后根据“燃料成本差异”科目反映燃料的计划成本与实际成本的差异计算燃料的材料成本差异率，并据以分配确定各成本计算对象和各营运单位应负担的材料成本差异，以便将计划成本调整为实际成本。

在燃料按实际成本核算的情况下，物流企业应以当期燃料的实际耗用量乘以按照确定的存货发出计价方法计算的燃料实际单位成本计算各成本计算对象和各营运单位耗用的燃料的实际成本。

对于运输中心发生的燃料费用，凡是各成本计算对象直接耗用的直接计入各成本计算对象的成本，凡是不能直接归属于某一成本计算对象的应先通过“营运间接费用”科目归集，期末再按照一定的标准分配计入各成本计算对象。

［例9-1］东方物流公司对燃料柴油采用实地盘存制。1月31日，根据本月份的柴油领料单和车存柴油盘存表编制燃料耗用汇总表见表9-1。

表9-1　**燃料耗用汇总表**　金额单位：元

燃料名称：柴油　2×21年1月1日—31日　数量单位：升

	月初车存数量	本月领用数量	月末车存数量	本月耗用数量	加权平均单价	本月耗用金额
第一车队	4 000	52 000	4 100	51 900	3.60	186 840
第二车队	3 700	49 800	3 900	49 600	3.60	178 560
修理车间		1 680		1 680	3.60	6 048
汽车运输分公司	80	1 160	100	1 140	3.60	4 104
行政管理部门	120	2 760	160	2 720	3.60	9 792
合计	7 900	107 400	8 260	107 040	3.60	385 344

根据燃料耗用汇总表，作会计处理如下：

借：主营业务成本——运输成本（第一车队）　186 840

　　　　　　　　——运输成本（第二车队）　178 560

　　辅助营运费用　6 048

　　营运间接费用　4 104

　　管理费用　9 792

　贷：原材料——燃料　385 344

如果燃料采用计划成本法时，还要相应地分摊材料成本差异。

若车辆在本企业以外的油库加油，则根据车辆所属的部门，直接计入相关的成本或费用账户。

2）轮胎费用的归集和分配

物流企业的运输部门各种车辆发生的轮胎费用属于运输成本，其中营运车辆发生的轮胎费用属于运输成本中的直接材料成本，直接计入各成本计算对象的成本，运输部门管理用车辆发生的轮胎费用属于营运间接费用，应先记入“营运间接费用”科目，然后在期末按照一定的标准分配计入各成本计算对象的成本。

轮胎分外胎、内胎、垫带三部分。内胎和垫带价值比较低，在领用时即可视同材料消耗，于领用时就根据其用途分别计入各成本计算对象的成本。

营运轮胎外胎价值比较高，数量较多，在领用后其价值在使用过程中逐渐损耗，一般采用摊销的方法计入各成本计算对象。具体核算参见本教材第3章。

［例9-2］东方物流公司对车队领用的外胎采用按行驶里程摊提法，对于其他部门领用的轮胎采用一次转销法。1月31日，根据本月份的有关轮胎领料单，编制轮胎领用汇总表见表9-2。

表9-2　轮胎领用汇总表　金额单位：元

2×21年1月1日—31日　数量单位：条

领用部门 项目	外胎			内胎			垫带		
	数量	单价	金额	数量	单价	金额	数量	单价	金额
第一车队	8	1 800	14 400	12	140	1 680	12	44	528
第二车队	7	1 500	10 500	14	110	1 540	11	36	396
汽车运输分公司	1	600	600				1	28	28
行政管理部门				2	36	72	1	28	28
合　计	16	—	25 500	28	—	3 292	25	—	980

①根据轮胎领用汇总表中领用的外胎，编制会计分录如下：

借：长期待摊费用——轮胎　24 900

　　营运间接费用　600

　贷：原材料——轮胎（在库）　25 500

②根据轮胎领用汇总表中内胎和垫带的领用情况，编制会计分录如下：

借：主营业务成本——运输成本（第一车队）　2 208

　　　　　　　　——运输成本（第二车队）　1 936

　　营运间接费用　28

　　管理费用　100

　贷：原材料——其他材料　4 272

［例9-3］东方物流公司的外胎里程摊销率，规格10.00的为0.95%；规格

9.00～20.00的为0.80%。根据汽车外胎的行驶里程，编制1月份外胎摊销费用计算表（见表9-3）。

表9-3　外胎摊销费用计算表

2×21年1月1日—31日　金额单位：元

项目 部门	轮胎 规格	实际行驶 里程	每车装胎 条数	实际行驶 胎公里	报废外胎超、 亏里程	胎公里 合计	里程摊 提率	摊提额
第一车队	10.00	230 000	6	1 380 000	+4 000	1 384 000	0.95%	13 148
第二车队	9.00～20.00	254 000	6	1 524 000	-2 000	1 522 000	0.80%	12 176
合计		484 000						25 324

外胎采用按行驶里程摊提法的企业，则应根据外胎行驶里程的原始记录和外胎里程摊提率，编制表9-3，并作会计处理如下：

借：主营业务成本——运输成本——第一车队——轮胎　13 148
　　　　　　　　——运输成本——第二车队——轮胎　12 176
　贷：长期待摊费用——轮胎　25 324

3）直接人工的归集和分配

物流企业运输部门发生的职工薪酬，应根据工资结算汇总表、奖金发放表、住房公积金计算表、社会保险费计算表、职工福利分配表、工会经费及职工教育经费分配表等原始凭证，按照职工提供服务的受益对象分别计入运输成本或营运间接费用。对于有固定车辆的司机和助手的人工费用，可以根据工资汇总表直接列入成本计算对象的明细账户；对于没有固定车辆的司机和助手的人工费用，则应按一定的标准分配后，列入各成本计算对象的明细账户。分配标准主要有按营运货物吨位或按营运车日两种，其计算公式如下：

工资费用分配率=应分配的司机及助手的人工费用/总营运货物千吨位（或总营运车日）

某车队应分配的人工费用=该车队总营运货物千吨位（或总营运车日）×工资费用分配率

凡属运输部门的非营运车辆的司机及助手的薪酬以及运输部门管理人员和技术人员的薪酬，应记入“营运间接费用”科目。

［例9-4］东方物流公司行政管理部门及汽车运输分公司7月份发生的工资总额为266 588元，其中，第一车队92 080元，第二车队100 080元，修理车间18 240元，汽车运输分公司27 188元，行政管理部门22 800元，机动车司机及助手6 200元。该月第一车队营运货物1 840千吨公里，第二车队营运货物1 260千吨公里。

①按营运货物千吨公里分配机动车司机和助手的工资：

工资费用分配率=6 200÷（1 840+1 260）=2（元/千吨公里）

第一车队应分配的工资费用=1 840×2=3 680（元）

第二车队应分配的工资费用=1 260×2=2 520（元）

②直接人工费用分配见表9-4。

表9-4　直接人工费用汇总表　单位：元

应借科目		成本项目	职工薪酬	
主营业务成本	运输成本	第一车队	直接人工	95 760
		第二车队	直接人工	102 600
		小计		198 360
辅助营运费用		修理车间		18 240
营运间接费用				27 188
管理费用				22 800
合计				266 588

根据表9-4，作会计分录如下：

借：主营业务成本——运输成本（第一车队）　95 760

　　　　　　　　——运输成本（第二车队）　102 600

　　辅助营运费用——共同费用　18 240

　　营运间接费用　27 188

　　管理费用　22 800

　贷：应付职工薪酬　266 588

4）其他直接费用的归集和分配

（1）保养修理费

物流运输企业车辆的各级保养和修理作业，分别由车队保修班和企业所属保养场（保修厂）进行。由车队保修班进行的各级保修和小修理的费用，包括车队保修工人的工资费用、行车耗用的机油和保修车辆耗用的燃料、润料和备品配件等，一般可以根据各项凭证汇总，全部直接计入各成本计算对象的成本。对于保修班发生的共同性费用，可按营运车日比例分配计入各车队运输成本。由保养场（保修厂）进行的保修主要是大修理所发生的费用，视同辅助费用，通过“辅助营运费用”科目进行归集与分配。

但由于营运车辆大修理一般数额较大，修理的间隔期也较长，为合理计算各期损益，一般可采用摊销或预提的办法，将大修理费用分配计入各个期间。

（2）折旧费

物流运输企业计提固定资产折旧，可以采用平均年限法、工作量法、双倍余额递减法、年数总和法，但是车辆的固定资产折旧一般采用工作量法计提。当采用工作量法时，由于外胎费用核算有两种不同的方法，所以车辆折旧的计算也有两种方法。如采用外胎价值一次摊销计入成本的方法计算折旧时，外胎价值不必从车辆原值中扣减；如采用按行驶胎公里预提外胎费用摊入成本的方法计算折旧时，外胎价值就应从车辆原值中扣减，否则会出现重复摊提的现象。折旧计算公式一般如下：

车辆月折旧额=车辆折旧率×车辆月实际行驶里程

$$车辆折旧率（元/千车公里）=\frac{车辆原值-车装轮胎价值-预计残值+预计清理费用}{车辆由新至废行驶里程定额}\times 1\ 000$$

［例9-5］东方物流公司运输车辆采用工作量法计提折旧，其余各类固定资产采用平均年限法计提折旧。根据有关资料编制固定资产折旧计算表，见表9-5。

表9-5 **固定资产折旧计算表** 金额单位：元

固定资产类别	使用单位	固定资产原值	分类月折旧率	实际行驶千车公里	车辆折旧率	应计提折旧额
一、生产用固定资产		33 250 000				244 200
房屋及建筑物	公司	1 600 000	0.002			3 200
	车站	1 000 000	0.002			2 000
	第一车队	140 000	0.002			280
	第二车队	160 000	0.002			320
	保养场	800 000	0.002			1 600
运输设备	第一车队	13 500 000		420	270	113 400
	第二车队	14 000 000		500	220	110 000
	公司	750 000		20	150	3 000
机械设备	保养场	1 000 000	0.008			8 000
其他	公司	300 000	0.008			2 400
二、非生产用固定资产		2 200 000				4 400
房屋及建筑物	公司	2 000 000	0.0018			3 600
其他	公司	200 000	0.004			800
合计		35 450 000		940		248 600

根据固定资产折旧计算表，作会计分录如下：

借：主营业务成本——运输成本（第一车队）	113 400
——运输成本（第二车队）	110 000
辅助营运费用	9 600
营运间接费用	2 600
管理费用	13 000

贷：累计折旧　　248 600

（3）其他费用

除保养修理费、折旧费等项外，营运车辆发生的其他直接费用还包括其他几项有关费用，内容比较复杂，但费用发生时同样可以根据费用凭证直接计入各成本计算对象的成本。

营运车辆的公路运输管理费，一般按运输收入的规定比例计算缴纳。因此，企业缴纳的车管费可以根据交款凭证直接计入各类运输成本。

营运车辆在营运过程中因种种行车事故所发生的修理费、救援和善后费用，以及支付外单位人员的医药费、丧葬费、抚恤费、生活费等支出，扣除向保险公司收回的赔偿收入及事故对方或过失人的赔偿款后，净损失也可根据付款、收款凭证直接计入各类运输成本。如果行车事故较为严重复杂，处理时间较长，可在发生各项支出时通过“其他应收款——暂付事故赔款”科目核算，然后逐月将已发生事故净损失转入各该类运输成本。对于当年不能结案的事故，年终时可按估计净损失数预提转入运输成本；在结案的年底，再将预提损失数与实际损失数的差额，调整当年的有关运输成本。

车辆牌照和检验费、车船税、洗车费、过桥费、轮渡费、司机途中宿费、行车杂费等费用发生时都可以根据付款凭证直接计入各类运输成本。此外，领用随车工具及其他低值易耗品，可以根据领用凭证，一次或分次摊入各类运输成本。

［例9-6］假设东方物流公司2×21年12月份缴纳的营运车辆车管费以及支付的车辆清洗费、过桥费、行车杂费等项费用，经汇总为89 000元，其中：第一车队23 644元，第二车队64 608元，公务车748元。

汇总上述各项费用的付款凭证，则其会计分录如下：

借：主营业务成本——运输成本（第一车队）　　23 644
　　　　　　　　——运输成本（第二车队）　　64 608
　　管理费用　　748
　贷：银行存款（或库存现金）　　89 000

5）辅助营运费用的归集与分配

物流企业所属的修理保养等辅助部门为开展物流活动提供的修理保养等服务所发生的各项支出，如不能直接计入特定成本计算对象的，应通过“辅助营运费用”科目进行归集，按费用项目进行明细核算。期末，按照一定的标准分配计入运输成本。

［例9-7］根据本节前述举例，东方物流公司本月共发生辅助营运费用33 888元，按照各部门车辆的行驶里程进行分配，第一车队应承担修理费15 364元，第二车队应承担修理费17 924元，运输公司承担600元。根据分配结果，作会计分录如下：

借：主营业务成本——运输成本（第一车队）　　15 364
　　　　　　　　——运输成本（第二车队）　　17 924
　　营运间接费用　　600

贷：辅助营运费用　　33 888

6）营运间接费用的归集与分配

物流企业所属基层营运单位（车队、车站、车场）为组织与管理营运过程所发生的不能直接计入成本计算对象的各种间接费用，应通过“营运间接费用”科目进行核算。企业如实行公司和站、队两级核算体制，“营运间接费用”科目应按基层营运单位设置明细账，并按费用项目进行明细核算，如实行公司集中核算体制，也可不分单位设置明细账，而直接按费用项目进行明细核算。

［例9-8］假设东方物流公司营运成本由公司集中核算，2×21年12月各站、队发生的营运间接费用，除前面列举的材料费、工资费、折旧费、转入的修理费，还有以下几项：水电费2 000元，以银行存款或现金支付办公费1 400元，以现金支付或报销差旅费1 380元，另发生劳动保护费400元。有关业务举例从略，各项费用已记入营运间接费用明细账见表9-6。

表9-6　**营运间接费用明细账**　单位：元

2×21年		凭证字号	摘要	工资费	材料	折旧费	水电费	办公费	差旅费	其他	合计
月	日										
12	31	（略）	工资	27 188							27 188
			材料		4732						4732
			折旧费			2 600					2 600
			水电费				2 000				2 000
			办公费					1 400			1 400
			差旅费						1 380		1 380
			修理费							600	600
			劳动保护费							400	400
			合计	27 188	4 732	2 600	2 000	1 400	1 380	1 000	40 300

各基层营运单位发生的营运间接费用，经归集后应于月末分配计入各有关成本计算对象的成本。实行公司和站、队两级核算体制的运输企业，车站、车队、装卸队等单位发生的营运间接费用（通称车站经费、车队经费），应分别设账归集与分配。货车队经费可以分别直接计入货车运输成本；装卸队经费可直接计入装卸成本；车站经费全部由运输业务负担，应分配计入货车运输成本，一般按照货车队营运车日比例进行分配，其计算公式如下：

$$每营运车日应分配车站经费=\frac{车站经费总额}{货车营运车日数}$$

货车应分配车站经费=每营运车日应分配车站经费×货车营运车日数

实行公司集中核算体制的运输企业，各站、队发生的营运间接费用，装卸队应单独设账，车站、货车队则可以合并设账核算。如果企业同时经营运输业务和装卸业务，而装卸队经费又未单独设账核算，则营运间接费用应先在运输业务与装卸业务之间进行分配，其分配方法一般采用直接成本比例法。

［例9-9］假设东方物流公司营运间接费用按照业务部门进行明细核算，本节中的营运间接费用均为运输部门发生，各站、队合并设账归集营运间接费用，2×21年12月实际发生额为40 300元（见表9-7）。当月营运车日总计为4 030天，其中：第一车队为1 860天，第二车队为2 170天。根据以上资料，编制营运间接费用分配表见表9-7。

表9-7　　营运间接费用分配表

2×21年12月　　金额单位：元

成本计算对象	分配标准（营运车日）	分配率	分配额
第一运车队	1 860	10	18 600
第二运车队	2 170	10	21 700
合计	4 030	10	40 300

根据营运间接费用分配表，作会计分录如下：

借：主营业务成本——运输成本（第一车队）　　18 600

　　　　　　　　——运输成本（第二车队）　　21 700

　贷：营运间接费用　　40 300

9.2.5　运输总成本和单位成本

1）运输成本的计算单位

公路运输成本的计算单位，是以公路运输工作量的计量单位为依据，即实际运送的货物吨数乘以运距，通常称为货物周转量，计量单位为“吨公里（t·km）”。为方便起见，通常以“千吨公里（kt·km）”作为成本的计算单位。

大型车组的成本计算单位可以为“千吨位小时”，集装箱车辆的成本计算单位为“千标准箱公里”。集装箱以20ft为一个标准箱。小于20ft的，每箱按一标准箱计算；大于20ft小于40ft的集装箱，每箱按1.5标准箱计算。其他特种车辆，如冷藏车、油罐车等的运输业务，其运输工作量仍以“千吨公里”为成本计算单位。

2）运输总成本和单位成本的计算

运输企业完成一定运输业务所发生的直接人工、直接材料、其他直接费用和营运间接费用等运输费用总额，组成了运输总成本。运输总成本除以运输周转量得出运输单位成本。其计算公式如下：

$$运输单位成本（元/千吨公里）=\frac{运输总成本}{运输周转量(千吨公里)}$$

［例9-10］假设东方物流公司2×21年12月完成的货车运输周转量为第一车队2 200千吨公里，第二车队2 000千吨公里。成本计算见表9-8、表9-9。

表9-8 运输成本明细表

第一车队　单位：元

2×21年		凭证号	摘要	直接人工	直接材料		其他直接费用			营运间接费用	合计
月	日				燃料	轮胎	保养修理	折旧费	其他费用		
12	31		工资	95 760							95 760
			燃料		186 840						186 840
			轮胎摊提			13 148					13 148
			领用内胎			1 680					1 680
			零修								
			垫带			528					528
			保修用料				15 364				15 364
			价差								
			大修计提								
			折旧费					113 400			113 400
			车管等其他费用						23 644		23 644
			营运间接费用							18 600	18 600
			合计	95 760	186 840	15 356	15 364	113 400	23 644	18 600	468 964

表9-9 运输成本明细表

第二车队　单位：元

2×21年		凭证号	摘要	直接人工	直接材料		其他直接费用			营运间接费用	合计
月	日				燃料	轮胎	保养修理	折旧费	其他费用		
12	31		工资	102 600							102 600
			燃料		178 560						178 560
			轮胎摊提			12 176					12 176

续表

2×21年		凭证号	摘要	直接人工	直接材料		其他直接费用			营运间接费用	合计
月	日				燃料	轮胎	保养修理	折旧费	其他费用		
			领用内胎			1 540					1 540
			零修								
			垫带			396					396
			保修用料				17 924				17 924
			价差								
			大修计提								
			折旧费					110 000			110 000
			车管等其他费用						64 608		64 608
			营运间接费用							21 700	21 700
			合计	102 600	178 560	14 112	17 924	110 000	64 608	21 700	509 504

运输企业月末应编制运输成本计算表，以反映运输总成本和单位成本。本例中东方物流公司根据以上资料，可编制运输成本计算表见表9-10。

表9-10　　运输成本计算表

2×21年12月　　金额单位：元

项　目	行次	计划数	本月实际数			本月累计数		
			合计	第一车队	第二车队	合计	第一车队	第二车队
一、直接人工	1		198 360	95 760	102 600	略	略	略
二、直接材料	2		394 868	202 196	192 672			
1.燃料	3		365 400	186 840	178 560			
2.轮胎	4		29 468	15 356	14 112			
三、其他直接费用	5		344 940	152 408	192 532			
1.保养修理费	6		33 288	15 364	17 924			
2.折旧费	7		223 400	113 400	110 000			
3.其他费用	8		88 252	23 644	64 608			
四、营运间接费用	9		40 300	18 600	21 700			
五、运输总成本	10		978 468	468 964	509 504			
六、周转量（千吨公里）	11		4 200	2 200	2 000			
七、单位成本（元/千吨公里）	12		467.92	213.17	254.75			

9.3 仓储成本

仓储是物流企业向客户提供的重要物流活动之一，本节主要介绍仓储成本的核算。

9.3.1 仓储业务概述

1）仓储的概念

仓储是指物流企业运用仓库及各种储存设备为客户提供货物储存和保管的业务。在物流业务中，运输业务承担了改变货物空间状态的重任，而仓储业务则承担了改变货物实际状态的重任。物流企业的仓储业务是社会物质生产的必要条件，是生产过程的延续，是联结生产与再生产、生产与消费的环节。仓储业务具有以下特点：

① 满足客户的需求，保证储存货物的质量，确保生产、生活的连续性是仓储的使命之一。

② 当物品不能被即时消耗，需要专门的场所存放时，形成了静态仓储。对仓库里的物品进行保管、控制、存取等作业活动，便产生了动态仓储。

③ 储存的对象必须是实物产品，包括生产资料、生活资料等。

④ 储存和保管货物要根据货物的性质选择相应的储存方式。不同性质的货物应该选择不同的储存方式。例如，食品、生物药品等对温度有特殊要求的货物需要采用冷藏库储存；液态的原油或成品油就需要使用油品库储存。

2）仓储的功能

从整个物流过程看，仓储是保证这个过程正常运转的基础环节之一。仓储的价值主要体现在其具有的基本功能、增值功能以及社会功能三个方面。

① 基本功能。基本功能指为了满足市场的基本储存需求，仓库所具有的基本的操作或行为，包括储存、保管、拼装、分类等基础作业。其中，储存和保管是仓储最基础的功能。通过基础作业，货物得到了有效的、符合市场和客户需求的仓储处理，例如，拼装可以为进入物流过程中的下一个物流环节做好准备。

② 增值功能。通过基本功能的实现而获得的利益体现了仓储的基本价值。增值功能则是指通过仓储高质量的作业和服务，使经营方或供需方获取除这一部分以外的利益，这个过程也称为附加增值。这是物流中心与传统仓库的重要区别之一。增值功能的典型表现方式包括：一是提高客户的满意度。当客户下达订单时，物流中心能够迅速组织货物，并按要求及时送达，提高了客户对服务的满意度，从而增加了潜在的销售量。二是信息的传递。在仓库管理的各项事务中，经营方和供需方都需要及时而准确的仓库信息。例如，仓库利用水平、进出货频率、仓库的地理位置、仓库的运输情况、客户需求状况、仓库人员的配置等信息，这些信息为用户或经营方进行正确的商业决策提供了可靠的依据，提高了用户对市场的响应速度，提

高了经营效率，降低了经营成本，从而带来了额外的经济利益。

③ 社会功能。仓储的基础作业和增值作业会给整个社会物流过程的运转带来不同的影响，良好的仓储作业与管理会带来正面的影响，例如，保证了生产、生活的连续性。反之会带来负面的效应。这些功能称为社会功能，主要包括：第一，时间调整功能。一般情况下，生产与消费之间会产生时间差，通过储存可以克服货物产销在时间上的隔离（如季节生产但需全年消费的大米）。第二，价格调整功能。生产和消费之间也会产生价格差，供过于求、供不应求都会对价格产生影响，因此通过仓储可以克服货物在产销量上的不平衡，以达到调控价格的效果。第三，衔接商品流通的功能。商品仓储是商品流通的必要条件，为保证商品流通过程连续进行，就必须有仓储活动。通过仓储，可以防范突发事件（如运输被延误，卖主缺货等），保证商品顺利流通。对供货仓库而言，这项功能是非常重要的，因为原材料供应的延迟将导致产品的生产流程的延迟。

3）仓储一般业务流程

（1）签订合同

仓储合同又称仓储保管合同，是指保管人接受存货人交付储存的货物，并在储存期限届满时，完好地归还该货物，存货人给付保管费的协议。通过签订仓储合同明确双方的权利义务关系。

（2）验收货物

仓储保管员在接收到库的货物时，存货人先提供仓储合同副本、承运人的运单、接运人员交付的到货交接单等，并提供货物的质量证明书、合格证及其他相关单证。只有在各种单证齐全，并经核对无误后才能据以验收。验收时要点收货物的数量，检查货物的包装和标志，并鉴定货物的质量指标是否符合规定等。对于满足收货条件的，可在交接清单上签收，并写上需注明的情况，以便分清仓库与运输部门的责任，对于不符合收货要求的，可在交接清单上注明，并拒收货物。

（3）办理入库手续

货物验收入库后，由保管人员填写入库通知单，在该单上注明货物的品名、型号、规格、数量、单位，以及货物存放的库房号和货位号，并由保管员签字确认。入库通知单一式数联，其中，一联交付存货人作为其存货的依据，一联作为货卡由仓库保管员留存，一联据以登记“实物保管明细账”。同时仓库业务部门凭入库通知单向存货人签发仓单。仓单是指保管人向存货人填发的表明仓储保管关系存在，以及保管人愿意向仓单持有人履行交付仓储物义务的单据。

（4）货物保管

货物进入仓库后，在保管期间要经常检查货物的数量是否正确、质量有无变化、保管条件和安全措施是否符合要求，并进行定期和不定期的盘点，核对货物实际数量与保管账上的数量是否相符，分析货物数量溢缺的原因，以改进货物的仓储管理。

(5) 货物出库

仓库接到存货人或仓单持有人持有的仓单和出库通知单后，在对单证审核无误后，收回仓单，签发仓库货物出库单，在出库单上注明发货商品存放的货区、库房、货位编号及发货后应有的储存数量，将其连同提货单一并交仓库保管员。保管员对转交的出库单复核无误后，备齐货物，当面与提货人按单逐件点交清楚，办好交接手续，提货人和保管员均在出库单上签章。出库单一式数联，发货结束后，应在出库单上加盖“发讫”戳记，然后将一联出库单及相关单证送交存货人，以便其办理账款结算，保管员自留一联登记实物保管明细账。出库单应定期装订成册，妥善保管，在规定的时间内，转交财会人员，据以向存货人收取仓储收入。

9.3.2 仓储成本的构成

仓储成本是指因一段时间内储存货物而发生的各种费用，由于仓储业务是堆存业务，因此仓储成本习惯上称为堆存成本。仓储成本项目主要包括堆存直接费用和营运间接费用。

1）堆存直接费用

堆存直接费用是指仓库因仓储、保管货物而发生的直接费用，主要由以下项目组成：

① 职工薪酬。它是指按规定支付给从事仓储作业人员的标准工资、岗位津贴和补贴及奖金。

② 材料费。它是指因仓储、保管货物所消耗的各种材料。

③ 低值易耗品摊销。它是指应由本期仓储成本负担的货架、托盘、垫仓板、苫布等仓储工具和其他低值易耗品的摊销额。

④ 动力及照明费。它是指冷藏仓库、恒温仓库等耗用的动力费和各种仓库耗用的照明费。

⑤ 折旧费。它是指仓库等仓储设备按照规定计提的折旧费用。

⑥ 修理费用。它是指为保证仓储设备正常使用而发生的修理费用。

⑦ 劳动保护费。它是指仓储作业中的职工劳动保护费用，如防暑清凉饮料费用等。

⑧ 事故损失。它是指在仓储作业过程中，因仓库责任而造成的货物被盗、丢失、损毁、变质、错交等货损、货差事故损失。

⑨ 保险费。它是指应由本期仓储业务负担的财产保险费用。

⑩ 其他费用。它是指不属于以上项目的仓储直接费用。

2）营运间接费用

由于仓储业务和装卸业务是密不可分的，仓储和装卸业务往往与客户合签一张合同，营运间接费用是指企业的仓储装卸部门、营运部或分公司为管理和组织仓储和装卸的劳动生产所发生的管理费用和业务费用。

9.3.3　仓储成本计算对象与成本计算期

1）仓储成本计算对象

进行成本核算，必须首先确定成本计算对象。物流企业为了确保货物没有损耗、变质和丢失，必须建造或租用仓库、堆场，购买各种仓储材料，配备必要的仓库管理人员，安装或配备适宜的防盗、防冻、防潮、防火、通风、消防等各种防护设施设备，消耗水电，货物保管不善还会发生盗窃、霉烂变质、毁损等事故损失。这些耗费构成了仓储费用。将仓储费用对象化就形成了仓储成本。物流企业接受客户的货物储存在仓库或堆场内，其仓库类型复杂多样，按建筑结构可以分为露天仓库、简易仓库、平房仓库、楼房仓库、立体仓库和罐式仓库等；按保管货物的特性可分为普通仓库、冷藏仓库、恒温仓库、特种危险品仓库等。因此，物流企业的仓储业务可以将仓库或堆场作为其成本计算对象。如果管理需要的话，还可进一步按客户或货物计算其仓储成本。

2）仓储业务的成本计算期

成本计算期就是企业要在多长时间内计算一次成本。仓储业务的成本应按月、季、半年、年计算，从年初至各月末止累计成本。

9.3.4　仓储成本的核算

1）堆存直接费用的归集与分配

物流企业仓储货物所发生的堆存直接费用，应根据“直接人工费用汇总表”“燃料耗用汇总表”“固定资产折旧计算表”及各种发票、单据等，直接列入所属仓库或库区的成本。此时借记“主营业务成本——仓储成本”科目，贷记“应付职工薪酬”“原材料”“累计折旧”“银行存款”等相关科目。

［例9-11］东方物流公司经营仓储业务，拥有一座普通仓库、一座冷藏仓库和一个露天货场。2×21年6月份该公司发生以下费用：

①本月份仓储作业人员工资合计110 000元，其中，普通仓库仓储作业人员工资为36 000元，冷藏仓库仓储作业人员工资为40 000元，露天货场仓储作业人员工资为34 000元。分配本月份仓储作业人员工资：

借：主营业务成本——仓储成本——普通仓库——工资　　36 000
　　　　　　　　　　　　　　　——冷藏仓库——工资　　40 000
　　　　　　　　　　　　　　　——露天货场——工资　　34 000
　贷：应付职工薪酬——工资　　110 000

②本月份对仓库的房屋及设备计提折旧，共计228 800元，其中，普通仓库79 600元，冷藏仓库149 200元。有关会计处理如下：

借：主营业务成本——仓储成本——普通仓库——折旧　　79 600
　　　　　　　　　　　　　　　——冷藏仓库——折旧　　149 200
　贷：累计折旧　　228 800

③该公司的保安工作由外聘的保安服务公司完成，3个存货点在同一个大院

内，共支付保安费用36 000元，月末按照3个存货点进行平均分配。有关会计处理如下：

借：主营业务成本——仓储成本——普通仓库——保安费　12 000
——冷藏仓库——保安费　12 000
——露天货场——保安费　12 000
贷：应付账款——保安公司　36 000

2）营运间接费用的归集与分配

物流企业的营运间接费用应按营运部或分公司设置明细分类账，归集营运部或分公司发生的营运间接费用，期末按营运部或分公司的堆存直接费用和装卸直接费用的比例进行分配。其计算公式如下：

营运间接费用分配率=该部门营运间接费用总额/堆存直接费用总额

应分摊的营运间接费用=该部门发生的堆存直接费用×营运间接费用分配率

［例9-12］东方物流公司按照堆存直接费用对营运间接费用进行分配。2×21年6月30日“营运间接费用——仓储部”明细账户余额为48 000元，该公司普通仓库、冷藏仓库、露天货场等3个存货仓库发生的堆存直接费用依次为20 000元、30 000元和10 000元。请分配这3个仓库应负担的营运间接费用。

①各个仓库应分配营运间接费用的计算：

营运间接费用分配率=48 000÷（20 000+30 000+10 000）=0.8

普通仓库应分配的营运间接费用=0.8×20 000=16 000（元）

冷藏仓库应分配的营运间接费用=0.8×30 000=24 000（元）

露天货场应分配的营运间接费用=0.8×10 000=8 000（元）

②各个仓库分配营运间接费用的有关会计处理：

借：主营业务成本——仓储成本——普通仓库——营运间接费用　16 000
——冷藏仓库——营运间接费用　24 000
——露天货场——营运间接费用　8 000
贷：营运间接费用——仓储部　48 000

9.3.5　仓储成本的计算

1）仓储成本的计算单位

物流企业不仅需要计算仓库或堆场发生的总成本，还需计算单位成本。仓储业务的单位成本以货物堆存量为计量单位。货物堆存量通常以重量作为成本计量单位，用堆存吨天数表示。它是指实际堆存货物的吨数与货物堆存天数的乘积。货物堆存量也可以面积作为成本计量单位，用堆存平方米表示，它是指实际堆存货物的面积与堆存货物天数的乘积。在实际工作中，通常用堆存千吨天数或堆存千平方米作为仓储业务的成本计算单位。

2）仓储成本的计算公式

仓储业务是堆存货物，因此仓储业务应负担的堆存直接费用和营运间接费用构成了堆存总成本。堆存总成本除以该月货物堆存量即为单位堆存成本，其计算公式如下：

$$单位堆存成本=\frac{堆存总成本}{货物堆存量}$$

物流企业月末应根据“主营业务成本——仓储成本”明细账所归集的堆存成本和该月实际完成的堆存量编制“堆存成本计算表”，以反映堆存总成本和单位成本。“主营业务成本——仓储成本”明细账采用多栏式账页，其具体格式与登记方法与“主营业务成本——运输成本”明细账基本相同，在此不再重述。

9.4　装卸成本

装卸业务是物流企业向客户提供的重要物流活动之一，本节主要介绍装卸成本的核算。

9.4.1　装卸业务概述

1）装卸业务的概念及意义

装卸业务是指物流企业运用机械设备和人力为客户提供改变货物在物流同一节点内的存在状态和空间位置的服务。这里的装卸是广义的装卸，它包括狭义的装卸和搬运。狭义的装卸是指货物在指定地点以人力或机械被装入运输设备或卸下，其结果是货物上下方向的位移。搬运则是指在同一场所内对货物进行水平的移动，其结果是货物横向或斜向的位移。在实际工作中，装卸和搬运是密不可分的，通常合称装卸搬运，或简称装卸，即广义的装卸。

此外，运输与搬运的区别主要是物流的活动范围不同，运输活动是在物流节点之间进行，而搬运则是在物流节点进行，而且是短距离的移动。

在物流企业的生产经营活动中，运输、仓储和配送等业务均是以装卸业务为起点和终点的。于是装卸活动总是不断地出现，反复地进行着，并且每次装卸活动均要耗费时间，而这一时间是决定物流速度的关键。如果装卸人员操作不当将会造成货物破损、散失和损耗等损失。因此装卸活动效率的高低和质量的好坏，会直接影响到物流企业的整体效率和为社会服务的质量。

2）装卸业务的特点

（1）装卸业务是附属性、伴生性的活动

装卸业务是物流企业的运输、仓储和配送等生产经营活动的开始和结束时必然发生的活动。例如，货物需要从仓库搬运至运输工具处，并装上运输工具才能进行运输，运输到储存地以后，又要从运输工具上卸下，并搬运至仓库才能进行储存。

（2）装卸业务是支持性、障碍性的活动

装卸业务的质量会影响物流企业其他业务的质量和速度。例如，货物装船太慢，就会拖延船舶起航的时间；货物装船、装车不当，会导致运输过程中的损失；货物卸放不当，又会引起下一步移动货物的困难等。因此物流企业其他业务的生产经营活动只有在装卸业务的有效支持下，才能实施高水平的营运。

（3）装卸业务是衔接性的活动

在任何其他物流业务活动互相过渡时，通常是以装卸业务来衔接的，因此，装卸业务往往成为整个物流活动的“瓶颈”，它是物流各项作业之间能否形成有机联系和紧密衔接的关键。建立一个有效的物流系统，关键看这一衔接是否有效。

3）装卸业务的一般流程

（1）签订装卸合同

装卸合同是指装卸人接受客户的要求，将货物完好无损地装入运输设备或从运输设备上卸下，并将卸下的货物搬运至指定的地点，客户给付装卸费的协议。通过签订装卸合同可以明确双方的权利和义务。

（2）落实装卸作业的组织

装卸营运部根据装卸合同对装卸作业对象的特点进行详细了解，据以确定装卸搬运作业的方式，规划装卸搬运作业路线，选择装卸搬运的工具和设备，组织装卸搬运作业人员，并签发装卸作业单，单内列明装卸货物的名称、数量及装卸的要求等。装卸作业单一式四联，装卸营运部留存一联，将其余三联转交装卸队。

（3）装卸货物

装卸队在进行装卸作业前，应先核对装卸的货物与装卸作业单上所列的品名与数量是否相符，检查包装是否完好等，确认无误后才能进行装卸作业。装卸完毕后，在装卸作业单上签章后，将三联装卸作业单转交装卸营运部，装卸营运部留下一联，另两联转交财会部门，财会部门留下一联入账，另一联转交客户，作为收取装卸收入的依据。

9.4.2 装卸成本的构成

物流企业的装卸成本项目分为装卸直接费用和营运间接费用两项。

1）装卸直接费用

（1）直接人工

直接人工是指支付给装卸搬运机械司机、助手和装卸搬运工人的薪酬。

（2）燃料和动力费

燃料和动力费是指装卸搬运机械在运行和操作过程中，所耗用的燃料（如汽油、柴油）、动力（如电力、蒸汽）费用。

（3）轮胎费用

轮胎费用是指装卸搬运机械领用的外胎、内胎、垫带以及外胎翻新费和零星修补费。

（4）保养修理费

保养修理费是指为装卸搬运机械和装卸搬运工具进行保养、大修、小修所发生的料、工、费，以及装卸机械在运行和操作过程中所耗用的机油、润滑油等费用。

为装卸搬运机械保修所领用的周转总成的费用，也包括在本项目内。

（5）折旧费

折旧费是指按规定计提的装卸搬运机械折旧费。

（6）其他直接费用

其他直接费用是指不属于以上各项目的与装卸搬运业务直接有关的工具费、劳动保护费、外付装卸搬运费（指支付给外单位装卸搬运工人的装卸费用）、事故损失（指在装卸搬运作业过程中，因装卸队责任造成的应由本期装卸成本负担的事故损失，包括货物破损等货损、货差损失，损坏车辆设备所支付的修理费，以及外单位人员人身伤亡事故所支付的各种费用）等。

2）营运间接费用

营运间接费用是指物流企业的装卸营运部门为管理与组织装卸搬运业务而发生的管理费用和业务费用。

9.4.3　装卸成本计算对象与成本计算期

1）装卸业务的成本计算对象

物流企业在经营装卸业务时，应按照机械化作业和人工作业的不同，分别核算成本。物流企业既有机械化作业，又有人工作业，如以机械作业为主仅配备少量人工作业时，可只计算机械作业成本；如以人工作业为主仅配备少量机械作业时，可只计算人工装卸成本。物流企业的装卸搬运成本，一般实行两级核算，各装卸营运部门仅计算本部门的装卸搬运成本，企业汇算各装卸部门总的装卸搬运成本。

物流企业经营港口业务的，为了加强成本管理，可以装卸作业的主要货种作为成本计算对象，核算其成本，如可以分为石油、煤炭、矿石、木材、粮食、集装箱和杂货等主要货种。

另外，为装卸搬运业务配备的车辆一般视同装卸搬运机械，其所发生的费用计入装卸搬运成本，不再单独核算。

2）装卸业务的成本计算期

装卸业务的成本应按月、季、半年和年计算，并计算从年初至各月末止的累计成本。

9.4.4　装卸搬运成本的核算

1）装卸直接费用的归集与分配

物流企业的装卸搬运成本通过“主营业务成本——装卸成本”科目进行归集与分配，本科目应按成本计算对象设置明细账，并按成本项目进行明细核算。

物流公司如果同时经营装卸搬运业务，在公司下设立装卸搬运队。装卸搬运队统一管理机械装卸搬运队和人工装卸搬运队，其中，人工装卸搬运队配备少量装卸搬运机械，机械装卸搬运队和人工装卸搬运队应分别核算装卸搬运成本。装卸搬运费用的归集与分配方法，与运输费用基本相同，其有关的汇总表、计算表、分配表及会计分录，一般都可并入核算运输业务的有关凭证（汇总表、计算表、分配表）

及分录中。下面举例简要说明各项装卸搬运费用的归集与分配方法。

（1）直接人工

企业的直接人工可根据“工资结算表”等有关资料，编制工资费用汇总表（格式见表9-4），据以直接计入各类装卸搬运成本。

［例9-13］东方物流公司装卸搬运队2×21年12月发生工资如下：机械装卸搬运队司机工资54 120元、保修工人工资12 000元；人工装卸搬运队工资96 000元、保修工人工资13 440元；队部管理人员工资20 520元。作会计分录如下：

借：主营业务成本——装卸成本（机械）	66 120	
——装卸成本（人工）	109 440	
营运间接费用	20 520	
贷：应付职工薪酬		196 080

（2）燃料和动力费

对于燃料和动力费，企业可于每月终了，根据油库转来的装卸搬运机械领用燃料凭证，计算实际消耗数量计入成本。企业耗用的电力可根据供电部门的收费凭证或企业的分配凭证直接计入成本。

［例9-14］假设东方物流公司装卸搬运队2×21年12月领用装卸搬运过程用的燃料106 800元，其中：机械装卸搬运队96 000元，人工装卸搬运队10 800元，当月燃料成本差异率为2%，作会计分录如下：

领用燃料时：

借：主营业务成本——装卸成本（机械）	96 000	
——装卸成本（人工）	10 800	
贷：原材料——燃料		106 800

结转差异时：

机械装卸搬运队燃料成本差异=96 000×2%=1 920（元）

人工装卸搬运队燃料成本差异=10 800×2%=216（元）

借：主营业务成本——装卸成本（机械）	1 920	
——装卸成本（人工）	216	
贷：材料成本差异——燃料		2 136

假设公司机械装卸搬运队机械操作耗用电力，已付或应付电费4 000元，则相关会计分录如下：

借：主营业务成本——装卸成本（机械）	4 000	
贷：银行存款（或应付账款）		4 000

（3）轮胎费用

物流企业装卸搬运机械的轮胎磨耗是在装卸搬运场地操作过程中发生的，因此其轮胎费用不宜采用胎公里摊提方法处理。一般可于领用新胎时将其价值一次直接计入装卸搬运成本。如一次集中领换轮胎数量较多，为均衡各期成本负担，可将其作为待摊费用按月份分摊计入装卸搬运成本。

装卸搬运机械轮胎的翻新和零星修补费用，一般在费用发生和支付时，直接计入装卸搬运成本。

装卸搬运队配属各种车辆所领用新胎及翻新和零星修补的费用，也可按上述方法计入成本。

［例9-15］假设东方物流公司机械装卸搬运队2×21年12月领用外胎6 400元，材料成本差异率为5%，领用内胎、垫带1 500元，材料成本差异率为4%。则编制的会计分录如下：

外胎的成本差异=6 400×5%=320（元）

借：主营业务成本——装卸成本（机械）　　6 720

　贷：原材料——轮胎　　6 400

　　材料成本差异——轮胎　　320

内胎的成本差异=1 500×4%=60（元）

借：主营业务成本——装卸成本（机械）　　1 560

　贷：原材料——轮胎　　1 500

　　材料成本差异——材料　　60

假设公司机械装卸搬运队送保养场零星修补轮胎，分配修补费用520元，作会计分录如下：

借：主营业务成本——装卸成本（机械）　　520

　贷：辅助营运费用　　520

假设机械装卸搬运队委托外单位翻新轮胎，支付翻新费用2 000元，作会计分录如下：

借：主营业务成本——装卸成本（机械）　　2 000

　贷：银行存款　　2 000

（4）保养修理费

物流公司由专职装卸搬运机械保修工或保修班组进行装卸搬运机械保修作业的工料费，直接计入装卸搬运成本；由保养场（或保修车间）进行装卸搬运机械保修作业的工料费，通过“辅助营运费用”科目核算，然后按照一定标准分配计入装卸搬运成本。

装卸搬运机械在运行和装卸搬运操作过程中耗用的机油、润滑油以及装卸搬运机械保修领用周转总成的价值，月终根据油料库、材料库提供的领料凭证直接计入装卸搬运成本。

［例9-16］假设东方物流公司装卸搬运队2×21年12月保养修理装卸搬运机械领用备品配件、润料及其他材料12 000元，其中：机械装卸搬运队领用10 000元，人工装卸搬运队领用2 000元。当月材料类的成本差异率为4%。作会计分录如下：

借：主营业务成本——装卸成本（机械）　　10 000

　　　　　　　——装卸成本（人工）　　2 000

　贷：原材料　　12 000

机械装卸搬运队领用材料的成本差异=10 000×4%=400（元）

人工装卸搬运队领用材料的成本差异=2 000×4%=80（元）

借：主营业务成本——装卸成本（机械）　　400

　　　　　　　　——装卸成本（人工）　　80

　贷：材料成本差异——材料　　480

（5）折旧费

物流企业装卸搬运机械的折旧应按规定的折旧率计提，根据固定资产折旧计算表（格式见表9-5）直接计入各类装卸搬运成本。装卸搬运机械计提折旧宜采用工作量法，一般按其工作时间（以台班表示）计提。其计算公式如下：

$$装卸机械台班折旧额=\frac{装卸机械原值-预计残值+预计清理费用}{装卸机械由新至废运转台班定额}$$

装卸搬运机械月折旧额=当月运转台班×台班折旧额

［例9-17］假设东方物流公司装卸搬运队2×21年12月应计提固定资产折旧如下：机械装卸搬运队用装卸搬运机械76 800元，人工装卸搬运队用装卸搬运机械11 520元，装卸搬运队用房屋320元。作会计分录如下：

借：主营业务成本——装卸成本（机械）　　76 800

　　　　　　　　——装卸成本（人工）　　11 520

　　营运间接费用——装卸搬运　　320

　贷：累计折旧　　88 640

（6）其他直接费用

装卸搬运机械领用的随机工具、劳保用品和装卸搬运过程中耗用的工具，在领用时根据领用凭证可将其价值一次直接计入各类装卸搬运成本。一次领用数额过大时，可作为待摊费用处理。工具的修理费用以及防暑、防寒、保健饮料、劳动保护安全措施等费用，在费用发生和支付时，可根据费用支付凭证或其他有关凭证，一次直接计入各类装卸搬运成本。

物流企业对外发生和支付装卸搬运费时，可根据支付凭证直接计入各类装卸搬运成本。事故损失一般于实际发生时直接计入有关装卸搬运成本。

2）营运间接费用

装卸搬运队直接开支的管理费和业务费，可在发生和支付时，直接列入装卸搬运成本。当按机械装卸搬运和人工装卸搬运分别计算成本时，可先通过“营运间接费用”科目汇集，月终再按直接费用比例分配计入各类装卸搬运成本。

［例9-18］假设东方物流公司装卸搬运队2×21年12月发生的管理费和业务费，除职工薪酬20 520元、折旧费320元以外，还分配水电费、支付办公费、报销差旅费等2 160元（有关分录从略），合计23 000元。已归集的机械装卸搬运与人工装卸搬运的直接费用，分别为316 000元和144 000元，根据装卸搬运成本明细账和营运间接费用（装卸搬运）明细账记录，可编制营运间接费用（装卸搬运）分配表（见表9-11）。

表9-11 **营运间接费用（装卸搬运）分配表**

2×21年12月 金额单位：元

成本计算对象	分配标准（直接费用）	分配率	分配额
机械装卸搬运	316 000		15 800
人工装卸搬运	144 000		7 200
合计	460 000	0.05	23 000

根据营运间接费用（装卸搬运）分配表，作会计分录如下：

借：主营业务成本——装卸成本（机械） 15 800

——装卸成本（人工） 7 200

贷：营运间接费用 23 000

9.4.5 装卸搬运成本的计算

物流企业的装卸总成本是通过“主营业务成本——装卸成本”科目的明细账所登记的各项装卸费用总额确定的。装卸成本明细账的格式与登记方法，与前述仓储成本明细账相同。装卸业务的单位成本，以“元/千操作吨”为计算单位。其计算公式如下：

$$\text{装卸单位成本（元/千操作吨）}=\frac{\text{装卸总成本}}{\text{装卸操作量(千操作吨)}}$$

［例9-19］假设东方物流公司2×21年12月完成的机械作业量为280千操作吨，人工装卸搬运作业量为160千操作吨，装卸搬运总作业量为440千操作吨。以机械装卸搬运作业为例，其总成本为281 840元，其单位成本可计算如下：

$$\text{机械装卸搬运单位成本}=\frac{281\ 840}{280}=1\ 006.57\text{（元/千操作吨）}$$

经营装卸搬运业务的物流企业，要按月编制装卸搬运成本计算表。本例东方物流公司按机械装卸搬运和人工装卸搬运计算成本，可编制2×21年12月份的装卸搬运成本计算表（见表9-12）。

表9-12 **装卸搬运成本计算表**

2×21年12月 单位：元

项目	行次	计划数	本月实际数			本月累计数		
			合计	机械装卸搬运	人工装卸搬运	合计	机械装卸搬运	人工装卸搬运
一、直接人工	1		175 560	66 120	109 440	略	略	略
二、直接材料	2		123 736	112 720	11 016			
1.燃料及动力	3		112 936	101 920	11 016			

续表

项　目	行次	计划数	本月实际数			本月累计数		
			合计	机械装卸搬运	人工装卸搬运	合计	机械装卸搬运	人工装卸搬运
2.轮胎	4		10 800	10 800	0			
三、其他直接费用	5		100 800	87 200	13 600			
1.保养修理费	6		12 480	10 400	2 080			
2.折旧费	7		88 320	76 800	11 520			
3.其他费用	8		0	0	0			
四、营运间接费用	9		23 000	15 800	7 200			
五、运输总成本	10		423 096	281 840	141 256			
六、装卸搬运作业量（千操作吨）	11		440	280	160			
七、单位成本（元/千操作吨）	12		1 883.42	1 006.57	882.85			

9.5 配送成本

配送是物流企业重要的作业环节，本节主要介绍配送成本的核算。

9.5.1 配送业务概述

1）配送的概念及意义

配送是物流企业重要的作业环节，它是指在经济合理区域内，根据客户要求，对物品进行拣选、加工、包装、分割、组配等作业，并按时送达指定地点的物流活动。

配送是物流系统中一种特殊的、综合的活动形式，是商流与物流的紧密结合，包含了物流中若干功能要素的一种物流活动。从物流角度来说，配送几乎包括了所有物流功能要素，是物流的一个缩影或在较小范围中物流全部活动的体现。一般的配送集装卸、搬运、包装、保管、运输于一身，通过一系列活动将物品送达客户的目的地。特殊的配送则还要以流通加工活动为支撑，其内容更广泛，严格来讲，没有配送环节的物流活动就不能成为完整的物流活动。

2）配送的业务流程

在市场经济高度发达的当今社会，客户对货物的品种、质量、数量、包装方式等的要求往往是多种多样的。物流企业要做好对客户的配送服务，必须通过一定的准备和流程才能完成。

（1）集货（备货）

这是指企业将分散的小批量的物品集中起来，以便进行运输、配送的作业。集货是配送的重要环节，为了满足特定客户的配送要求，有时需要把从数家甚至数十家供应商处预订的物品集中，并将要求的物品分配到指定容器或场所。集货是配送的准备工作或基础工作，配送的优势之一就是可以集中客户的需求进行一定规模的集货。

（2）储存

储存是按一定时期的配送经营要求，形成的对配送的资源保证。在保证服务对象绝对或相对实现“零库存”、取得集中规模效益的同时，还可以降低配送企业货物的整体库存水平，降低货物滞销压库的风险，从而提升配送企业的经济效益。

（3）订单处理

订单处理是指配送企业从接受用户订货或配送要求开始到货物发运送交客户为止，整个配送作业过程中有关订单信息的处理。

（4）分拣

这是指企业将物品按品种、出入库先后顺序进行分门别类堆放的作业。分拣是配送不同于其他物流形式的功能要素，也是决定配送成败的一项重要支持性工作，它是完善送货、支持送货的准备性工作，是不同配送企业在送货时进行竞争和提高自身经济效益的必然延伸。所以，也可以说分拣是送货向高级形式发展的必然要素。有了分拣，就会大大提高送货的服务水平。

（5）配货

这是指企业使用各种拣选设备和传输装置，将存放的物品按客户的要求分拣出来，配备齐全，送入指定发货地点的物流作业。

（6）配装

在单个客户配送数量不能达到车辆的有效载运负荷时，就存在如何集中不同客户的配送货物，进行搭配装载以充分利用运能、运力的问题，这就需要配装。与一般送货的不同之处在于，通过配装送货可以大大提高送货水平、降低送货成本。所以配装也是配送系统中有现代特点的功能要素，是现代配送不同于传统送货的重要区别之一。

（7）配送运输（输送）

配送运输是较短距离、较小规模、额度较高的运输形式，一般使用汽车作为运输工具。此外，配送运输与干线运输的区别在于，前者的路线选择问题是一般干线运输所没有的。干线运输的干线是唯一的运输线，而配送运输由于配送客户多，一般城市交通线路比较复杂，如何优化最佳配送线路，如何使配装和路线有效搭配等都是配送运输需要特殊考虑的。

（8）送达服务

将配好的物品运输到客户还不算配送工作的结束，这是因为送达物品和客户接收物品往往会出现不协调，使配送前功尽弃。因此，要圆满地实现运到物品的移交，并有效地、方便地处理相关手续并完成结算，还应和客户协商卸货地点、卸货方式等。送达服务也是体现了配送服务的特殊性。

（9）配送加工

配送加工是按照配送客户的要求所进行的流通加工。在配送中，配送加工这一功能要素不具有普遍性，但往往是有重要作用的功能要素。这是因为通过配送加工，可以大大提高客户的满意程度。配送加工是流通加工的一种，但配送加工有其特点，即配送加工一般只取决于客户的要求，其加工目的较为单一。

（10）回程

在执行完配送任务之后，配送车辆需要回程。在一般情况下，回程车辆往往空驶。这是降低配送效益、提高配送成本的因素之一。在规划配送线路时，回程路线应尽量缩短。在进行稳定的、有计划的配送时，回程车辆可将包装物、残次品等运回集中处理，或者将用户的商品运回配送中心，作为配送中心的资源，向其他用户进行配送。

3）配送服务方式

（1）定时配送

定时配送是指根据配送企业和客户双方达成的配送时间协议，按照规定的时间和时间间隔进行配送。配送的品种及配送的数量可预先在协议中确定，实行计划配送；也可以根据用户的实际需要以双方商定的联络方式通知配送品种及数量。

定时配送这种方式，由于时间确定，对用户而言，可以根据自己的经营情况，在合适的时间进货，易于其安排接货力量；对于配送企业而言，这种服务方式易于安排工作计划，有利于对多个用户实行共同配送，易于合理安排配送车辆使用和线路优化。定时配送有以下几种具体的形式：

① 小时配送方式。小时配送是接到配送信息之后，在一小时之内将货物送达，这种方式适用于一些消费者突发的需求所产生的配送要求，也是配送系统中应急的配送方式。

② 日配方式。日配是接到配送信息之后，在24小时之内将货物送达的配送方式，是定时配送中实行较为广泛的配送方式。一般而言，日配的时间要求是以工作日为基本单位，如上午的配送订货，下午送达；下午的配送订货，第二天早上送达。这样就可以使用户获得前置时间的服务保障。日配方式广泛而稳定开展，可以使用户基本上无须保持库存，进而实现“零库存”，降低其库存成本。

③ 准时配送方式。准时配送方式是按照双方协议的时间，配送企业准时将货物送到用户指定地点的配送方式。与小时配送和日配送相比，准时配送往往是根据用户的生产节奏，按指定的时间将货送达，配送方式更为精密，可以使用户实现真正的“零库存”。准时配送方式要求有很高水平的配送系统作为保证。

（2）定量配送

这是指按事先双方协议规定的数量进行配送。定量配送数量固定，备货工作有较强的计划性，可以按托盘、集装单元及车辆的装载能力来有效地选择配送的数量，配送效率高。

（3）定时定量配送

这是指按照规定的配送时间和配送数量进行配送。定时定量配送兼有定时、定量两种方式的优点，是一种精密的配送方式。

（4）定时定路线配送

这是指在规定的运行路线上，制定配送车辆到达的时间表，按运行时间表进行配送。用户可以按照配送企业规定的路线及规定的时间选择这种配送服务，并在指定时间及指定位置接货。

（5）应急配送

这是指完全按照用户突然提出的配送要求随即进行配送的方式。应急配送是对配送服务进行的补充和完善，也是配送企业应当具有的应急能力。

（6）共同配送

共同配送是指为了提高物流效率，对许多企业一起进行配送。共同配送追求的主要目标，是使配送合理化。共同配送可以分为以货物为主体的共同配送和以物流企业为主体的共同配送两种类型。

（7）加工配送

加工配送是指配送和流通加工相结合，通过流通加工后进行配送。流通加工和配送结合，使流通加工更有针对性，降低盲目性，配送企业不但可以依靠送货服务取得收益，还可以通过流通加工增值取得收益。

9.5.2　配送成本的构成

配送是集货、分拣、配载、包装、组配及加工等一系列活动的集合。通过配送，物流活动才得以最终实现，但完成配送活动是需要付出代价的，即需配送成本。配送成本是配送过程中所支付的费用总和。

配送的主体活动是配送运输、分拣、配货及配载。分拣、配货是配送的独特要求，也是配送中有特点的活动。以送货为目的的配送运输是最后实现配送的主要手段，从这一点出发，常常将配送简化为运输中的一种。

根据配送流程及配送环节，配送成本实际上是包含配送运输费用、分拣费用、配装费用及流通加工费用等全过程的费用。其成本应由以下费用构成：

1）配送运输费用

配送运输费用主要包括以下方面：

① 车辆费用。车辆费用指从事配送运输生产而发生的各项费用，具体包括驾驶员及助手等的工资及福利费、燃料费、轮胎费、修理费、折旧费、养路费、车船税等项目。

② 营运间接费用。这是指营运过程中发生的不能直接计入各成本计算对象的站、队经费，包括站、队人员的工资及福利费、办公费、水电费、折旧费等，但不

包括管理费用。

2）分拣费用

① 分拣人工费用。这是指从事分拣工作的作业人员及有关人员的工资、奖金、补贴等费用的总和。

② 分拣设备费用。这是指分拣机械设备的折旧费用及修理费用。

3）配装费用

① 配装材料费用。常见的配装材料有木材、纸、自然纤维和合成纤维、塑料等。这些包装材料功能不同，成本相差很大。

② 配装辅助费用。除上述费用外，还有一些辅助性费用，如包装标记、标志的印刷费用，拴挂物费用等。

③ 配装人工费用。这是指从事包装工作的工人及有关人员的工资、奖金、补贴等费用总和。

4）流通加工费用

① 流通加工设备费用。流通加工设备因流通加工形式不同而不同，购置这些设备所支出的费用，以流通加工费用的形式转移到被加工产品中去。

② 流通加工材料费用。这是指在流通加工过程中，投入到加工过程中的一些材料消耗所需要的费用。

③ 流通人工费用。在流通加工过程中从事加工活动的管理人员、工人及有关人员的工资、奖金等费用的总和。

实际应用中，应该根据配送的具体流程归集成本，不同的配送模式，其成本构成差异较大。相同的配送模式下，由于配送物品的性质不同，其成本构成差异也很大。

9.5.3 配送成本计算对象和成本计算期间

1）配送业务的成本计算对象

配送成本的核算是多环节的核算，是各个配送环节或活动的集成。配送各个环节的成本核算都具有各自的特点，如流通加工费用的核算与配送运输费用的核算具有明显的区别，其成本计算的对象及计算单位都不同。

配送成本的计算由于涉及多环节的成本计算，对每个环节应当计算各成本计算对象的总成本。总成本是指成本计算期内，成本计算对象的成本总额，即各个成本项目金额之和。配送成本总额由各个环节的成本组成。其计算公式如下：

配送成本总额=配送运输成本+分拣成本+配装成本+流通加工成本

需要指出的是，在进行配送成本核算时要避免配送成本重复交叉。

2）配送业务的成本计算期

配送业务的成本，应按月、季、半年和年计算，并计算从年初至各月末止的累计成本。

9.5.4 配送成本的核算

1）配送运输成本的核算

配送运输成本的核算，是指将配送车辆在配送生产过程中所发生的费用，按照规定的配送对象和成本项目，计入配送对象的运输成本。运输成本的核算方法在本章9.2中已经进行了详细阐述，这里只作简单介绍。

（1）配送运输成本的归集与分配

职工薪酬根据“工资分配汇总表”和“职工福利费计算表”中各车型分配的金额计入成本。

燃料根据“燃料发出凭证汇总表”中各车型耗用的燃料金额计入成本。配送车辆在本企业以外的油库加油，其领发数量不作为企业购入和发出处理的，应在发生时按照配送车辆领用数量和金额计入成本。

轮胎外胎采用一次转销法的，根据“轮胎发出凭证汇总表”中各车型领用的金额计入成本；采用按行驶胎公里提取法的，根据“轮胎摊提费计算表”中各车型应负担的摊提额计入成本。发生轮胎翻新费时，根据付款凭证直接计入各车型成本或通过待摊费用分期摊销。内胎、垫带根据“材料发出凭证汇总表”中各车型领用金额计入成本。

辅助生产部门对配送车辆进行保养和修理的费用，根据“辅助营运费用分配表”中分配各车型的金额计入成本。

折旧费根据“固定资产折旧计算表”中按照车辆种类提取的折旧金额计入各分类成本。

配送车辆应缴纳的运输管理费，应在月终计算成本时，编制“配送营运车辆应缴纳管理费计算表”，据此计入配送成本。

车船税、行车事故损失和其他费用，如果是通过银行转账、应付票据、现金支付的，根据付款凭证等直接计入有关的车辆成本；如果是在企业仓库内领用的材料物资，根据“材料发出凭证汇总表”“低值易耗品发出凭证汇总表”中各车型领用的金额计入成本。

营运间接费用根据“营运间接费用分配表”计入有关配送车辆成本。

（2）配送运输成本计算表

物流配送企业月末应编制配送运输成本计算表，以反映配送运输总成本和单位成本。配送运输总成本是指成本计算期内成本计算对象的成本总额，即各个成本项目金额之和。配送运输单位成本是指成本计算期内各成本计算对象完成单位周转量的成本额。

［例9-20］假设配送分公司2×21年12月份发生的配送运输费用情况如下（会计分录略）：人工费110 808元，燃料费102 400元，轮胎8 200元，修理费25 204元，折旧费42 680元，行车事故损失16 620元；营运间接费用45 200元。有关配送运输成本计算表的登记及格式见表9-13。

表9-13 **配送运输成本计算表**

编制单位：配送分公司　　2×21年12月　　金额单位：元

项　目	计算依据	配送车辆合计	配送营运车辆		
			解放	东风	…
一、车辆费用		305 912			
工资		110 808			
燃料		102 400			
轮胎		8 200			
修理费		25 204			
折旧费		42 680			
行车事故损失		16 620			
其他		0			
二、营运间接费用		45 200			
三、配送运输总成本		351 112			
四、周转量（千吨公里）		1 700			
五、单位成本（元/千吨公里）		206.54			

2）分拣成本的核算

分拣成本是指分拣机械及人工在完成货物分拣过程中所发生的各种费用。

（1）分拣成本项目和内容

配送环节的分拣成本包括分拣直接费用和分拣间接费用。

分拣直接费用包括：工资，指按规定支付给分拣作业工人的标准工资、奖金、津贴等；职工福利费，指按规定的工资总额和提取标准计算的职工福利费；修理费，指分拣机械进行保养和修理所发生的工料费用；折旧费，指分拣机械按规定计提的折旧费；其他费用，指不属于以上各项的费用。

分拣间接费用是指配送分拣管理部门为管理和组织分拣生产，需要由分拣成本负担的各项管理费用和业务费用。

（2）分拣成本的归集与分配

职工薪酬根据“工资分配汇总表”中分配的分拣成本金额计入成本。

辅助生产部门对分拣机械进行保养和修理的费用，根据“辅助营运费用分配表”中分配的分拣成本金额计入成本。

折旧费根据“固定资产折旧计算表”中按照分拣机械提取的折旧金额计入成本。

其他直接费用根据“低值易耗品发出凭证汇总表”等凭证中分拣成本领用的金

额计入成本。

分拣间接费用根据“配送管理费用分配表”计入分拣成本。

（3）分拣成本计算表

物流配送企业月末应编制分拣成本计算表，以反映配送分拣总成本。分拣总成本是指成本计算期内成本计算对象的成本总额，即各个成本项目金额之和。

［例9-21］假设配送分公司2×21年12月份发生的分拣费用情况如下（会计分录略）：人工费13 908元，修理费2 320元，折旧费5 400元，其他费用2 800元；分拣间接费用7 940元。有关分拣成本的计算见表9-14。

表9-14　分拣成本计算表

编制单位：配送分公司　　2×21年12月　　单位：元

项目	计算依据	合计	分拣产品		
			货物甲	货物乙	…
一、分拣直接费用		24 428			
工资		13 908			
修理费		2 320			
折旧费		5 400			
其他		2 800			
二、分拣间接费用		7 940			
分拣总成本		32 368			

3）配装成本的核算

配装成本是指在完成配装货物过程中所发生的各种费用。

（1）配装成本项目和内容

配装成本包括配装直接费用和配装间接费用。

配装直接费用包括：工资，指按规定支付的配装作业工人的标准工资、奖金、津贴；材料费用，指配装过程中消耗的各种材料，如包装纸、箱、塑料等；辅助材料，指配装过程中耗用的辅助材料，如标志、标签等；其他费用，指不属于以上各项的费用，如配装工人的劳保用品费等。

配装间接费用是指配装管理部门为管理和组织配装生产所发生的各项费用，由配装成本负担的各项管理费用和业务费用。

（2）配装成本的归集与分配

职工薪酬根据“工资分配汇总表”中分配的配装成本的金额计入成本。

材料费用根据“材料发出凭证汇总表”“领料单”“领料登记表”等原始凭证，将配装生产耗用的金额计入成本。直接材料费用中，材料费用数额是根据领料凭证汇总编制“耗用材料汇总表”确定的；在归集直接材料费用时，凡能分清某一成本计算对象的费用，应单独列出，以便直接计入该配装对象的成本计算单中；属于几个配装成本对象共同耗用的直接材料费用，应当选择适当的方法，分配计入各配装成本计算对象的成本计算单中。

辅助材料费用根据“材料发出凭证汇总表”“领料单”中的金额计入成本。

其他直接费用根据“材料发出凭证汇总表”“低值易耗品发出凭证汇总表”等凭证中的配装成本领用的金额计入成本。

配装间接费用根据“配送间接费用分配表”计入配装成本。

（3）配装成本计算表

物流配送企业月末应编制配送环节配装成本计算表，以反映配装过程中发生的成本费用总额。配装作业是配送的独特要求，只有进行有效的配装，才能提高送货水平，降低送货成本。

［例9-22］假设配送分公司2×21年12月份发生的分拣费用情况如下（会计分录略）：人工费16 188元，直接材料费24 600元，辅助材料费7 200元，其他费用3 240元；配装间接费用9 160元。有关配装成本计算表见表9-15。

表9-15 **配装成本计算表**

编制单位：配送分公司 2×21年12月 单位：元

项目	计算依据	合计	配装品种		
			货物甲	货物乙	…
一、配装直接费用		51 228			
工资		16 188			
直接材料费		24 600			
辅助材料费		7 200			
其他		3 240			
二、配装间接费用		9 160			
配装总成本		60 388			

9.6 期间费用

期间费用是保证物流企业经营各项物流业务顺利进行而必不可少的，是物流企业当期发生的费用的重要组成部分。本节主要介绍物流企业各项期间费用的核算。

9.6.1 期间费用概述

1）期间费用的概念及内容

物流企业的期间费用是指本期发生的、不能直接归属于某个特定物流成本而直接计入当期损益的费用。它主要包括：

（1）管理费用

管理费用是指企业行政管理部门为组织和管理生产经营活动所发生的各项费用，包括物流企业的董事会和行政管理部门在物流企业的经营管理中发生的或者应由物流企业统一负担的公司经费（包括物流企业行政管理部门管理人员工资、差旅费、办公费、董事会会费、折旧费、修理费、物料消耗、低值易耗品摊销及其他公司经费）、董事会费（包括董事会成员津贴、差旅费、会议费等）、业务招待费、咨询费、诉讼费、绿化费等。

（2）销售费用

销售费用是指物流企业因招揽业务、接受订单而发生的各种费用，包括展览费、广告费和业务拓展部门的职工薪酬、业务费、折旧费等经营费用。

（3）财务费用

财务费用是指企业在生产经营过程中为筹集资金而发生的各项费用，主要包括利息支出（减利息收入）、汇兑损益以及相关的手续费、日常结算的银行手续费等。

2）期间费用核算的要求

物流企业在对期间费用进行核算时，应注意以下要求：

（1）划清期间费用和物流成本的界限

物流企业的生产经营活动是多种多样的，伴随着生产经营活动的开展，发生了各种用途的开支，这就需要分清开支发生的地点和用途，分清涉及的部门和人员，分门别类地进行核算。例如，工资的核算，直接从事物流活动的人员的工资应作为物流成本入账，各个物流管理部门人员的工资应作为营运间接费用入账，而企业行政管理部门人员的工资应作为管理费用入账。又如，作为营运间接费用和管理费用中共有的其他费用，如折旧费、修理费、租赁费、水电费、材料消耗等，应根据原始凭证中注明的发生部门，严格区分产品营运间接费用和管理费用。

（2）划清期间费用和营业外支出的界限

期间费用是反映物流企业生产经营活动中非生产性开支的一项重要的经济基础指标。对于因违反经济合同或财经纪律而支付的违约金、赔偿金或罚款，因违反国家法律而没收的财物损失，赞助支出，捐赠支出以及与企业生产经营活动无关的各项支出，均不能作为期间费用入账，而应在“营业外支出”科目列支。

（3）划清本期期间费用和下期期间费用的界限

物流企业要按照权责发生制的要求，掌握期间费用的归属期，确定期间费用的开支。凡是属于本期发生的期间费用，不论款项是否已经支付，均应作为本期发生的期间费用入账；凡不属于本期发生的期间费用，即使款项已经支付，也不能作为本期的期间费用入账。物流企业不得任意预提和摊销费用，人为地调节各月的期间费用。

9.6.2 期间费用的核算

1）管理费用的核算

为了核算和监督物流企业发生的管理费用，企业应设置“管理费用”科目。该科目属于费用类科目，借方登记企业当期发生的各项管理费用，贷方登记期末转入“本年利润”科目的金额，期末结转后本科目无余额。本科目可按管理费用的经济内容进行明细核算，见表9-16。

表9-16 管理费用明细分类账

年		凭证号数	摘要	职工薪酬	折旧费	办公费	差旅费	水电费	其他	合计
月	日									

［例9-23］2×21年5月，海辉物流公司分配本月职工工资，其中：运输人员工资42 000元，装卸搬运人员工资60 000元，修理车间管理人员工资14 000元，物流管理人员工资12 000元，行政管理人员工资16 000元。

借：主营业务成本——运输成本　42 000
　　　　　　　——装卸成本　60 000
　　辅助营运费用　14 000
　　营运间接费用　12 000
　　管理费用——职工薪酬　16 000
　贷：应付职工薪酬　144 000

［例9-24］2×21年5月，海辉物流公司以银行存款支付咨询费6 000元。

借：管理费用——咨询费　6 000
　贷：银行存款　6 000

2）销售费用的核算

为了核算和监督物流企业发生的销售费用，企业应设置“销售费用”科目。该科目借方登记物流企业发生的各项销售费用，贷方登记物流企业期末结转入“本年利润”科目的销售费用，结转后该科目无余额。该科目可按销售费用的经济内容进行明细核算，见表9-17。

表9-17 销售费用明细分类账

年		凭证号数	摘要	职工薪酬	广告费	折旧费	办公费	水电费	差旅费	其他	合计
月	日										

［例9-25］2×21年5月，海辉物流公司为提高公司业务量，发生广告费50 000元，已通过银行存款支付，假定不考虑其他税费。

借：销售费用——广告费 50 000

　贷：银行存款 50 000

［例9-26］海辉物流公司当月应支付业务拓展部门员工工资30 000元。

借：销售费用——职工薪酬 30 000

　贷：应付职工薪酬 30 000

［例9-27］海辉物流公司当月业务拓展部门应计提固定资产折旧费4 000元。

借：销售费用——折旧费 4 000

　贷：累计折旧 4 000

3）财务费用的核算

企业发生的财务费用，一般在“财务费用”科目进行核算。该科目属于损益类科目，借方登记财务费用的发生额，贷方登记期末转入“本年利润”科目的金额，期末结转后本科目无余额。该科目按费用种类设置明细账，见表9-18。

表9-18 **财务费用明细分类账**

年		凭证号数	摘要	利息	汇兑损失	手续费	其他财务费用	合计
月	日							

［例9-28］物流公司本月份以银行存款支付手续费4 000元。

借：财务费用——手续费 4 000

　贷：银行存款 4 000

■ 本章小结

物流成本涵盖了生产、流通、消费全过程中因物品实体与价值变化而发生的全部费用。概括来讲，物流成本主要包括：物流活动中的物资消耗、物流活动中的人工成本、物流活动中的办公和差旅费、用于保证物流系统运作顺畅的资金成本，以及研究、设计、重建与优化物流过程的费用等。

物流成本按流通的环节分类，可分为仓储成本、装卸搬运成本、配送成本、运输成本等；物流成本按计入成本对象的方式分类，可分为直接计入成本和间接计入成本。

物流企业可按照物流功能的不同以仓储、装卸、配送、运输等作为归集和分配物流成本的计算对象。

物流企业为核算各项物流成本，应设置“主营业务成本”“营运间接费用”“辅助营运费用”等科目。对于物流服务开始和完成分属于不同会计期间的物流服务还应设置“劳务成本”科目。

运输是物流企业的重要物流活动之一，是物流企业收入的主要来源。物流运输包括公路运输、铁路运输、水路运输、航空运输和管道运输。运输成本包括运输直接费用和营运间接费用。物流企业提供运输业务的营运车辆如果车型较多，可按不同燃料和不同厂牌的营运车辆作为成本计算对象或以不同车型、不同用途的车辆分别作为单独的成本计算对象。运输业务的成本应按月、季、半年和年计算。燃料费用在运输成本中占较大的比重，物流企业运输中心发生的燃料费用、轮胎费用、人工费用、其他费用凡是各成本计算对象直接耗用的直接计入各成本计算对象，不能直接归属某一成本计算对象的先通过“营运间接费用”科目归集，期末再按一定标准分配计入各成本计算对象。运输成本需要计算运输总成本和单位成本。以公路运输为例，运输成本的计算单位一般以公路运输工作量的计量单位为依据。运输单位成本等于运输总成本除以运输周转量。

仓储是保证物流企业正常运转的基础环节之一，其价值主要体现在其具有的基本功能、增值功能以及社会功能三个方面。仓储的业务流程包括签订合同、验收货物、办理入库手续、货物保管、货物出库。仓储成本，又称堆存成本，是指因一段时间内储存货物而发生的各种费用。仓储成本主要包括堆存直接费用和营运间接费用。仓储成本可以仓库或堆场作为成本计算对象，并按月、季和年分别计算各期的仓储成本。仓储业务发生的堆存直接费用直接记入“主营业务成本——仓储成本”科目，营运间接费用先通过“营运间接费用”科目归集，然后按照一定的分配率分配记入“主营业务成本——仓储成本”科目。物流企业不仅需要计算仓库或堆场发生的总成本，还需计算单位成本。仓储业务成本以货物堆存量为计量单位，单位堆存成本等于堆存总成本除以货场堆存量。

装卸是物流企业向客户提供的重要物流活动之一，是仓储、配送及运输等业务的起点和终点，是其他物流业务的一项附属性、伴生性、支持性、障碍性和衔接性的物流活动。装卸的业务流程包括签订装卸合同、落实装卸作业的组织、装卸货物。装卸成本主要包括装卸直接费用和营运间接费用。装卸成本可以以机械化作业、人工作业为成本计算对象，或按不同货种作为成本计算对象，并按月、季和年分别计算各期的装卸成本。装卸业务发生的装卸直接费用直接记入“主营业务成本——装卸成本”科目，营运间接费用先通过“营运间接费用”科目归集，然后按照一定的分配率分配记入“主营业务成本——装卸成本”科目。物流企业不仅需要计算装卸搬运总成本，还需计算单位成本。装卸成本通常以“元/千操作吨”为计量单位，单位装卸成本等于装卸总成本除以装卸操作量。

配送是物流企业重要的作业环节，是物流作业中一种特殊的、综合的活动形式，包含了若干物流功能要素，集中了仓储、装卸、包装、保管、运输等业务。配送业务流程包括集货、储存、订单处理、分拣、配货、配装、配送运输、送达、配送加工、回程等多个环节。配送方式有定时配送、定量配送、加工配送等多种形式。配送成本主要包括配送运输费用、分拣费用、配装费用、流通加工费用等。由于配送业务是多个物流业务环节的集成，每个环节成本核算具有明显区别，每个环节具体的成本计算对象及计算单位都各不相同，所以应当对每个环节计算各自成本计算对象的总成本。配送运输成本的核算，就是将配送车辆在配送生产过程中所发生的费用，按照规定的配送对象和成本项目，计入配送对象的运输成本项目中。分拣成本包括分拣直接费用和分拣间接费用。配装成本包括配装直接费用和配装间接费用。运输成本、分拣成本和配装成本中的直接费用在发生时直接计入相应的成本计算对象，间接费用则分配计入成本计算对象。

期间费用是物流企业当期发生的费用的重要组成部分。物流企业的期间费用是指本期发生的、不能直接归属于某个特定物流成本而直接计入当期损益的费用，包括管理费用、销售费用和财务费用。期间费用核算的要求是：①划清期间费用和物流成本的界限。②划清期间费用和营业外支出的界限。③划清本期期间费用和下期期间费用的界限。

■ 思考题

1. 什么是物流企业成本？

2. 物流成本由哪些内容构成？

3. 试述仓储业务、装卸业务及运输业务的成本计算对象、成本计算期及成本计算单位。

4. 仓储的一般业务流程是什么？

5. 物流企业装卸搬运成本项目有哪些？

6. 装卸搬运费用如何归集？

7. 试述配送的流程。

8. 物流企业配送的方式有哪些？

9. 配送费用由哪些项目构成？

10. 物流企业运输的方式有哪些？

11. 运输成本项目有哪些？

12. 期间费用包括哪些项目？其核算要求是什么？

13. 管理费用包括哪些具体的项目？

■ 案例

1.中天物流公司是一家中型物流公司，主要从事仓储管理、市内配送、长途运输、区域内配送等业务，所服务的行业主要涉及家用电器、建筑材料、化工产品、日用品等。公司主要设置了以下业务和职能部门：配送中心、仓储部、车管部、维修公司、市场部、财务部、工程部、办公室、人力资源部、信息技术部。

要求：请根据该公司的业务及公司部门设置情况为该公司设置有关成本、费用核算的总分类会计科目和明细分类会计科目，并简要说明各科目核算的内容。

2.南田物流公司2×21年12月1日发生下列有关装卸搬运的经济业务：

（1）物流公司对燃料柴油采用实地盘存制，已知本月柴油加权平均单价为3.60元/升。月末根据本月份柴油领料单和库存柴油盘存表编制燃料耗用汇总表见

表9-19。

表9-19　**装卸设备燃料耗用汇总表**

燃料名称：柴油　2×21年12月1日—31日　计量单位：升

项目	月初储存数量	本月领用数量	月末储存数量
装卸一队	200	1 200	150
装卸二队	400	7 000	800
合计	600	8 200	950

（2）分配本月份装卸作业人员工资，其中，装卸一队为86 640元，装卸二队为64 980元。

（3）本月份“轮胎领用汇总表”中列明：装卸一队领用轮胎3 620元，装卸二队领用轮胎14 900元，轮胎采用一次转销法。

（4）收到本月份电力公司账单：装卸一队耗用动力电3 660元，照明电960元；装卸二队耗用动力电7 260元，照明电1 380元，款项尚未支付。

（5）本月份耗用“材料汇总表”中列明：装卸一队领用材料6 160元，装卸二队领用材料12 420元。

（6）本月份“固定资产折旧计算表”中列明：装卸一队应提折旧62 040元，装卸二队应提折旧180 400元。

（7）摊销应由本月装卸搬运业务负担的保险费9 680元，其中，装卸一队2 780元，装卸二队6 900元。

（8）本月份发生的其他装卸搬运直接费用23 720元，其中，装卸一队7 960元，装卸二队15 760元。

要求：根据资料编制有关会计分录。

第10章 收入与利润

学习目标

通过本章的学习，要求学生了解物流企业的营业收入、利润及利润分配、所得税的含义及特点；理解物流企业利润的形成、分配过程，理解暂时性差异的内容；掌握物流企业营业收入的确认和计量、利润及利润分配的核算、所得税的计算及账务处理。

物流企业主要从事运输、储存、装卸搬运、配送等基本活动。因此，物流企业的收入就是企业在从事上述业务活动过程中所取得的经济上的回报。收入是物流企业的一项重要经济指标。收入的核算是一项涉及面广而且复杂细微的工作。因此，企业必须建立和健全一套营业收入的管理制度，努力增加营业收入，及时、完整地组织营业收入核算，反映各项收入计划的完成情况，保证收入计划全部完成。

10.1 营业收入

营业收入是物流企业取得利润的重要保障，加强营业收入的核算与管理是企业实现利润的重要手段之一。本节主要介绍营业收入的核算。

10.1.1 收入的含义、特点与分类

1）收入的含义与特点

收入是指企业在日常活动中形成的、会导致所有者权益增加的、与所有者投入资本无关的经济利益的总流入，包括销售商品收入、提供劳务收入和让渡资产使用权收入。物流企业的收入具有以下特点：

① 收入是从企业的日常活动（如物流企业提供运输、仓储等服务）中产生的，而不是从偶发的交易或事项中产生的。有些交易或事项，如出售固定资产，也能为物流企业带来经济利益，但这并不是物流企业经营的目标，也不属于企业的日常活动，因此其流入的经济利益是利得，而不是营业收入。

② 收入可能表现为物流企业资产的增加，如增加银行存款、应收账款等；也可能表现为物流企业负债的减少，如以运输、仓储服务等抵偿债务；或两者兼而有之。

③ 收入能导致企业所有者权益增加。因为营业收入能增加资产、减少负债或两者兼而有之。因此，根据“资产-负债=所有者权益”的公式，企业取得的营业收入一定能增加所有者权益。

④ 收入只包括本企业经济利益的流入，不包括为第三方或客户代收的款项。代收的款项一方面增加企业的资产；另一方面增加企业的负债，因此不增加企业的所有者权益，也不属于本企业的经济利益，不能作为本企业的营业收入。

2）收入的分类

按照收入的来源不同，物流企业的收入可分为营业收入、投资收益和营业外收入三个部分。物流企业的营业收入是指物流企业提供运输、仓储、装卸、配送等服务而获得的经济上的回报，包括主营业务收入和其他业务收入。

（1）主营业务收入

物流企业的主营业务收入是指企业为完成其经营目标所从事的经常性活动实现的收入。主营业务收入一般占企业总收入的比重较大，对企业的经济效益有较大的影响。物流企业的主营业务是为客户提供运输、仓储、装卸、配送等物流服务。主

营业务是物流企业的重要业务，是其收入的主要来源，应重点加以核算，其主要包括：

① 运输收入。运输收入是指物流企业经营货物运输业务所取得的营业收入，包括货运收入和其他运输收入。其中，货运收入是最主要的主营业务收入，如长短途整车、零担货运收入以及自动装卸车运输货物收取的装卸费。

② 仓储收入。仓储收入是指企业经营仓库、堆场业务所取得的主营业务收入。

③ 装卸收入。装卸收入是指企业经营装卸业务所取得的主营业务收入，如按规定费率向货物托运人收取的装卸搬运费（不包括自动装卸车运输货物收取的装卸费），联运货物换装、火车汽车倒装收入及临时出租装卸机械的租金收入。

④ 配送收入。配送收入是指物流企业提供配送服务所取得的收入。

⑤ 代理业务收入。代理业务收入是指企业办理联运业务及为其他运输企业和社会车辆办理代理业务收取的手续费收入。

（2）其他业务收入

物流企业的其他业务收入是指经营除以上主营业务以外的其他各种业务所取得的收入。其他业务收入属于企业日常活动中次要交易实现的收入，一般占企业总收入的比重较小。其主要内容如下：

① 车辆修理业务收入。这是指企业辅助生产部门对外单位的车辆、装卸机械进行修理而取得的收入。

② 材料销售收入。这是指企业对外单位销售燃料、材料及配件等取得的收入。

③ 固定资产出租收入。这是指企业出租固定资产所取得的租金收入。

④ 技术转让收入。这是指企业向外单位转让技术所取得的收入。

⑤ 包装物出租收入。这是指企业出租包装物所取得的租金收入。

⑥ 其他对外服务收入。这是指企业除上列各项收入以外的其他对外服务收入。

10.1.2 物流企业营业收入的确认和计量

物流企业的经营活动是连续不断地进行的，投入企业的资金也随着经营活动的进行而不断地改变其占用的形式及数量。因此，准确地确认营业收入金额，对于正确计算企业的经营成果、评价企业的经营业绩有着十分重要的意义。

物流企业提供各项物流服务所取得的收入，应该按以下步骤确认和计量：

1）识别与客户订立的合同

这里的合同，是指双方或多方之间订立的有法律约束力的权利义务的协议，包括书面合同、口头合同以及其他可验证形式的合同（如隐含于商业惯例或企业以往的习惯做法中等）。企业应当在履行了合同中的履约义务，即在客户取得相关商品控制权时确认收入。当企业与客户之间的合同同时满足下列条件时，企业应当在客户取得相关商品控制权时确认收入：①合同各方已批准该合同并承诺将履行各自义务；②该合同明确了合同各方与所转让商品或者提供劳务（以下简称“转让商品”）相关的权利和义务；③该合同有明确的与转让商品相关的支付条款；④该合同具有商业实质，即履行该合同将改变企业未来现金流量的风险、时间分布或金额；⑤企业因向客户转让商品而有权取得的对价很可能收回。

2）识别合同中的单项履约义务

企业应当按照分摊至各单项履约义务的交易价格计量收入。合同开始日，企业应当对合同进行评估，识别该合同所包含的各单项履约义务，并确定各单项履约义务是在某一时段内履行，还是在某一时点履行，然后，在履行了各单项履约义务时分别确认收入。履约义务，是指合同中企业向客户转让可明确区分商品（或提供可明确区分服务）的承诺。

3）确定交易价格

交易价格，是指企业因向客户转让商品而预期有权收取的对价金额。企业代第三方收取的款项（如增值税）以及企业预期将退还给客户的款项，应当作为负债进行处理，不计入交易价格。

4）将交易价格分摊至各单项履约义务

当合同中包含两项或多项履约义务时，企业应当在合同开始日，按照各单项履约义务所承诺商品的单独售价的相对比例，将交易价格分摊至各单项履约义务，以使企业分摊至每一单项履约义务的交易价格能够反映其因向客户转让已承诺的相关商品（或提供已承诺的相关服务）而预期有权收取的对价金额。单独售价，是指企业向客户单独销售商品的价格。单独售价无法直接观察的，企业应当综合考虑其能够合理取得的全部相关信息，采用市场调整法、成本加成法、余值法等方法合理估计单独售价。

5）履行每一单项履约义务时确认收入

企业应当在履行了合同中的履约义务，即客户取得相关商品控制权时确认收入。企业应当根据实际情况，首先判断履约义务是否满足在某一时段内履行的条件，如不满足，则该履约义务属于在某一时点的履约义务。对于在某一时段内履行的履约义务，企业应当考虑商品的性质，采用产出法或者投入法来确定恰当的履约进度，并且在确定履约进度时，应当扣除那些控制权尚未转移至客户的商品和服务；对于在某一时点的履约义务，企业应当综合分析控制权转移的迹象，判断其转移时点。

10.1.3　物流企业主营业务收入的核算

1）科目设置

为了核算物流企业取得的各项劳务收入，物流企业应设置“主营业务收入”科目，核算物流企业提供的各项物流服务所取得的收入。该科目贷方登记按规定条件确认的收入额，借方登记期末结转到“本年利润”科目的金额，结转后，该科目无余额。物流企业应按照提供物流服务收入的种类设置“运输收入”“仓储收入”“装卸收入”“配送收入”“代理业务收入”“包装收入”等明细科目进行明细核算。

（1）“运输收入”明细科目

“运输收入”明细科目核算物流企业提供运输服务所取得的收入。物流企业还可以在“运输收入”明细科目下按车队、单车或客户设置三级明细科目进行明细核算。

（2）“仓储收入”明细科目

“仓储收入”明细科目核算物流企业提供仓储服务所取得的收入。物流企业还可以在“仓储收入”明细科目下按仓库、堆场、客户或合同设置三级明细科目进行明细核算。

（3）“装卸收入”明细科目

“装卸收入”明细科目核算物流企业提供装卸搬运服务所取得的收入。物流企业还可以在“装卸收入”明细科目下按机械装卸搬运和人工装卸搬运设置三级明细科目进行明细核算；如有必要还可以进一步按班组、客户或批次等设置四级明细科目进行明细核算。

（4）“配送收入”明细科目

“配送收入”明细科目核算物流企业提供配送服务所取得的收入。物流企业还可以在“配送收入”明细科目下按配送功能设置三级明细科目进行明细核算。各三级明细科目还可以分别根据实际情况按班组、单车或批次等设置四级明细科目进行明细核算。

（5）“代理业务收入”明细科目

“代理业务收入”明细科目核算物流企业提供代理服务所取得的收入。物流企业还可以在“代理业务收入”明细科目下按代理业务的不同设置三级明细科目进行明细核算。

（6）“包装收入”明细科目

“包装收入”明细科目核算物流企业提供包装服务所取得的收入。物流企业还可以在“包装收入”明细科目下按班组、客户、货物或批次设置三级明细科目进行明细核算。

2）主营业务收入的核算

（1）开始和完成在同一会计年度的物流服务

物流企业大部分业务属于开始和完成在同一年度的物流服务。在物流服务完成时，按照合同或协议金额，借记“银行存款”“应收账款”等科目，按照服务应收取的价款贷记“主营业务收入”科目，按照收取的增值税税额贷记“应交税费——应交增值税（销项税额）”。对于发生的劳务成本，在实际发生时，借记“主营业务成本”“营运间接费用”科目，贷记“应付职工薪酬”“累计折旧”“银行存款”“库存现金”“累计摊销”“原材料”“周转材料”等科目。

［例10-1］东方物流公司有A、B、C三个基层站，月末根据各基层站的营业收入月报，汇总编制“主营业务收入明细表”见表10-1。

表10-1 **主营业务收入明细表**

2×21年12月 单位：元

营业站名	运输业务		装卸业务		代理业务收入		合计	
	收入	增值税	收入	增值税	收入	增值税	收入	增值税
A站	240 000	21 600					240 000	21 600
B站	180 000	16 200	76 000	4 560	2 400	144	258 400	20 904
C站	140 000	12 600	84 000	5 040	1 600	96	225 600	17 736
合计	560 000	50 400	160 000	9 600	4 000	240	724 000	60 240

"主营业务收入明细表"经审核无误后作结转，会计分录如下：

借：银行存款等 784 240
　贷：主营业务收入——运输收入 560 000
　　　　　　　　——装卸收入 160 000
　　　　　　　　——代理业务收入 4 000
　　应交税费——应交增值税（销项税额） 60 240

［例10-2］月终将各营业收入科目余额转入"本年利润"科目。应作会计分录如下：

借：主营业务收入——运输收入 560 000
　　　　　　　　——装卸收入 160 000
　　　　　　　　——代理业务收入 4 000
　贷：本年利润 724 000

（2）开始和完成分属不同会计期间的物流服务

物流企业预收劳务款时，根据预收的金额借记"银行存款"等科目，贷记"合同负债"科目。

当发生各项劳务成本时，按照发生的金额借记"劳务成本""营运间接费用"科目，贷记"应付职工薪酬""累计折旧""银行存款""库存现金""累计摊销""原材料""周转材料"等科目。

期末按照一定的分配标准将归集的营运间接费用分配给各成本计算对象，借记"劳务成本"科目，贷记"营运间接费用"科目。

期末按计算的本期应确认的劳务收入金额借记"合同负债"等科目，贷记"主营业务收入"科目，按计算的本期应确认的费用金额借记"主营业务成本"科目，贷记"劳务成本"科目。

10.1.4 其他业务收入的核算

为了正确地反映物流企业其他收入的实现情况，企业应设置"其他业务收入"

科目。该科目核算物流企业除主营业务收入以外的其他销售或其他业务的收入，如客运服务、包装物出租、固定资产出租、技术转让、车辆修理、材料销售等其他收入。本科目应按其他业务的种类设置明细账。期末，应将本科目的余额转入“本年利润”科目，结转后本科目应无余额。

其他业务收入的实现原则，与主营业务收入的实现原则相同。

［例10-3］东方物流公司机修部门为X单位修理汽车一辆，应收修理费6 000元，增值税780元。作会计分录如下：

①借：应收账款——X单位　　6 780

　　贷：其他业务收入——车辆修理收入　　6 000

　　　　应交税费——应交增值税（销项税额）　　780

②借：银行存款　　6 780

　　贷：应收账款——X单位　　6 780

［例10-4］东方物流公司租出固定资产，收到租金2 000元，已存入银行。作会计分录如下：

借：银行存款　　2 260

　　贷：其他业务收入——固定资产出租收入　　2 000

　　　　应交税费——应交增值税（销项税额）　　260

［例10-5］期末，将“其他业务收入”科目余额转入“本年利润”科目。作会计分录如下：

借：其他业务收入——车辆修理收入　　6 000

　　　　　　　　——固定资产出租收入　　2 000

　　贷：本年利润　　8 000

10.2　利润及利润分配

利润是物流企业在一定时期内从事生产经营活动实现的经营成果，获利能力高低是衡量物流企业优劣的一个主要标志。本节主要介绍物流企业利润的计算与核算。

10.2.1　利润的构成

利润是物流企业全部收入与全部费用配比相抵后的净额。当这个净额大于零时，表示企业盈利，小于零时即为负利润，表示企业亏损。利润能集中反映物流企业经济活动各个方面的效益，是衡量一个企业经营管理水平和经济效益的重要经济指标。利润包括营业利润、利润总额和净利润。

1）营业利润

营业利润是指物流企业从事生产经营活动取得的利润，是物流企业利润的主要来源。营业利润的计算公式如下：

营业利润=营业收入-营业成本-税金及附加-销售费用-管理费用-财务费用-资产减值损失-信用减值损失±公允价值变动净损益±投资净损益+资产处置收益+其他收益

营业收入包括主营业务收入和其他业务收入，是企业经营主要业务与其他业务所确认的收入总额。物流企业的营业收入就是其提供各项物流服务获取的收入总额以及销售材料，出租固定资产、无形资产、包装物所取得的收入之和。其计算公式如下：

营业收入=主营业务收入+其他业务收入

营业成本包括主营业务成本和其他业务成本，是企业经营主要业务和其他业务所发生的实际成本之和。物流企业的营业成本包括其在提供各项物流服务过程中所发生的实际成本、销售材料成本及出租各项资产所发生的成本。

营业成本=主营业务成本+其他业务成本

税金及附加是企业经营过程中所应负担的消费税、资源税、土地增值税、城市维护建设税和教育费附加、土地使用税、房产税、印花税、车船税等。物流企业以提供各项物流活动为主要经营业务，因此其税金及附加的内容主要是城市维护建设税和教育费附加、土地使用税、房产税、印花税、车船税。

资产减值损失是指企业持有各项资产发生的减值损失，包括存货跌价准备，固定资产、无形资产、长期股权投资、在建工程等的减值损失等。

信用减值损失是指企业持有的各项金融资产发生的预期信用损失。

公允价值变动净损益是指企业按照相关准则规定应当计入当期损益的资产或负债的公允价值变动净损益，当期如为净收益则加上，否则减去。

投资净损益是物流企业对外投资所取得的利息、股利、股息及差价收入减去发生的投资损失后的净额，当期如为净收益则加上，否则减去。

资产处置收益，反映企业出售划分为持有待售的非流动资产（金融工具、长期股权投资和投资性房地产除外）或处置组时确认的处置利得或损失，以及处置未划分为持有待售的固定资产、在建工程、生产性生物资产及无形资产而产生的处置利得或损失。非货币性资产交换中换出非流动资产产生的利得或损失也包括在本项目内。当期如为净收益则加上，否则减去。

其他收益，反映计入其他收益的政府补助，核算与企业日常活动相关、但不宜确认收入或冲减成本费用的政府补助，以及其他与日常活动相关且计入其他收益的项目。

2）利润总额

利润总额又称税前利润，等于营业利润加上营业外收入、减去营业外支出。其计算公式为：

利润总额=营业利润+营业外收入-营业外支出

营业外收入反映物流企业发生的除营业利润以外的收益，主要包括非流动资产报废毁损利得、与企业日常经营活动无关的政府补助、捐赠利得（企业接受股东或股东的子公司直接或间接的捐赠，经济实质属于股东对企业的资本性投入）、盘盈利得等。

营业外支出反映物流企业发生的除营业利润以外的支出，主要包括非流动资产报废毁损损失、公益性捐赠支出、非常损失、盘亏损失等。

3）净利润

净利润是指企业当期利润总额减去所得税费用后的净额。其计算公式为：

净利润=利润总额-所得税费用

其中，所得税费用是指按照《企业会计准则》的规定确认的应从当期利润总额中扣除的所得税费用。

10.2.2　营业外收入和营业外支出

1）营业外收入

（1）营业外收入的内容

营业外收入具体包括以下内容：

① 非流动资产报废毁损利得，指对因自然灾害等发生毁损、已丧失使用功能而报废的非流动资产进行清理产生的利得。其中，固定资产报废毁损利得，是指企业固定资产报废毁损处置所取得的价款及报废固定资产的残料价值、变价收入等，扣除固定资产账面价值、清理费用以及相关处置税费后的净收益。

② 与企业日常经营活动无关的政府补助，是指企业从政府无偿取得的、与企业日常经营无关的政府补助。

③ 捐赠利得，是指企业接受外部现金和非现金资产捐赠而获得的利得。

④ 盘盈利得，是指企业在财产清查中发现的库存现金实存数额超过账面数额而获得的资产溢余利得。

（2）科目设置

为了核算企业发生的各项营业外收入，应设置“营业外收入”科目，该科目贷方登记企业发生的各项营业外收入，借方登记期末结转入“本年利润”科目的营业外收入，结转后该科目应无余额。该科目应当按照营业外收入的具体项目进行明细核算。

［例10-6］2×21年12月，东方物流公司确认一项确实无法支付的应付账款，账面价值为40 000元。作会计分录如下：

借：应付账款	40 000	
贷：营业外收入		40 000

2）营业外支出

（1）营业外支出的内容

营业外支出具体包括以下内容：

① 非流动资产报废毁损损失，指对因自然灾害等发生毁损、已丧失使用功能而报废非流动资产进行清理发生的损失。其中，固定资产报废毁损损失，是指企业

固定资产报废毁损处置所取得的价款及报废固定资产的残料价值、变价收入等，不足以抵补固定资产账面价值、清理费用以及相关处置税费所形成的净损失。

② 公益性捐赠支出，是指企业对外进行公益性捐赠而付出资产的公允价值。

③ 非常损失，是指企业由于自然灾害等客观原因造成的财产损失，在扣除保险公司赔款和残料价值后，应计入当期损益的净损失。

④ 盘亏损失，是指企业在财产清查中发现的固定资产实存数量少于账面数量而发生的资产短期损失。

（2）科目设置

为了核算企业发生的各项营业外支出，应设置“营业外支出”科目。该科目借方登记企业发生的各项营业外支出，贷方登记期末结转入“本年利润”科目的营业外支出，结转后该科目应无余额。

［例 10-7］2×21 年 12 月，东方物流公司因违反合同规定延迟发货，向客户支付违约金 5 000 元，已通过银行付款。编制会计分录如下：

借：营业外支出	5 000	
贷：银行存款		5 000

10.2.3 利润的结转与分配

1）利润的结转

为核算企业当期实现的净利润（或发生的净亏损），企业应设置“本年利润”科目，用于核算企业当期实现的利润或发生的亏损。该科目贷方登记期末从收入账户转入的各项收入，借方登记期末从费用账户转入的各项费用；期末本科目的贷方余额表示当期实现的净利润，如为借方余额则表示当期发生的亏损。

年度终了，应将本年收入和支出相抵后结出的本年实现的净利润，转入“利润分配”科目，借记本科目，贷记“利润分配——未分配利润”科目；如为亏损作相反的会计分录。年末结转后本科目应无余额。

［例 10-8］东方物流公司 2×21 年 12 月份主营业务收入 712 000 元，主营业务成本 479 600 元，税金及附加 54 000 元，管理费用 24 000 元，财务费用 16 000 元，投资收益 24 000 元，营业外收入 80 000 元，营业外支出 20 000 元，本年度确认的所得税费用为 53 200 元。

（1）结转当月收入：

借：主营业务收入	712 000	
投资收益	24 000	
营业外收入	80 000	
贷：本年利润		816 000

（2）结转当月成本费用：

借：本年利润	646 800	

贷：主营业务成本		479 600
税金及附加		54 000
管理费用		24 000
财务费用		16 000
营业外支出		20 000
所得税费用		53 200

根据“本年利润”科目借方和贷方发生额，确定本月实现的净利润为169 200元（816 000-646 800）。

（3）2×21年12月31日，结转本年净利润：

借：本年利润	169 200	
贷：利润分配——未分配利润		169 200

2）利润分配的核算

利润分配是指企业根据国家有关规定和投资者的决议，对企业净利润所进行的支配。物流企业计算确定当期实现的利润总额，应当按照规定的程序进行分配，最后，将未分配利润结转下一会计期间。利润的分配过程和结果，不仅关系到所有者的合法权益是否得到保护，而且还关系到企业能否长期、稳定地发展。

（1）利润分配的程序

企业本年实现的净利润加上年初未分配利润即为可供分配的利润。根据现行财务制度规定，物流企业本年度的利润总额确定之后，若上年度还有未弥补的亏损，且其弥补期还未超5年，则企业可以应用本年度所得税前的利润加以弥补。在按规定用所得税前的利润弥补以前年度的亏损后，将本年度的剩余利润，按照国家规定作相应调整后，依法缴纳所得税。缴纳所得税后的利润即为净利润，按照下列顺序分配：

① 提取法定盈余公积金，是指企业根据有关法律的规定，按照净利润的10%提取法定盈余公积。法定盈余公积累积金额为企业注册资本的50%以上时，可不再提取。

② 提取任意盈余公积金，是指企业按照股东大会决议提取盈余公积。

③ 分配现金股利或利润，是指企业按照利润分配方案分配给股东现金股利，也包括非股份公司分配给投资者的利润。

④ 转作资本（或股本）的股利，是指企业按照利润分配方案以分派股票股利的形式转作股本的股利，也包括非股份有限公司以利润转增的资本。

（2）利润分配的科目设置

为了反映和监督利润分配的过程和结果，企业应设置“利润分配”科目，核算物流企业利润的分配（或亏损的弥补）和历年分配（或弥补亏损后）的结存余额。“利润分配”科目一般应分别设置以下明细科目：

① “盈余公积补亏”，核算物流企业用盈余公积弥补的亏损。企业用盈余公积弥补亏损时，借记“盈余公积”科目，贷记本明细科目。

② “提取法定盈余公积”，核算物流企业按规定从净利润中提取的法定盈余公积金。企业计算出本期应提取数时，借记本明细科目，贷记“盈余公积”科目。

③ “应付现金股利”，核算物流企业实现的应付给投资者的利润，包括应付国家、其他单位及个人的投资利润、股利或红利。企业计算出应支付的利润时，借记本明细科目，贷记“应付股利”科目。

④ “转作资本（或股本）的股利”，核算物流企业分配给股东的股票股利，在办理增资手续后，借记本科目，贷记“实收资本”等科目。

⑤ “未分配利润”，汇总核算物流企业全年实现的净利润（或亏损总额）和利润分配数额，计算物流企业留待以后会计年度进行分配的利润或应弥补的亏损。年度终了，物流企业应将全年实现的净利润自“本年利润”科目转入本明细科目的贷方。如为亏损数额，转入本明细科目的借方。同时，将全年利润分配数额，自“利润分配”科目下的其他明细科目余额转入本明细科目。结转后，本明细科目的借方余额为未弥补的亏损，贷方余额为未分配的利润。企业年终结账后发现的以前年度会计事项需调整时，如果涉及以前年度损益的，也在“未分配利润”明细科目核算，调整增加的上年利润或调整减少的上年亏损，借记有关科目，贷记本明细科目，调整减少的上年利润或调整增加的上年亏损，则作相反分录。

［例10-9］东方物流公司2×21年实现净利润2 000 000元，按净利润的10%提取法定盈余公积，并分配给普通股股东现金股利400 000元。东方物流公司相关的账务处理如下：

①结转本年利润时，作会计分录如下：

借：本年利润　　2 000 000

　贷：利润分配——未分配利润　　2 000 000

②提取法定盈余公积时，作会计分录如下：

借：利润分配——提取法定盈余公积　　200 000

　贷：盈余公积——法定盈余公积　　200 000

③分配现金股利时，作会计分录如下：

借：利润分配——应付现金股利　　400 000

　贷：应付股利　　400 000

④年度终了，结转“利润分配”科目所属其他明细科目余额，作会计分录如下：

结转利润分配科目中的明细科目时，作会计分录如下：

借：利润分配——未分配利润　　600 000

　贷：利润分配——提取法定盈余公积　　200 000

　　　　　　——应付现金股利　　400 000

结转后，企业本期“利润分配——未分配利润”明细科目为贷方余额1 400 000元（2 000 000-600 000），再加上该明细科目的期初余额，就是截至本年年末累计实现的未分配利润。

10.3 所得税

所得税是以企业的生产经营所得和其他所得为纳税依据计算征收的一种企业税金。它对于保证国家财政收入，维护国民收入分配的公平合理具有重要意义。本节主要介绍企业所得税的核算。

10.3.1 应纳税所得额与会计利润

《中华人民共和国企业所得税法》（以下简称《企业所得税法》）规定，在中华人民共和国境内，企业和其他取得收入的组织（以下统称企业）为企业所得税的纳税人，依照本法的规定缴纳企业所得税。计算所得税，首先要确定应纳税所得额。根据《企业会计准则第18号——所得税》的规定，应纳税所得额是指企业每一纳税年度的收入总额，减除不征税收入、免税收入、各项扣除以及允许弥补的以前年度亏损后的余额。具体计算公式如下：

应纳税所得额=收入总额-不征税收入-免税收入-各项扣除-允许弥补的以前年度亏损

由于会计准则的规定与税法是基于不同目的、遵循不同原则分别制定的，企业某一期间的会计利润（利润总额）与同期的应纳税所得额之间存在差异。应纳税所得额，是按照《企业所得税法》的要求，以一定期间应税收入扣减税法准予扣除的项目后计算的应税所得，其目的是为企业进行纳税申报和国家税务机关对企业的经营所得征税提供依据；会计利润是指企业根据会计准则的要求，采用一定的会计程序与方法确定的所得税前利润总额，其目的是向财务报告使用者提供有关企业经营成果的会计信息，为其决策提供相关、可靠的依据。

10.3.2 会计利润与应纳税所得额之间的差异

由于会计利润与应纳税所得额的确定依据和目的不同，因此，二者之间往往存在一定的差异，这种差异按其性质可以分为永久性差异和暂时性差异两类。

1）永久性差异

永久性差异是指某一会计期间，由于会计准则和税法在计算收益、费用或损失时的口径不同而产生的税前会计利润与应纳税所得额之间的差异。例如，企业购买国债取得的利息收入，在会计核算上作为投资收益，计入当期利润表，但根据税法规定，不属于应税收入，不计入应纳税所得额；企业支付的违法经营罚款、税收滞纳金等，在会计核算上作为营业外支出，计入当期利润表，但根据税法规定，属于与企业经营无关的支出，不允许在所得税前扣除。永久性差异的特点是会计利润与应纳税所得额之间的差异在本期发生后，在以后期间不会转回。

2）暂时性差异与计税基础

暂时性差异，是指资产或负债的账面价值与其计税基础之间的差额，这种差异的存在将影响未来期间的应纳税所得额。

资产的计税基础是指企业收回资产账面价值过程中，计算应纳税所得额时按照税法规定可以从应税收入中扣除的金额。

负债的计税基础是指负债的账面价值减去未来期间计算应纳税所得额时按照税法规定可予抵扣的金额。例如《企业会计准则》规定，企业计提的产品质量保证负债，一方面计入当期损益，另一方面导致当期财务报表中的预计负债增加；而按照税法规定，企业因产品质量问题发生的相关费用应该在费用实际支付当期扣除，因此其计税基础为零，由此产生的差异即为暂时性差异。暂时性差异的特点是发生于某一会计期间，但在以后期间能够转回。

3）暂时性差异的分类

暂时性差异按照对未来期间应税金额的影响，分为应纳税暂时性差异和可抵扣暂时性差异。

（1）应纳税暂时性差异

应纳税暂时性差异，是指在确定未来收回资产或清偿负债期间的应纳税所得额时，将产生应税金额的暂时性差异。该差异在未来期间转回时，会增加转回期间的应纳税所得额，即在未来期间不考虑该事项影响的应纳税所得额的基础上，由于该暂时性差异的转回增加了转回期间的应纳税所得额和应交所得税金额。在应纳税暂时性差异产生当期，应当确认相关的递延所得税负债。应纳税暂时性差异通常产生于以下情况：

①资产的账面价值大于其计税基础

一项资产的账面价值代表的是企业在持续使用或最终出售该项资产时将取得的经济利益的总额，而计税基础代表的是一项资产在未来期间可予税前扣除的金额。资产的账面价值大于其计税基础，该项资产未来期间产生的经济利益不能全部税前抵扣，两者之间的差额需要缴税，产生应纳税暂时性差异。

如按照税法规定，交易性金融资产在持有期间的公允价值变动不计入应纳税所得额，待处置该金融资产时，按实际取得成本从处置收入中扣除，其计税基础一直为初始投资成本；但按照企业会计准则的规定，交易性金融资产期末应以公允价值计量，公允价值变动计入当期损益。由此产生了交易性金融资产的账面价值与计税基础之间的差异。例如，如果一项交易性金融资产的账面价值为100万元，计税基础为75万元，两者之间的差额就会造成未来期间应纳税所得额和应交所得税的增加。在其产生当期，在符合确认条件的情况下，应确认相关的递延所得税负债。

②负债的账面价值小于其计税基础

一项负债的账面价值为企业预计在未来期间清偿该项负债时的经济利益流出。因负债的账面价值与其计税基础不同产生的暂时性差异，本质上是税法规定就该项负债在未来期间可以税前扣除的金额（即与该项负债相关的费用支出在未来期间可予税前扣除的金额）。负债的账面价值小于其计税基础，则意味着该项负债在未来期间可以税前抵扣的金额为负数，即应在未来期间应纳税所得额的基础上调增，增加应纳税所得额和应交所得税金额，产生应纳税暂时性差异，应确认相关的递延所得税负债。

（2）可抵扣暂时性差异

可抵扣暂时性差异，是指在确定未来收回资产或清偿负债期间的应纳税所得额时，将产生可抵扣金额的暂时性差异。该差异在未来期间转回时会减少转回期间的应纳税所得额，减少未来期间的应交所得税。在可抵扣暂时性差异产生当期，应当确认相关的递延所得税资产。可抵扣暂时性差异一般产生于以下情况：

①资产的账面价值小于其计税基础

当资产的账面价值小于其计税基础时，从经济含义来看，资产在未来期间产生的经济利益少，按照税法规定允许税前扣除的金额多，则就账面价值与计税基础之间的差额，企业在未来期间可以减少应纳税所得额并减少应交所得税，符合有关条件时，应当确认相关的递延所得税资产。

例如，一项交易性金融资产的账面价值为100万元，计税基础为130万元，则企业在未来期间可以就该项资产在其自身取得经济利益的基础上多扣除30万元。从整体上来看，未来期间应纳税所得额会减少，应交所得税也会减少，形成可抵扣暂时性差异，符合确认条件时，应确认相关的递延所得税资产。

②负债的账面价值大于其计税基础

当负债的账面价值大于其计税基础时，负债产生的暂时性差异实质上是税法规定就该项负债可以在未来期间税前扣除的金额，即：

$$\begin{aligned}\text{负债产生的暂时性差异}&=\text{账面价值}-\text{计税基础}=\text{账面价值}-(\text{账面价值}-\text{未来期间计税时按照税法规定可予税前扣除的金额})\\&=\text{未来期间计税时按照税法规定可予税前扣除的金额}\end{aligned}$$

一项负债的账面价值大于其计税基础，意味着未来期间按照税法规定与该项负债相关的全部或部分支出可以从应税经济利益中扣除，减少未来期间的应纳税所得额和应交所得税。

例如，企业对将发生的产品保修费用在销售当期确认预计负债200万元，但税法规定有关费用支出只有在实际发生时才能够税前扣除，其计税基础为0；企业确认预计负债的当期相关费用不允许税前扣除，但在以后期间有关费用实际发生时允许税前扣除，使得未来期间的应纳税所得额和应交所得税减少，产生可抵扣暂时性差异，符合有关确认条件时，应确认相关的递延所得税资产。

10.3.3 递延所得税资产和递延所得税负债的确认和计量

资产负债表日，物流企业应通过比较资产、负债的账面价值与计税基础，确定应纳税暂时性差异和可抵扣暂时性差异，进而按照会计准则规定的原则确认相关的递延所得税负债和递延所得税资产。

1）递延所得税资产的确认与计量

可抵扣暂时性差异在转回期间将减少企业的应纳税所得额和相应的应交所得税，导致经济利益流入企业，因而在其产生期间，相关的所得税影响金额构成一项未来的经济利益，应确认为一项资产，即递延所得税资产。

（1）递延所得税资产的确认原则

企业应当以可抵扣暂时性差异转回的未来期间可能取得的应纳税所得额为限，确认可抵扣暂时性差异所产生的递延所得税资产。如果企业有明确证据表明在可抵扣暂时性差异转回的未来期间能够产生足够的应纳税所得额，使得与可抵扣暂时性差异相关的经济利益能够实现的，应当确认可抵扣暂时性差异产生的递延所得税资产；如果企业在可抵扣暂时性差异转回的未来期间无法产生足够的应纳税所得额，使得与可抵扣暂时性差异相关的经济利益无法全部实现的，则应当以可能取得的应纳税所得额为限，确认相应的可抵扣暂时性差异产生的递延所得税资产；如果企业在可抵扣暂时性差异转回的未来期间无法产生应纳税所得额，使得与可抵扣暂时性差异相关的经济利益无法实现的，就不应确认递延所得税资产。

在确认可抵扣暂时性差异产生的递延所得税资产的同时，导致可抵扣暂时性差异产生的交易或事项发生时影响到会计利润或应纳税所得额的，相关的所得税影响减少利润表中的所得税费用；可抵扣暂时性差异的产生与直接计入所有者权益的交易或事项相关的，相关的所得税影响应增加所有者权益（其他综合收益）；可抵扣暂时性差异的产生与企业合并中取得的资产、负债相关的，相关的所得税影响应减少购买日的商誉或增加计入合并当期损益（营业外收入）的金额。

（2）递延所得税资产的计量

资产负债表日，递延所得税资产应当根据税法规定，按照预期收回该资产期间的适用税率计量。无论可抵扣暂时性差异的转回期间如何，递延所得税资产均不进行折现。

2）递延所得税负债的确认与计量

应纳税暂时性差异在未来期间转回时，会增加转回期间的应纳税所得额和相应的应交所得税，导致经济利益流出企业，因而在其产生期间，相关的所得税影响金额构成一项未来的纳税义务，应确认为一项负债，即递延所得税负债。

（1）递延所得税负债的确认原则

为了充分反映交易或事项发生后引起的未来期间纳税义务，除会计准则中明确规定可不确认递延所得税负债的特殊情况外，企业对于所有应纳税暂时性差异均应于发生当期确认相关递延所得税负债。

在确认递延所得税负债时，导致应纳税暂时性差异产生的交易或事项发生时影响到会计利润或者应纳税所得额的，相关的所得税影响应增加利润表中的所得税费用；应纳税暂时性差异的产生与直接计入所有者权益的交易或事项相关的，相关的所得税影响应减少所有者权益（其他综合收益）；应纳税暂时性差异的产生与企业合并中取得的资产、负债相关的，相关的所得税影响应增加购买日的商誉或减少计入合并当期损益（营业外收入）的金额。

（2）递延所得税负债的计量

资产负债表日，递延所得税负债应当根据税法规定，按照预期清偿该项负债期间的适用税率计量，即递延所得税负债应以相关应纳税暂时性差异转回期间的适用税率计量。无论应纳税暂时性差异的转回期间如何，相关的递延所得税负债均不要求折现。

10.3.4 所得税费用的核算

1）所得税费用的计算

所得税核算的主要目的之一是确定利润表中的所得税费用以及确定当期应交所得税。在资产负债表债务法下，利润表中的所得税费用由当期所得税和递延所得税两部分组成，即：

所得税费用=当期所得税+递延所得税

当期所得税=应纳税所得额×适用的所得税税率

递延所得税=（期末递延所得税负债－期初递延所得税负债）－（期末递延所得税资产－期初递延所得税资产）

期末递延所得税负债=期末应纳税暂时性差异×适用税率

期末递延所得税资产=期末可抵扣暂时性差异×适用税率

2）科目设置

为了核算和监督企业的所得税费用以及递延所得税资产、递延所得税负债的确认与转回情况，物流企业应分别设置“所得税费用”“递延所得税资产”“递延所得税负债”科目。

（1）“所得税费用”科目

“所得税费用”科目属于损益类科目。该科目核算企业根据《企业会计准则第18号——所得税》确认的应从当前利润总额中扣除的所得税费用。企业需要在年末的时候将所得税费用结转到本年利润，所得税费用余额为零。该科目可按“当期所得税费用”“递延所得税费用”进行明细核算。

（2）“递延所得税资产”科目

“递延所得税资产”科目属于资产类科目，该科目核算企业根据《企业会计准则第18号——所得税》确认的可抵扣暂时性差异产生的所得税资产。该科目借方登记确认相关资产、负债时根据《企业会计准则第18号——所得税》应确认的递延所得税资产数额和资产负债表日企业根据《企业会计准则第18号——所得税》应予确认的递延所得税资产数额大于该科目余额的差额，贷方登记资产负债表日企业根据《企业会计准则第18号——所得税》应予确认的递延所得税资产小于该科目余额的差额以及资产负债表日预计未来期间很可能无法获得足够的应纳税所得额用以抵扣可抵扣暂时性差异的数额。该科目期末余额在借方，反映企业已确认的递延所得税资产的余额。该科目可按可抵扣暂时性差异的项目进行明细核算。

确认递延所得税资产时，应估计相关可抵扣暂时性差异的转回时间，采用转回期间适用的所得税税率为基础计算确定。另外，无论相关的可抵扣暂时性差异转回期间如何，递延所得税资产均不予折现。

与其他资产一致，资产负债表日企业应当对递延所得税资产的账面价值进行复核。如果未来期间很可能无法取得足够的应纳税所得额用以利用递延所得税资产的利益，应当减记递延所得税资产的账面价值。对于预期无法实现的部分，一般应确认为当期所得税费用，同时减少递延所得税资产的账面价值；对于原确认时计入所有者权益的递延所得税资产，其减记金额也应计入所有者权益，不影响当期所得税费用。

递延所得税资产的账面价值因上述原因减记以后，继后期间根据新的环境和情况判断能够产生足够的应纳税所得额用以利用可抵扣暂时性差异，使得递延所得税资产包含的经济利益能够实现的，应相应恢复递延所得税资产的账面价值。

（3）递延所得税负债”科目

“递延所得税负债”科目属于负债类科目。该科目核算企业根据《企业会计准则第18号——所得税》确认的应纳税暂时性差异产生的所得税负债。该科目贷方登记企业在确认相关资产、负债时根据《企业会计准则第18号——所得税》应予确认的递延所得税负债数额以及资产负债表日企业根据《企业会计准则第18号——所得税》应予确认的递延所得税负债大于该科目余额的差额，借方登记资产负债表日企业根据《企业会计准则第18号——所得税》应予确认的递延所得税负债小于该科目余额的差额。该科目期末余额在贷方，反映企业已确认的递延所得税负债的余额。该科目应当按照应纳税暂时性差异项目进行明细核算。

递延所得税负债应以相关应纳税暂时性差异转回期间适用的所得税税率计量。在我国，除享受优惠政策的情况外，企业适用的所得税税率在不同年度之间一般不会发生变化，企业在确认递延所得税负债时，可以现行适用所得税税率为基础计算确定。对于享受优惠政策的企业，如国家重点扶持的高新技术企业，享受一定时期的税率优惠，则所产生的暂时性差异应以预计其转回期间的适用所得税税率为基础计量。另外，无论应纳税暂时性差异的转回期间如何，递延所得税负债不要求折现。

［例10-10］A公司2×20年12月31日和2×21年12月31日资产负债表中有关项目金额分别见表10-2和表10-3。

表10-2　**资产负债表中有关项目金额**

2×20年12月31日　　单位：元

序号	项目	账面价值	计税基础	暂时性差异	
				应纳税暂时性差异	可抵扣暂时性差异
1	存货	40 000 000	44 000 000	—	4 000 000
2	无形资产	1 200 000	0	1 200 000	—
3	预计负债	2 000 000	0	—	2 000 000
合计				1 200 000	6 000 000

表10-3 资产负债表中有关项目金额

2×21年12月31日 单位：元

序号	项目	账面价值	计税基础	暂时性差异	
				应纳税暂时性差异	可抵扣暂时性差异
1	存货	32 000 000	32 000 000	—	—
2	无形资产	14 000 000	16 000 000	—	2 000 000
3	预计负债	1 200 000	0	—	1 200 000
4	交易性金融资产	8 000 000	4 000 000	4 000 000	—
合计				4 000 000	3 200 000

除上述项目外，该公司其他资产、负债的账面价值与其计税基础不存在差异，且递延所得税资产和递延所得税负债2×20年不存在期初余额，适用的所得税税率为25%，假定按照税法规定计算确定的2×20年应交所得税为1 200万元，2×21年应交所得税为1 320万元。该公司预计在未来期间能够产生足够的应纳税所得额用来抵扣可抵扣暂时性差异。

①2×20年12月31日A公司计算确认的递延所得税负债、递延所得税资产和递延所得税费用如下：

递延所得税负债=1 200 000×25%=300 000（元）

递延所得税资产=6 000 000×25%=1 500 000（元）

递延所得税费用=300 000-1 500 000=-1 200 000（元）

所得税费用=12 000 000-1 200 000=10 800 000（元）

所作会计分录如下：

借：所得税费用——当期所得税费用 12 000 000

　贷：应交税费——应交所得税 12 000 000

借：所得税费用——递延所得税费用 300 000

　贷：递延所得税负债 300 000

借：递延所得税资产 1 500 000

　贷：所得税费用——递延所得税费用 1 500 000

②2×21年12月31日A公司计算确认的递延所得税负债、递延所得税资产和递延所得税费用如下：

A.期末递延所得税负债=4 000 000×25%=1 000 000（元）

期初递延所得税负债=300 000元

本年递延所得税负债增加=1 000 000-300 000=700 000（元）

B.期末递延所得税资产=3 200 000×25%=800 000（元）

期初递延所得税资产=1 500 000元

本年递延所得税资产减少=1 500 000-800 000=700 000（元）

C.递延所得税费用=700 000+700 000=1 400 000（元）

D.所得税费用=13 200 000+1 400 000=14 600 000（元）

所作会计分录如下：

借：所得税费用　　13 200 000

　贷：应交税费——应交所得税　　13 200 000

借：所得税费用　　700 000

　贷：递延所得税负债　　700 000

借：所得税费用　　700 000

　贷：递延所得税资产　　700 000

■ 本章小结

收入是指企业在销售商品、提供劳务及让渡资产使用权等日常活动中形成的经济利益的流入，包括销售商品收入、提供运输等劳务收入、取得资产使用费收入、租金收入等，但不包括为第三方或客户代收的款项。

收入按企业从事日常活动的性质划分，分为销售商品收入、提供劳务收入和让渡资产使用权收入；收入按企业经营业务的主次不同，分为主营业务收入和其他业务收入。

物流企业对外提供劳务收入应按照五步法模型进行确认：①识别与客户订立的合同；②识别合同中的单项履约义务；③确定交易价格；④将交易价格分摊至各单项履约义务；⑤履行每一单项履约义务时确认收入。

营业收入核算包括主营业务收入和其他业务收入的核算。

利润是物流企业在一定时期内从事生产经营活动实现的经营成果。物流企业的利润由营业利润、利润总额和净利润构成。

利润分配是指企业根据国家有关规定和投资者的决议，对企业净利润所进行的支配。利润分配的程序：①提取法定盈余公积金；②提取任意盈余公积金；③分配现金股利或利润；④转作股本的股利。

所得税是以企业的生产经营所得和其他所得为纳税依据计算征收的一种企业税金，它对于保证国家财政收入、正确维护国民收入分配的公平合理具有重要意义。

应纳税所得额是所得税纳税对象的具体化，是指企业每一纳税年度的收入总额，减除不征税收入、免税收入、各项扣除以及允许弥补的以前年度亏损后的余额。应纳税所得额的计算公式为：

应纳税所得额=收入总额-不征税收入-免税收入-各项扣除-允许弥补的以前年度亏损

暂时性差异，是指资产或负债的账面价值与其计税基础之间的差额。暂时性差异按照对未来期间应税金额的影响，分为应纳税暂时性差异和可抵扣暂时性差异。

应纳税暂时性差异，是指在确定未来收回资产或清偿负债期间的应纳税所得额时，将产生应税金额的暂时性差异。

可抵扣暂时性差异，是指在确定未来收回资产或清偿负债期间的应纳税所得额时，将产生可抵扣金额的暂时性差异。

应纳税暂时性差异通常产生于以下情况：①资产的账面价值大于其计税基础；②负债的账面价值小于其计税基础。

可抵扣暂时性差异一般产生于以下情况：①资产的账面价值小于其计税基础；②负债的账面价值大于其计税基础。

递延所得税资产和递延所得税负债的确认：期末，企业应按照暂时性差异与适用所得税税率计算的结果，确定递延所得税资产和递延所得税负债。其中，根据可抵扣暂时性差异和适用所得税税率计算的结果为递延所得税资产，根据应纳税暂时性差异和适用所得税税率计算的结果为递延所得税负债。

所得税费用由当前应交所得税和递延所得税费用两部分构成。

■ 思考题

1. 什么是收入？收入有何特征？如何对其分类？
2. 物流企业劳务开始和完成分属不同会计年度时，如何确认收入？
3. 物流企业主营业务收入核算应如何设置明细科目？
4. 物流企业的其他业务都包括什么？
5. 什么是营业利润？其如何计算？
6. 什么是利润总额？其如何计算？
7. 什么是净利润？其如何计算？
8. 物流企业的营业外收入和营业外支出包括哪些内容？
9. 会计利润与应纳税所得额有何区别？
10. 什么是暂时性差异？其包括哪些类别？
11. 如何确认递延所得税资产和递延所得税负债？
12. 如何计算所得税费用？

■ 案例

物流运输企业的成本核算与工业企业不同，在计算运输收入的成本时，车辆所耗用的油、轮胎、其他材料直接计入主营业务成本（运输成本）。相应地，发放给从事运输运营业务的司机及其助手等人员的职工薪酬也直接计入运输成本。海天运输公司是从事长途运输业务的企业。2×21年8月末，由于8月25日之后的长途运输劳务尚未完成，所以会计人员在当月只确认了8月25日之前的收入。按照收入与费用相配比的要求，会计人员在月底计算职工薪酬时，将本月尚未完成的运输劳务的相关职工薪酬按照本月天数进行了分配，其中前25天的薪酬计入了本月的主营业务成本（运输成本），25日之后的职工薪酬记入“劳务成本（运输成本）”科目，等到相应运输劳务完成后再结转记入“主营业务成本”科目中。

要求：海天运输公司8月份有关收入、费用的确认与计量是否恰当？为什么？

第11章 财务报告

学习目标

通过本章的学习，要求学生了解财务报表的概念与种类，以及资产负债表、利润表、现金流量表、所有者权益变动表的结构、内容以及相关编制方法。

11.1　财务报告的概念与组成

11.1.1　财务报告的概念

财务报告，是指企业对外提供的反映企业某一特定日期的财务状况和某一会计期间的经营成果、现金流量等会计信息的文件。

编制财务报告的目的是向财务报告使用者（包括企业的投资者、债权人、政府及有关部门、职工和社会公众等）提供与企业财务状况、经营成果和现金流量等有关的会计信息，反映管理层工作业绩及受托责任履行情况，从而有助于财务报告使用者做出决策。

11.1.2　财务报告的组成

财务报告包括财务报表和其他应当在财务报告中披露的相关信息和资料。

财务报表是对企业财务状况、经营成果和现金流量的结构性描述。财务报表包括资产负债表、利润表、现金流量表、所有者权益变动表以及附注。

资产负债表反映企业在某一特定日期资产、负债和股东（投资者）拥有净资产的情况；利润表反映企业在某一会计期间的经营成果，即反映收入、成本和利润（或亏损）的情况；现金流量表反映企业在某一会计期间现金及现金等价物流入和流出的情况；所有者权益变动表反映构成企业所有者权益的各组成部分当期的变动情况；附注是对在资产负债表、利润表、现金流量表、所有者权益变动表中各报表列示项目的详细资料及文字描述，以及对未能在这些报表中列示项目的说明等。

11.1.3　财务报表的种类

1）按财务报表的经济内容分类

财务报表按其所反映的经济内容不同，可以分为静态报表和动态报表。

静态报表是综合反映企业在某一特定日期的资产、负债和所有者权益情况的报表，如资产负债表。

动态报表是综合反映企业在某一会计期间的经营成果或现金流量情况的报表，如利润表、现金流量表等。

2）按财务报表编制时间分类

财务报表按编制时间不同，可以分为中期财务报表和年度财务报表。

中期财务报表是企业以短于一个完整会计年度的报告期间为基础编制的财务报表，包括月报、季报和半年报。

年度财务报表是企业以一个完整会计年度的报告期间为基础编制的财务报表。

在格式和内容上，中期财务报表和年度财务报表应一致。

3）按财务报表编制主体分类

财务报表按编制主体不同，可以分为个别财务报表和合并财务报表。

个别财务报表是企业以自身会计核算为基础，对账簿记录进行加工、汇总而编制的财务报表。

合并财务报表是以母公司和其所属全部子公司组成的企业集团为会计主体，根据母公司和子公司的财务报表，由母公司编制的综合反映企业集团整体财务状况、经营成果和现金流量的财务报表。

11.2 资产负债表

11.2.1 资产负债表概述

1）资产负债表的概念及内容

资产负债表是反映企业在某一特定日期财务状况的报表。它反映企业在某一特定日期所拥有或控制的经济资源、所承担的现时义务和所有者对净资产的要求权。资产负债表可以为财务报表使用者提供以下信息：

① 某一日期资产的总额及其结构，表明企业拥有或者控制的资源及其分布情况，使用者可以一目了然地从资产负债表中了解企业在某一特定日期所拥有的资产总量及其结构。

② 某一日期的负债总额及其结构，表明企业未来需要用多少资产或劳务清偿债务以及清偿时间。

③ 所有者所拥有的权益，据以判断资本保值、增值的情况以及对负债的保障程度。

④ 进行财务分析的基本资料，如将流动资产与流动负债进行比较，计算出流动比率；将速动资产与流动负债进行比较，计算出速动比率等，可以表明企业的变现能力、偿债能力和资金周转能力，从而有助于报表使用者做出经济决策。

2）资产负债表的结构

资产负债表的结构由表头和基本内容两部分组成。表头部分包括报表名称、编制单位、编制日期、货币种类和金额单位等内容。基本内容部分是资产负债表的核心，我国对资产负债表基本内容的列示采用账户式结构，按“资产-负债=所有者权益”的原理排列，左边列示资产各项目，右边列示负债和所有者权益各项目，反映全部资产、负债和所有者权益的内容及构成情况。此外，为了方便报表使用者通过比较不同时点资产负债表的数据，掌握企业财务状况的变动情况及发展趋势，企业需要提供比较资产负债表。资产负债表还就各项目再分为“上年年末余额”和“期末余额”两栏分别填列。

3）资产负债表的排列

企业的各项资产或负债，应当按照流动性分为流动资产和非流动资产、流动负债和非流动负债在资产负债表中列示。

资产满足下列条件之一的，应当归类为流动资产：

① 预计在一个正常营业周期中变现、出售或耗用；

② 主要为交易目的而持有；

③ 预计在资产负债表日起一年内（含一年，下同）变现；

④ 自资产负债表日起一年内，交换其他资产或清偿负债能力不受限制的现金或现金等价物。

流动资产以外的资产应当归类为非流动资产，并应按其性质分类列示。

负债满足下列条件之一的，应当归类为流动负债：

① 预计在一个营业周期中清偿；

② 主要为交易目的而持有；

③ 自资产负债表日起一年内到期应予以清偿；

④ 企业无权自主地将清偿推迟至资产负债表日后一年以上。

11.2.2　资产负债表的填列

企业应以日常会计核算记录的数据为基础进行归类、整理、汇总和加工，形成资产负债表。

1）“上年年末余额”的填列方法

“上年年末余额”栏内的各项目数字，应根据上年度资产负债表的“期末余额”栏内的各项目填列。如果上年度资产负债表规定的各项目的名称和内容与本年度不一致，应对上年度资产负债表各项目的名称和内容按照本年度的规定进行调整，再填入“上年年末余额”栏内。

2）“期末余额”的填列方法

资产负债表的“期末余额”栏内的各项目数字，应根据会计账簿记录填列。由于资产负债表是一种静态报表，各项目均反映企业某一时点指标，本表主要根据账户期末余额填列。但由于资产负债表各项目与企业账户的设置并不完全一致，因此，在填列时，有的项目可以根据账户余额直接填列，有的项目则应根据账户余额分析计算后填列。

（1）根据账户余额直接填列

资产负债表中大部分项目的期末余额采用该方法填列，例如，“其他权益工具投资”“交易性金融负债”“短期借款”“应付票据”“应付职工薪酬”“持有待售负债”“实收资本”“资本公积”“盈余公积”等。

（2）根据账户余额分析计算填列

① “货币资金”项目，根据“库存现金”、“银行存款”和“其他货币资金”等总账账户的期末余额的合计数填列。

② “交易性金融资产”项目，反映资产负债表日企业分类为以公允价值计量且其变动计入当期损益的金融资产，以及企业持有的指定为以公允价值计量且其变动计入当期损益的金融资产的期末账面价值。该项目应根据“交易性金融资产”科目的相关明细科目的期末余额分析填列。自资产负债表日起超过一年到期且预期持

有超过一年的以公允价值计量且其变动计入当期损益的非流动金融资产的期末账面价值，在“其他非流动金融资产”项目反映。

③“应收票据”项目，反映资产负债表日以摊余成本计量的，企业因销售商品、提供服务等收到的商业汇票，包括银行承兑汇票和商业承兑汇票。该项目应根据“应收票据”科目的期末余额，减去“坏账准备”科目中相关坏账准备期末余额后的金额分析填列。

④“应收账款”项目，反映资产负债表日以摊余成本计量的，企业因销售商品、提供服务等经营活动应收取的款项。该项目应根据“应收账款”科目的期末余额，减去“坏账准备”科目中相关坏账准备期末余额后的金额分析填列。

⑤“应收款项融资”项目，反映资产负债表日以公允价值计量且其变动计入其他综合收益的应收票据和应收账款等。

⑥“其他应收款”项目，应根据“应收利息”“应收股利”“其他应收款”科目的期末余额合计数，减去“坏账准备”科目中相关坏账准备期末余额后的金额填列。其中的“应收利息”仅反映相关金融工具已到期可收取但于资产负债表日尚未收到的利息。基于实际利率法计提的金融工具的利息应包含在相应金融工具的账面余额中。

⑦“持有待售资产”项目，反映资产负债表日划分为持有待售类别的非流动资产及划分为持有待售类别的处置组中的流动资产和非流动资产的期末账面价值。该项目应根据“持有待售资产”科目的期末余额，减去“持有待售资产减值准备”科目的期末余额后的金额填列。

⑧“预付款项”项目，根据“预付账款”和“应付账款”科目所属各明细账户的期末借方余额的合计数填列。

⑨“存货”项目，根据“材料采购”“原材料”“低值易耗品”“自制半成品”“库存商品”“包装物”“生产成本”等科目的期末余额合计，减去“存货跌价准备”科目期末余额后的金额填列。

⑩“长期股权投资”项目，根据“长期股权投资”科目的期末余额，减去“长期股权投资减值准备”科目中有关股权投资减值准备期末余额后的金额填列。

⑪按照《企业会计准则第14号——收入》的相关规定确认为资产的合同取得成本，应当根据“合同取得成本”科目的明细科目初始确认时摊销期限是否超过一年或一个正常营业周期，在“其他流动资产”或“其他非流动资产”项目中填列，已计提减值准备的，还应减去“合同取得成本减值准备”科目中相关的期末余额后的金额填列。

⑫按照《企业会计准则第14号——收入》的相关规定确认为资产的合同履约成本，应当根据“合同履约成本”科目的明细科目初始确认时摊销期限是否超过一年或一个正常营业周期，在“存货”或“其他非流动资产”项目中填列，已计提减值准备的，还应减去“合同履约成本减值准备”科目中相关的期末余额后的金额填列。

⑬ 按照《企业会计准则第14号——收入》的相关规定确认为资产的应收退货成本，应当根据“应收退货成本”科目是否在一年或一个正常营业周期内出售，在“其他流动资产”或“其他非流动资产”项目中填列。

⑭ “债权投资”项目，反映资产负债表日企业以摊余成本计量的长期债权投资的期末账面价值。该项目应根据“债权投资”科目的相关明细科目期末余额，减去“债权投资减值准备”科目中相关减值准备的期末余额后的金额分析填列。自资产负债表日起一年内到期的长期债权投资的期末账面价值，在“一年内到期的非流动资产”项目反映。企业购入的以摊余成本计量的一年内到期的债权投资的期末账面价值，在“其他流动资产”项目反映。

⑮ “其他债权投资”项目，反映资产负债表日企业分类为以公允价值计量且其变动计入其他综合收益的长期债权投资的期末账面价值。该项目应根据“其他债权投资”科目的相关明细科目的期末余额分析填列。自资产负债表日起一年内到期的长期债权投资的期末账面价值，在“一年内到期的非流动资产”项目反映。企业购入的以公允价值计量且其变动计入其他综合收益的一年内到期的债权投资的期末账面价值，在“其他流动资产”项目反映。

⑯ “在建工程”项目，反映资产负债表日企业尚未达到预定可使用状态的在建工程的期末账面价值和企业为在建工程准备的各种物资的期末账面价值。该项目应根据“在建工程”科目的期末余额，减去“在建工程减值准备”科目的期末余额后的金额，以及“工程物资”科目的期末余额，减去“工程物资减值准备”科目的期末余额后的金额填列。

⑰ “固定资产”项目，反映资产负债表日企业固定资产的期末账面价值和企业尚未清理完毕的固定资产清理净损益。该项目应根据“固定资产”科目的期末余额，减去“累计折旧”和“固定资产减值准备”科目的期末余额后的金额，以及“固定资产清理”科目的期末余额填列。

⑱ “使用权资产”项目，反映资产负债表日承租人企业持有的使用权资产的期末账面价值。该项目应根据“使用权资产”科目的期末余额，减去“使用权资产累计折旧”和“使用权资产减值准备”科目的期末余额后的金额填列。

⑲ “一年内到期的非流动资产”项目，通常反映预计自资产负债表日起一年内变现的非流动资产。对于按照相关会计准则采用折旧（或摊销、折耗）方法进行后续计量的固定资产、使用权资产、无形资产和长期待摊费用等非流动资产，折旧（或摊销、折耗）年限（或期限）只剩一年或不足一年的，或预计在一年内（含一年）进行折旧（或摊销、折耗）的部分，不得归类为流动资产，仍在各该非流动资产项目中填列，不转入“一年内到期的非流动资产”项目。

⑳ “无形资产”项目，根据“无形资产”科目的期末余额，减去“无形资产减值准备”科目和“累计摊销”科目期末余额后的金额填列。

㉑“应付账款”项目，根据“应付账款”和“预付账款”科目所属各明细科目的期末贷方余额的合计数填列。

㉒“其他应付款”项目，应根据“应付利息”“应付股利”“其他应付款”科目的期末余额合计数填列。其中的“应付利息”仅反映相关金融工具已到期应支付但于资产负债表日尚未支付的利息。基于实际利率法计提的金融工具的利息应包含在相应金融工具的账面余额中。

㉓“租赁负债”项目，反映资产负债表日承租人企业尚未支付的租赁付款额的期末账面价值。该项目应根据“租赁负债”科目的期末余额填列。自资产负债表日起一年内到期应予以清偿的租赁负债的期末账面价值，在“一年内到期的非流动负债”项目反映。

㉔“长期应付款”项目，反映资产负债表日企业除长期借款和应付债券以外的其他各种长期应付款项的期末账面价值。该项目应根据“长期应付款”科目的期末余额，减去相关的“未确认融资费用”科目的期末余额后的金额，以及“专项应付款”科目的期末余额填列。

㉕“递延收益”项目中摊销期限只剩一年或不足一年的，或预计在一年内（含一年）进行摊销的部分，不得归类为流动负债，仍在该项目中填列，不转入“一年内到期的非流动负债”项目。

㉖“合同资产”和“合同负债”项目。企业应按照《企业会计准则第14号——收入》的相关规定根据本企业履行履约义务与客户付款之间的关系在资产负债表中列示合同资产或合同负债。“合同资产”项目、“合同负债”项目，应分别根据“合同资产”科目、“合同负债”科目的相关明细科目的期末余额分析填列，同一合同下的合同资产和合同负债应当以净额列示，其中净额为借方余额的，应当根据其流动性在“合同资产”或“其他非流动资产”项目中填列，已计提减值准备的，还应减去“合同资产减值准备”科目中相关的期末余额后的金额填列；其中净额为贷方余额的，应当根据其流动性在“合同负债”或“其他非流动负债”项目中填列。由于同一合同下的合同资产和合同负债应当以净额列示，企业也可以设置“合同结算”科目（或其他类似科目），以核算同一合同下属于在某一时段内履行履约义务涉及与客户结算对价的合同资产或合同负债，并在此科目下设置“合同结算——价款结算”科目反映定期与客户进行结算的金额，设置“合同结算——收入结转”科目反映按履约进度结转的收入金额。资产负债表日，“合同结算”科目的期末余额在借方的，根据其流动性在“合同资产”或“其他非流动资产”项目中填列；期末余额在贷方的，根据其流动性在“合同负债”或“其他非流动负债”项目中填列。

㉗按照《企业会计准则第14号——收入》的相关规定确认为预计负债的应付退货款，应当根据“预计负债”科目下的“应付退货款”明细科目是否在一年或一个正常营业周期内清偿，在“其他流动负债”或“预计负债”项目中填列。

㉘企业按照《企业会计准则第22号——金融工具确认和计量》的相关规定对贷款承诺、财务担保合同等项目计提的损失准备，应当在“预计负债”项目中填列。

㉙“其他权益工具”项目，反映资产负债表日企业发行在外的除普通股以外分类为权益工具的金融工具的期末账面价值。对于资产负债表日企业发行的金融工具，分类为金融负债的，应在“应付债券”项目填列，对于优先股和永续债，还应在“应付债券”项目下的“优先股”项目和“永续债”项目分别填列；分类为权益工具的，应在“其他权益工具”项目填列，对于优先股和永续债，还应在“其他权益工具”项目下的“优先股”项目和“永续债”项目分别填列。

㉚“预收款项”项目，根据“预收账款”和“应收账款”科目所属明细账户的期末贷方余额的合计数填列。

㉛“未分配利润”项目，根据“本年利润”科目和“利润分配”科目的余额计算填列。未弥补的亏损，在本项目内以“-”号填列。

11.2.3 资产负债表示例

表11-1为东方物流公司2×21年12月31日的资产负债表。

表11-1 资产负债表

编制单位：东方物流公司　　2×21年12月31日　　单位：元

资产	期末余额	上年年末余额（略）	负债和所有者权益（或股东权益）	期末余额	上年年末余额（略）
流动资产：			流动负债：		
货币资金	6 031 157		短期借款	240 000	
交易性金融资产	12 000		交易性金融负债	0	
衍生金融资产	0		衍生金融负债	0	
应收票据	196 800		应付票据	110 000	
应收账款	239 280		应付账款	763 040	
应收款项融资	0		预收款项	0	
预付款项	80 000		合同负债	0	
其他应收款	4 000		应付职工薪酬	88 000	
存货	2 064 000		应交税费	29 280	
合同资产	0		其他应付款	40 800	
持有待售资产	0		持有待售负债	0	
一年内到期的非流动资产	0		一年内到期的非流动负债	800 000	
其他流动资产	483 883		其他流动负债	0	
流动资产合计	9 111 120		流动负债合计	2 071 120	

续表

资产	期末余额	上年年末余额（略）	负债和所有者权益（或股东权益）	期末余额	上年年末余额（略）
非流动资产：			非流动负债：	0	
债权投资	0		长期借款	480 000	
其他债权投资	0		应付债券	0	
长期应收款	0		其中：优先股	0	
长期股权投资	200 000		永续债	0	
其他权益工具投资	0		租赁负债	0	
其他非流动金融资产	0		长期应付款	0	
投资性房地产	0		预计负债	0	
固定资产	880 000		递延收益	0	
在建工程	1 200 000		递延所得税负债	0	
生产性生物资产	0		其他非流动负债	0	
油气资产	0		非流动负债合计	480 000	
使用权资产	0		负债合计	2 551 120	
无形资产	480 000		所有者权益（或股东权益）：	0	
开发支出	0		实收资本（或股本）	4 000 000	
商誉	0		其他权益工具	0	
长期待摊费用	0		其中：优先股	0	
递延所得税资产	0		永续债	0	
其他非流动资产	110 000		资本公积	0	
非流动资产合计	3 230 000		减：库存股	0	
			其他综合收益	0	
			专项储备	0	
			盈余公积	611 000	
			未分配利润	5 179 000	
			所有者权益（或股东权益）合计	9 790 000	
资产总计	12 341 120	资产总计	负债和所有者权益（或股东权益）总计	12 341 120	

11.3　利润表

11.3.1　利润表概述

1）利润表的概念及可提供的信息

利润表是反映企业在一定会计期间经营成果的财务报表。利润表可以为财务报表使用者提供以下信息：

① 企业一定会计期间的收入实现情况，如实现的营业收入、投资收益、营业外收入有多少等。

② 企业一定会计期间的费用耗费情况，如耗费的营业成本、税金及附加、销售费用、管理费用、财务费用各有多少等。

③ 企业生产经营活动的成果，即净利润的实现情况，据以判断资本保值、增值情况。

④ 财务分析的基本资料，如将赊销收入净额与应收账款平均余额进行比较，计算出应收账款周转率；将销货成本与存货平均余额进行比较，计算出存货周转率；将净利润与资产总额进行比较，计算出资产收益率等，可以表明企业资金周转情况以及企业的盈利能力和水平，便于财务报表使用者判断企业未来的发展趋势，做出经济决策。

2）利润表的结构和内容

在我国，企业利润表采用的基本上是多步式结构，即通过对当期的收入、费用和支出项目按性质加以归类，按利润形成的主要环节列示一些中间性利润指标，分步计算当期经营损益。

利润表主要反映以下几方面的内容：①营业收入，由主营业务收入和其他业务收入组成。②营业利润。营业收入减去营业成本（主营业务成本、其他业务成本）、税金及附加，销售费用，管理费用，财务费用，信用减值损失，资产减值损失，加上公允价值变动收益、投资收益、资产处置收益、其他收益，即为营业利润。③利润总额。营业利润加上营业外收入，减去营业外支出，即为利润总额。④净利润。利润总额减去所得税费用，即为净利润。⑤综合收益总额。综合收益，是指企业在某一期间除所有者以其所有者身份进行的交易之外的其他交易或事项所引起的所有者权益变动。综合收益总额项目反映净利润和其他综合收益扣除所得税影响后的净额相加后的合计金额。其他综合收益，是指企业根据相关规定未在当期损益中确认的各项利得和损失。⑥每股收益。普通股或潜在普通股已公开交易的企业，以及正处于公开发行普通股或潜在普通股过程中的企业，还应当在利润表中列示每股收益信息，包括基本每股收益和稀释每股收益两项指标。

此外，为了使报表使用者通过比较不同期间利润的实现情况，判断企业经营成果的未来发展趋势，企业需要提供比较利润表。利润表还就各项目再分为“本期金额”和“上期金额”两栏分别填列。

11.3.2 利润表的填列

1）在填制利润表时，须填列“本期金额”和“上期金额”两栏

“本期金额”栏反映各项目的本期实际发生数。如果上年度利润表的项目名称和内容与本年度利润表不一致，应对上年度利润表项目的名称和内容按本年度规定进行调整，填入“上期金额”栏。

2）利润表各项目的填列方法

①“营业收入”项目：反映企业经营主要业务和其他业务所确认的收入总额。本项目根据“主营业务收入”和“其他业务收入”科目的发生额分析填列。

②“营业成本”项目：反映企业经营主要业务和其他业务所发生的成本总额。本项目根据“主营业务成本”和“其他业务成本”科目的发生额分析填列。

③“税金及附加”项目：反映企业经营过程中应负担的消费税、城市维护建设税和教育费附加、资源税、土地增值税、房产税、车船税、印花税等。本项目根据“税金及附加”科目的发生额分析填列。

④“销售费用”项目：反映企业在销售商品过程中发生的包装费、广告费等费用和为销售本企业商品而专设的销售机构的职工薪酬、业务费等经营费用。本项目根据“销售费用”科目的发生额分析填列。

⑤“管理费用”项目：反映企业为组织和管理生产经营发生的管理费用。本项目根据“管理费用”科目的发生额分析填列。

⑥“研发费用”项目，反映企业进行研究与开发过程中发生的费用化支出，以及计入管理费用的自行开发无形资产的摊销。该项目应根据“管理费用”科目下的“研究费用”明细科目的发生额，以及“管理费用”科目下的“无形资产摊销”明细科目的发生额分析填列。

⑦“财务费用”项目：反映企业为筹集生产经营所需资金等而发生的筹资费用。本项目根据“财务费用”科目的发生额分析填列。

⑧“财务费用”项目下的“利息费用”项目，反映企业为筹集生产经营所需资金等而发生的应予费用化的利息支出。该项目应根据“财务费用”科目的相关明细科目的发生额分析填列。该项目作为“财务费用”项目的其中项，以正数填列。

⑨“财务费用”项目下的“利息收入”项目，反映企业按照相关会计准则确认的应冲减财务费用的利息收入。该项目应根据“财务费用”科目的相关明细科目的发生额分析填列。该项目作为“财务费用”项目的其中项，以正数填列。

⑩“信用减值损失”项目，反映企业按照《企业会计准则第22号——金融工具确认和计量》（财会〔2017〕7号）的要求计提的各项金融工具信用减值准备所确认的信用损失。该项目应根据“信用减值损失”科目的发生额分析填列。

⑪“资产减值损失”项目：反映企业各项资产发生的减值损失。本项目根据“资产减值损失”科目的发生额分析填列。

⑫ “公允价值变动收益”项目：反映企业应计入当期损益的资产或负债公允价值变动的收益。本项目根据“公允价值变动收益”科目的发生额分析填列，如果为净损失，本项目以“-”号填列。

⑬ “投资收益”项目：反映企业以各种方式对外投资所取得的收益。本项目根据“投资收益”科目的发生额分析填列。如果为投资损失，本项目以“-”号填列。

⑭ “以摊余成本计量的金融资产终止确认收益”项目，反映企业因转让等情形导致终止确认以摊余成本计量的金融资产而产生的利得或损失。该项目应根据“投资收益”科目的相关明细科目的发生额分析填列；如为损失，以“-”号填列。

⑮ “净敞口套期收益”项目，反映净敞口套期下被套期项目累计公允价值变动转入当期损益的金额或现金流量套期储备转入当期损益的金额。该项目应根据“净敞口套期损益”科目的发生额分析填列；如为套期损失，以“-”号填列。

⑯ “资产处置收益”项目：反映企业出售划分为持有待售的非流动资产（金融工具、长期股权投资和投资性房地产除外）或处置组时确认的处置利得或损失，以及处置未划分为持有待售的固定资产、在建工程、生产性生物资产及无形资产而产生的处置利得或损失。本项目应根据在损益类科目新设置的“资产处置收益”科目的发生额分析填列；如为处置损失，以“-”号填列。

⑰ “其他收益”项目：反映计入其他收益的政府补助，以及其他与日常活动相关且计入其他收益的项目等。该项目应根据在损益类科目新设置的“其他收益”科目的发生额分析填列。

⑱ “营业利润”项目：反映企业实现的营业利润。如果为亏损，本项目以“-”号填列。

⑲ “营业外收入”项目：反映企业发生的与经营业务无直接关系的各项收入，主要包括与企业日常活动无关的政府补助、盘盈利得、捐赠利得等。本项目根据“营业外收入”科目的发生额分析填列。

⑳ “营业外支出”项目：反映企业发生的与经营业务无直接关系的各项支出，主要包括公益性捐赠支出、非常损失、盘亏损失、非流动资产毁损报废损失等。本项目根据“营业外支出”科目的发生额分析填列。

㉑“利润总额”项目：反映企业实现的利润。如果为亏损，本项目以“-”号填列。

㉒“所得税费用”项目：反映企业应从当期利润总额中扣除的所得税费用。本项目根据“所得税费用”科目的发生额分析填列。

㉓“净利润”项目：反映企业实现的净利润。如果为亏损，本项目以“-”号填列。

㉔“其他综合收益的税后净额”项目：反映根据企业会计准则规定未在损益中确认的各项利得和损失扣除所得税影响后的净额。其他综合收益项目分为下列两类：A.不能重分类进损益的其他综合收益项目，主要包括：重新设定受益计划净

负债或净资产导致的变动、按照权益法核算的在被投资单位不能重分类进损益的其他综合收益变动中所享有的份额等。B.将重分类进损益的其他综合收益项目，主要包括：按照权益法核算的在被投资单位可重分类进损益的其他综合收益变动中所享有的份额、其他债权投资公允价值变动形成的利得或损失、金融资产重分类计入其他综合收益的金额、现金流量套期工具产生的利得或损失中属于有效套期部分、外币财务报表折算差额等。

㉕“综合收益总额”项目是企业净利润与其他综合收益税后净额的合计金额。

11.3.3 利润表示例

表11-2为东方物流公司2×21年度的利润表。

表11-2 **利润表**

编制单位：东方物流公司 2×21年度 单位：元

项目	本期金额	上期金额（略）
一、营业收入	6 059 493.67	
减：营业成本	3 653 210	
税金及附加	200 000	
销售费用	150 000	
管理费用	1 000 000	
研发费用	0	
财务费用	650 000	
其中：利息费用		
利息收入		
加：公允价值变动收益（损失以“-”号填列）	100 000	
投资收益（损失以“-”号填列）	7 600 000	
其中：对联营企业和合营企业的投资收益		
以摊余成本计量的金融资产终止确认收益（损失以“-”号填列）		
净敞口套期收益（损失以“-”号填列）		
信用减值损失（损失以“-”号填列）	100 000	
资产处置收益（损失以“-”号填列）	0	
资产减值损失（损失以“-”号填列）	136 017	
其他收益	0	

续表

项目	本期金额	上期金额（略）
二、营业利润（亏损以“-”号填列）	7 870 266.67	
加：营业外收入	20 000	
减：营业外支出	23 600	
三、利润总额（亏损总额以“-”号填列）	7 866 666.67	
减：所得税费用	1 966 666.67	
四、净利润（净亏损以“-”号填列）	5 900 000	
五、其他综合收益的税后净额	0	
（一）不能重分类进损益的其他综合收益	0	
（二）将重分类进损益的其他综合收益	0	
六、综合收益总额	5 900 000	
七、每股收益：	略	
（一）基本每股收益		
（二）稀释每股收益		

① 本期摊销长期待摊费用150 000元，其中计入：生产成本80 000元，制造费用50 000元，管理费用20 000元。

② 本期折旧总额为750 000元，其中计入：制造费用350 000元，管理费用250 000元，销售费用150 000元。

③ 本期管理费用合计1 000 000元。

④ 本期无形资产摊销650 000元，计入管理费用。

⑤ 本期资产负债表应收账款项目增加400 000元，本期计提坏账准备100 000元。

⑥ 本期资产负债表应付账款项目增加500 000元。

⑦ 报废固定资产、无形资产和其他长期资产损失23 600元。

⑧ 交易性金融资产公允价值上升100 000元。

⑨ 本期资产负债表存货项目减少200 000元，本期计提存货跌价准备25 000元。

⑩ 本期确认投资收益7 600 000元。

⑪本期计提资产减值准备136 017元。

11.4 现金流量表

11.4.1 现金流量表概述

1）现金流量表的概念

现金流量表，反映企业在一定会计期间现金和现金等价物流入和流出的报表。编制现金流量表的主要目的是使财务报表使用者了解和评价企业获取现金和现金等价物的能力，并预测企业的未来现金流量。

现金流量表有助于评价企业的支付能力、偿债能力和周转能力，有助于预测企业未来现金流量，分析企业收益质量和影响现金净流量的因素，掌握企业经营活动、投资活动和筹资活动的现金流量，从现金流量的角度了解净利润的质量，为分析判断企业的财务前景提供信息。

2）现金流量表的结构

现金流量表由表头、正表和补充资料三部分内容组成。

① 表头部分主要说明财务报表的名称、编制单位的名称和编制日期等信息。

② 正表是现金流量表的主体，企业一定期间的现金流入、现金流出和现金净流量信息主要由正表提供。现金流量表正表采用报告式的结构，分类反映经营活动产生的现金流量、投资活动产生的现金流量和筹资活动产生的现金流量，最后汇总反映企业现金及现金等价物净增加额。在有外币现金流量及境外子公司的现金流量折算为人民币的企业，正表中还应单设“汇率变动对现金及现金等价物的影响”项目。

③ 补充资料部分主要包括三部分内容：A.将净利润调节为经营活动的现金流量；B.不涉及现金收支的投资和筹资活动；C.现金及现金等价物净增加情况。

3）现金流量表的内容

现金流量，是指现金和现金等价物的流入和流出，可以分为三类，即经营活动产生的现金流量、投资活动产生的现金流量和筹资活动产生的现金流量。

（1）经营活动产生的现金流量

经营活动，是指企业投资活动和筹资活动以外的所有交易和事项，包括销售商品或提供劳务、购买商品或接受劳务、收到返还的税费、经营性租赁、支付工资、支付广告费用、缴纳各项税款等。

（2）投资活动产生的现金流量

投资活动，是指企业长期资产的购建和不包括在现金等价物范围内的投资及其处置活动，包括取得和收回投资、购建和处置固定资产、购买和处置无形资产等。

（3）筹资活动产生的现金流量

筹资活动，是指导致企业资本及债务规模和构成发生变化的活动，包括发行股票或接受投入资本、分派现金股利、取得和偿还银行借款、发行和偿还公司债券等。

“短期借款”“长期借款”“应付债券”“长期应付款”“应付利息”科目核算的影响现金流量的业务属于筹资活动。

4）现金流量表的编制方法

现金流量表的编制方法有直接法和间接法两种。

直接法是以利润表中的营业收入为起点，然后在与经营活动有关的项目中将权责发生制下的收入和费用调整为现金收付实现制下的现金流量的增减变动，然后计算出经营活动的现金流量。或者说，直接法就是用现金收入和支出的主要类别反映来自企业经营活动的现金流量。

间接法是以本期净利润为起点，将不涉及现金的收入、费用、营业外收支以及有关项目的增减变动调整为现金收付实现制下的现金流量的增减变动，据此计算出经营活动的现金流量。我国《企业会计准则》规定，现金流量表主表须采用直接法编制，同时要求在现金流量表附注中披露将净利润调节为经营活动现金流量的信息，也就是用间接法计算出经营活动的现金流量。

直接法和间接法的主要区别是经营活动现金流量的列示起点不同。或者说，不管采用哪种方法编制现金流量表，其投资活动和筹资活动的现金流量的列示项目都是相同的。采用直接法提供的信息有助于评价企业未来现金流量。国际会计准则鼓励企业采用直接法编制现金流量表。在我国，现金流量表也以直接法编制，但在现金流量表的补充资料中还按照间接法反映经营活动现金流量的情况。

5）现金流量表的编制程序

（1）工作底稿法

工作底稿法是以工作底稿为手段，以利润表和资产负债表数据为基础，结合有关科目的记录，对现金流量表的每一项目进行分析并编制调整分录，从而编制出现金流量表的一种方法。其编制程序是：

第一步，将资产负债表的上年年末余额和期末余额过入工作底稿的期初数栏和期末数栏。

第二步，对当期业务进行分析并编制调整分录。编制调整分录时，要以利润表项目为基础，从“营业收入”开始，结合资产负债表项目逐一进行分析。在调整分录中，有关现金及现金等价物的事项，并不直接借记或贷记现金，而是分别记入“经营活动产生的现金流量”“投资活动产生的现金流量”“筹资活动产生的现金流量”等项目，借记表明现金流入，贷记表明现金流出。

第三步，将调整分录过入工作底稿中的相应部分。

第四步，核对调整分录，借贷合计应当相等，资产负债表项目期初数加减调整分录中的借贷金额以后，应当等于期末数。

第五步，根据工作底稿中的现金流量表项目部分编制正式的现金流量表。

（2）T形账户法

T形账户法是先将所有的非现金账户分别开设一个T形账户，现金及现金等价物单独开设T形账户。然后分析每一个非现金项目的变化，编制出与工作底稿法类似的调整分录。再将这些分录过入对应的T形账户。最后根据现金及现金等价物的T形账户编制现金流量表。其编制程序是：

第一步，为所有的非现金项目（包括资产负债表项目和利润表项目）分别开设T形账户，并将各自的期末期初变动数过入各该项目。

第二步，开设一个大的“现金及现金等价物”T形账户，每边分为经营活动、投资活动和筹资活动三个部分，左边记现金流入，右边记现金流出。与其他账户一样，过入期末期初变动数。

第三步，以利润表项目为基础，结合资产负债表分析每一个非现金项目的增减变动，并据此编制调整分录。

第四步，将调整分录过入各T形账户，并进行核对。该账户借贷相抵后的余额与原先过入的期末期初变动数应当一致。

第五步，根据大的“现金及现金等价物”T形账户编制正式的现金流量表。

（3）分析填列法

分析填列法是直接根据资产负债表、利润表和有关会计科目明细账的记录，分析计算出现金流量表各项目的金额，并据以编制现金流量表的一种方法。

11.4.2 现金流量表的填列

1）经营活动产生的现金流量的填列

（1）销售商品、提供劳务收到的现金

该项目反映本期销售商品、提供劳务收到的现金，以及前期销售商品、提供劳务本期收到的现金和本期预收的款项，减去本期销售本期退回的商品和前期销售本期退回的商品支付的现金。企业销售材料和代购代销业务收到的现金也在本项目反映。

［例11-1］东方物流公司本期销售一批商品，开出的增值税专用发票上注明的销售价款为1 450 000元，增值税销项税额为188 500元，以银行存款收讫；应收票据期初余额为135 000元，期末余额为30 000元；应收账款期初余额为500 000元，期末余额为200 000元；年度内核销的坏账损失为10 000元。另外，本期因商品质量问题发生退货，支付银行存款15 000元，货款已通过银行转账支付。

本期销售商品、提供劳务收到的现金计算如下：

本期销售商品收到的现金	1 638 500元
加：本期收到前期的应收票据（135 000-30 000）	105 000元
本期收到前期的应收账款（500 000-200 000-10 000）	290 000元
减：本期因销售退回支付的现金	15 000元
本期销售商品、提供劳务收到的现金	2 018 500元

（2）收到的税费返还

该项目反映企业收到返还的各种税费，如增值税、所得税、消费税、关税和教育费附加返还款等。

［例11-2］东方物流公司前期出口商品一批，已缴纳增值税，按规定应退增值税4 250元，前期未退，本期以转账方式收讫；本期收到退回的关税税款9 000元、收到的教育费附加返还款11 004元，款项已存入银行。

本期收到的税费返还计算如下：

本期收到的出口退增值税税额	4 250元
加：收到的退关税税额	9 000元
收到的教育费附加返还额	11 004元
本期收到的税费返还	24 254元

（3）收到其他与经营活动有关的现金

该项目反映除上述项目外，收到的其他与经营活动有关的现金，如罚款收入、租赁收入、经营租赁固定资产收到的现金、流动资产损失中由个人赔偿的现金收入、除税费返还外的其他政府补助收入等。其他与经营活动有关的现金，如果其价值较大，应单独列示。

（4）购买商品、接受劳务支付的现金

该项目反映本期购买商品、接受劳务支付的现金，以及本期支付前期购买商品、接受劳务的未付款项和本期预付款项，减去本期发生的购货退回收到的现金。

［例11-3］东方物流公司本期购买原材料，收到的增值税专用发票上注明的材料价款为75 000元，增值税进项税额为9 750元，款项已通过银行转账支付；本期支付应付票据50 000元；用银行汇票支付材料价款，收到银行转来的银行汇票余款收账通知，余款1 170元，材料49 900元，其相应的增值税为6 487元。

本期购买商品、接受劳务支付的现金计算如下：

本期购买原材料支付的价款	75 000元
本期购买原材料支付的增值税进项税额	9 750元
本期购买材料支付的价款	49 900元
本期购买材料支付的增值税进项税额	6 487元
加：本期支付的应付票据	50 000元
购买商品、接受劳务支付的现金	191 137元

（5）支付给职工以及为职工支付的现金

该项目反映企业实际支付给职工的现金以及为职工支付的现金，包括企业为获得职工提供的服务，本期实际给予各种形式的报酬及其他相关支出以及为职工支付的其他费用，不包括支付给在建工程人员的工资。

（6）支付的各项税费

该项目反映企业按规定支付的各项税费，包括本期发生并支付的税费，以及本期支付以前各期发生的税费和预交的税金，如支付的教育费附加、印花税、房产税、土地增值税、车船税、增值税、所得税等，不包括本期退回的增值税、所得税。

[例11-4] 东方物流公司本期向税务机关缴纳增值税17 000元；本期发生的所得税1 550 000元已全部缴纳；企业期初未交所得税140 000元；期末未交所得税60 000元。

本期支付的各项税费计算如下：

本期支付的增值税税额	17 000元
加：本期发生并缴纳的所得税税额	1 550 000元
前期发生本期缴纳的所得税税额（140 000-60 000）	80 000元
支付的各项税费	1 647 000元

（7）支付其他与经营活动有关的现金

该项反映除上述项目外，支付的其他与经营活动有关的现金，如罚款支出、支付的差旅费、业务招待费、保险费等。其他与经营活动有关的现金，如果其价值较大，应单独列示。

2）投资活动产生的现金流量的填列

（1）收回投资收到的现金

该项目反映企业出售、转让或到期收回除现金等价物以外的以公允价值计量且其变动计入当期损益的金融资产、以摊余成本计量的金融资产、以公允价值计量且其变动计入其他综合收益的金融资产、长期股权投资等而收到的现金，不包括债权性投资收回的利息、收回的非现金资产，以及处置子公司及其他营业单位收到的现金净额。

[例11-5] 东方物流公司某项权益性投资本金为2 500 000元，公司出售该投资，收回的全部投资金额为2 400 000元；公司债权性投资本金1 750 000元，公司出售该投资，收回的全部投资金额为2 050 000元，其中300 000元是债券利息。

本期收回投资收到的现金计算如下：

收回权益性投资金额	2 400 000元
加：收回债权性投资本金	1 750 000元
收回投资收到的现金	4 150 000元

（2）取得投资收益收到的现金

该项目反映企业因股权性投资而分得的现金股利，从子公司、联营企业或合营企业分回利润而收到的现金，因债权性投资而取得的现金利息收入。股票股利不在本项目中反映。

[例11-6] 东方物流公司期初长期投资余额10 000 000元，均为股票投资，其中7 500 000元投资于A企业，占其股本的75%，采用权益法核算，另外1 000 000元和1 500 000元分别投资于B企业和C企业，各占接受投资企业总股本的5%和10%，采用成本法核算。期末长期投资余额为14 500 000元。当年A企业盈利10 000 000元，分配现金股利4 000 000元；B企业亏损，没有分配股利；C企业盈利3 000 000元，分配现金股利1 000 000元。公司已如数收到现金股利。

本期取得投资收益所收到的现金计算如下：

取得A企业实际分回的投资收益（4 000 000×75%）	3 000 000元
加：取得B企业实际分回的投资收益	0元
取得C企业实际分回的投资收益（1 000 000×10%）	100 000元
取得投资收益收到的现金	3 100 000元

（3）处置固定资产、无形资产和其他长期资产收回的现金净额

该项目反映企业出售固定资产、无形资产和其他长期资产所取得的现金，减去为处置这些资产而支付的有关费用后的净额。由于自然灾害等原因所造成的固定资产等长期资产报废、毁损而收到的保险赔偿收入，在本项目中反映。

［例11-7］东方物流公司出售一台不需用设备，收到价款150 000元。该设备原价200 000元，已计提折旧75 000元。支付该项设备拆卸费用1 000元，运输费用400元，设备已由购入单位运走。

本期处置固定资产、无形资产和其他长期资产收回的现金净额计算如下：

本期出售固定资产收到的现金	150 000元
减：支付出售固定资产的清理费用（1 000+400）	1 400元
处置固定资产、无形资产和其他长期资产收回的现金净额	148 600元

（4）处置子公司及其他营业单位收到的现金净额

该项目反映企业处置子公司及其他营业单位所取得的现金减去子公司及其他营业单位持有的现金和现金等价物以及相关处置费用后的净额。

（5）收到其他与投资活动有关的现金

该项目反映企业除上述项目外，收到的其他与投资活动有关的现金。其他与投资活动有关的现金，如果其价值较大，应单独列示。

（6）购建固定资产、无形资产和其他长期资产支付的现金

该项目反映企业购买、建造固定资产，取得无形资产和其他长期资产支付的现金，包括购买机器设备所支付的现金及增值税、建造工程支付的现金、支付在建工程人员的工资等现金支出，不包括为购建固定资产、无形资产和其他长期资产而发生的借款利息资本化部分，以及为租入固定资产所支付的租赁费。

［例11-8］东方物流公司购入房屋一幢，价款9 250 000元，通过银行转账9 000 000元，其他价款用公司存货抵偿。为在建厂房购进建筑材料一批，价值为800 000元，价款已通过银行转账支付，假定不考虑其他税费。

本期购建固定资产、无形资产和其他长期资产所支付的现金计算如下：

购买房屋支付的现金	9 000 000元
加：为在建工程购买材料支付的现金	800 000元
购建固定资产、无形资产和其他长期资产支付的现金	9 800 000元

（7）投资支付的现金

该项目反映企业进行权益性投资和债权性投资所支付的现金，包括企业取得除现金等价物以外的以公允价值计量且其变动计入当期损益的金融资产、以摊余成本

计量的金融资产、以公允价值计量且其变动计入其他综合收益的金融资产、长期股权投资而支付的现金，以及支付的佣金、手续费等交易费用。

［例11-9］东方物流公司以银行存款10 000 000元分别投资于A企业、B企业和C企业，其中，7 500 000元投资于A企业，占其股本总额的45%，采用权益法核算；1 000 000元投资于B企业，占其股本总额的50%，采用成本法核算；1 500 000元投资于C企业，占其股本总额的60%，采用成本法核算。此外，购买中国建设银行发行的金融债券，面值总额1 000 000元，票面利率8%，实际支付金额为1 020 000元。

本期投资支付的现金计算如下：

投资于A企业的现金总额	7 500 000元
加：投资于B企业的现金总额	1 000 000元
投资于C企业的现金总额	1 500 000元
投资于中国建设银行金融债券的现金总额	1 020 000元
投资支付的现金	11 020 000元

（8）取得子公司及其他营业单位支付的现金净额

该项目反映企业取得子公司及其他营业单位购买出价中以现金支付的部分，减去子公司及其他营业单位持有的现金和现金等价物后的净额，可根据有关项目的记录分析填列。

（9）支付其他与投资活动有关的现金

该项目反映企业除上述项目外，支付的其他与投资活动有关的现金。其他与投资活动有关的现金，如果其价值较大，应单独列示。

3）筹资活动产生的现金流量的填列

（1）吸收投资收到的现金

该项目反映企业以发行股票、债券等方式筹集资金实际收到的款项净额（发行收入减去支付的佣金等发行费用后的净额）。以发行股票等方式筹集资金而由企业直接支付的审计、咨询等费用，不在本项目中反映。由金融企业直接支付的手续费、宣传费、咨询费、印刷费等费用，从发行股票、债券取得的现金收入中扣除，以净额列示。

［例11-10］东方物流公司对外公开募集股份5 000 000股，每股1元，发行价每股1.1元，代理发行的证券公司为其支付的各种费用共计75 000元。此外，东方物流公司为建设一个新项目，批准发行10 000 000元的长期债券。与证券公司签署的协议规定：该批长期债券委托证券公司代理发行，发行手续费为发行总额的3.5%，宣传及印刷费由证券公司代为支付，并从发行总额中扣除。东方物流公司至委托协议签署为止，已支付咨询费、公证费等2 900元。证券公司按面值发行，价款全部收到，支付宣传及印刷费等各种费用57 100元。按协议将发行款划至东方物流公司在银行的存款账户上。

本期吸收投资收到的现金计算如下：

发行股票取得的现金	5 425 000元
其中：发行总额（5 000 000×1.1）	5 500 000元
减：发行费用	75 000元
加：发行债券取得的现金	9 592 900元
其中：发行总额	10 000 000元
减：发行手续费（10 000 000×3.5%）	350 000元
证券公司代付的各种费用	57 100元
吸收投资收到的现金	15 017 900元

（2）取得借款收到的现金

该项目反映企业举借各种短期、长期借款而收到的现金。

（3）收到其他与筹资活动有关的现金

该项目反映企业除上述项目外，收到的其他与筹资活动有关的现金。其他与筹资活动有关的现金，如果其价值较大，应单独列示。

（4）偿还债务支付的现金

该项目反映企业以现金偿还债务的本金，包括归还金融企业的借款本金、偿付到期的债券本金等。

（5）分配股利、利润或偿付利息支付的现金

该项目反映企业实际支付的现金股利，支付给其他投资单位的利润，用现金支付的借款利息、债券利息。不同用途的借款，如在建工程、财务费用等均在本项目中反映。

［例11-11］东方物流公司期初应付现金股利为105 000元，本期宣告并发放现金股利250 000元，期末应付现金股利60 000元。

本期分配股利、利润或偿付利息支付的现金计算如下：

本期宣告并发放的现金股利	250 000元
加：本期支付的前期应付股利（105 000−60 000）	45 000元
分配股利、利润或偿付利息支付的现金	295 000元

（6）支付其他与筹资活动有关的现金

该项目反映企业除上述项目外，支付的其他与筹资活动有关的现金。其他与筹资活动有关的现金，如果其价值较大，应单独列示。

4）汇率变动对现金及现金等价物的影响

汇率变动对现金及现金等价物的影响是指企业外币现金流量及境外子公司的现金流量折算成记账本位币时，所采用的是现金流量发生日的汇率或按照系统合理的方法确定的与现金流量发生日即期汇率近似的汇率，而现金流量表的“现金及现金等价物净增加额”项目中外币现金净增加额是按资产负债表日的即期汇率折算，这两者间的差额为汇率变动对现金的影响。

5）现金流量表补充资料

除现金流量表反映的信息外，企业还应在附注中披露将净利润调节为经营活动

现金流量、不涉及现金收支的重大投资或筹资活动、现金及现金等价物净变动情况等信息。

（1）将净利润调节为经营活动现金流量

补充资料中的“将净利润调节为经营活动现金流量”，实际上是以间接法编制的经营活动的现金流量。间接法是以净利润为出发点，通过对若干项目的调整，最终计算确定经营活动产生的现金流量。其基本原理是：经营活动产生的现金流量净额=净利润+不影响经营活动现金流量但减少净利润的项目-不影响经营活动现金流量但增加净利润的项目+与净利润无关但增加经营活动现金流量的项目-与净利润无关但减少经营活动现金流量的项目。

采用间接法列报经营活动产生的现金流量时，需要对四大类项目进行调整：①实际没有支付现金的费用；②实际没有收到现金的收益；③不属于经营活动的损益；④经营性应收应付项目的增减变动。

（2）不涉及现金收支的重大投资或筹资活动

不涉及现金收支的重大投资和筹资活动，反映企业一定期间内影响资产或负债但不形成该期现金收支的所有投资和筹资活动的信息。这些投资和筹资活动虽然不涉及现金收支，但对以后各期的现金流量有重大影响。

企业应当在附注中披露不涉及当期现金收支、但影响企业财务状况或在未来可能影响企业现金流量的重大投资和筹资活动，主要包括：①债务转为资本，反映企业本期转为资本的债务金额；②一年内到期的可转换公司债券，反映企业一年内到期的可转换公司债券的本息；③融资租入固定资产，反映企业本期融资租入的固定资产。

11.4.3 现金流量表示例

1）直接法

表11-3为东方物流公司2×21年度的现金流量表（上期金额略）。

表11-3 **现金流量表**

编制单位：东方物流公司 2×21年度 单位：元

项目	本期金额	上期金额（略）
一、经营活动产生的现金流量：		
销售商品、提供劳务收到的现金	2 018 500	
收到的税费返还	24 254	
收到其他与经营活动有关的现金	0	
经营活动现金流入小计	2 042 754	
购买商品、接受劳务支付的现金	191 137	
支付给职工以及为职工支付的现金	120 000	
支付的各项税费	1 647 000	

续表

项目	本期金额	上期金额（略）
支付其他与经营活动有关的现金	0	
经营活动现金流出小计	1 958 137	
经营活动产生的现金流量净额	84 617	
二、投资活动产生的现金流量：		
收回投资收到的现金	4 150 000	
取得投资收益收到的现金	3 100 000	
处置固定资产、无形资产和其他长期资产收回的现金净额	148 600	
处置子公司及其他营业单位收到的现金净额	0	
收到其他与投资活动有关的现金	4 200 000	
投资活动现金流入小计	11 598 600	
购建固定资产、无形资产和其他长期资产支付的现金	9 800 000	
投资支付的现金	11 020 000	
取得子公司及其他营业单位支付的现金净额	0	
支付其他与投资活动有关的现金	0	
投资活动现金流出小计	20 820 000	
投资活动产生的现金流量净额	−9 221 400	
三、筹资活动产生的现金流量：	0	
吸收投资收到的现金	15 017 900	
取得借款收到的现金	320 000	
收到其他与筹资活动有关的现金	0	
筹资活动现金流入小计	15 337 900	
偿还债务支付的现金	1 000 000	
分配股利、利润或偿付利息支付的现金	295 000	
支付其他与筹资活动有关的现金	0	
筹资活动现金流出小计	1 295 000	
筹资活动产生的现金流量净额	14 042 900	
四、汇率变动对现金及现金等价物的影响	0	
五、现金及现金等价物净增加额	4 906 117	
加：期初现金及现金等价物余额	1 125 040	
六、期末现金及现金等价物余额	6 031 157	

2）间接法

东方物流公司2×21年实现净利润5 900 000元。其他资料如下：

①本期摊销长期待摊费用150 000元，其中计入：生产成本80 000元，制造费用50 000元，管理费用20 000元。

②本期折旧总额为750 000元，其中计入：制造费用350 000元，管理费用250 000元，销售费用150 000元。

③本期无形资产摊销650 000元，计入管理费用。

④本期资产负债表应收账款项目增加400 000元。其中，增加应收账款原值500 000元，本期计提坏账准备100 000元。相应地，信用减值损失发生额为100 000元。

⑤本期资产负债表应付账款项目增加500 000元。

⑥处置固定资产、无形资产和其他长期资产的损失23 600元。

⑦交易性金融资产公允价值上升100 000元。

⑧本期资产负债表存货项目减少200 000元，本期计提存货跌价准备25 000元。

⑨本期确认投资收益7 600 000元。

⑩本期计提资产减值准备136 017元。

根据以上资料，编制现金流量表补充资料，见表11-4。

表11-4　　现金流量表补充资料　　单位：元

补充资料	本期金额	上期金额（略）
1.将净利润调节为经营活动现金流量		
净利润	5 900 000	
加：资产减值准备	136 017	
固定资产折旧、油气资产折耗、生产性生物资产折旧	750 000	
无形资产摊销	650 000	
长期待摊费用摊销	150 000	
处置固定资产、无形资产和其他长期资产的损失（收益以“-”号填列）	23 600	
固定资产报废损失（收益以“-”号填列）	0	
公允价值变动损失（收益以“-”号填列）	-100 000	
财务费用（收益以“-”号填列）	0	
投资损失（收益以“-”号填列）	-7 600 000	
递延所得税资产的减少（增加以“-”号填列）	0	
递延所得税负债的增加（减少以“-”号填列）	0	
存货的减少（增加以“-”号填列）	175 000	
经营性应收项目的减少（增加以“-”号填列）	-600 000	
经营性应付项目的增加（减少以“-”号填列）	500 000	
其他	0	
经营活动产生现金流量净额	84 617	

续表

补充资料	本期金额	上期金额（略）
2.不涉及现金收支的重大投资和筹资活动		
债务转为资本	0	
一年内到期的可转换公司债券	0	
融资租入固定资产	0	
3.现金及现金等价物净变动情况		
现金的期末余额	6 031 157	
减：现金的期初余额	1 125 040	
加：现金等价物的期末余额	0	
减：现金等价物的期初余额	0	
现金及现金等价物净增加额	4 906 117	

11.5　所有者权益变动表

11.5.1　所有者权益变动表概述

1）所有者权益变动表的概念

所有者权益变动表应当反映构成所有者权益的各组成部分当期的增减变动情况。当期损益、直接计入所有者权益的利得和损失，以及与所有者（或股东，下同）的资本交易导致的所有者权益的变动，应当分别列示。

所有者权益变动表应全面反映一定时期所有者权益变动的情况，不仅包括所有者权益总量的增减变动，还包括所有者权益增减变动的重要结构性信息，特别是要反映直接计入所有者权益的利得和损失，让报表使用者准确理解所有者权益增减变动的根源。

2）所有者权益变动表的内容

所有者权益变动表至少应当单独列示反映下列信息的项目：

① 综合收益总额；

② 会计政策变更和前期差错更正的累积影响金额；

③ 所有者投入资本和向所有者分配利润等；

④ 按照规定提取的盈余公积；

⑤ 所有者权益各组成部分的期初和期末余额及其调节情况。

11.5.2　所有者权益变动表的填列

1）“上年年末余额”项目

该项目反映企业上年资产负债表中实收资本（或股本）、资本公积、其他综合收益、盈余公积、未分配利润的年末余额。

2）“会计政策变更”和“前期差错更正”项目

这两个项目分别反映企业采用追溯调整法处理的会计政策变更的累积影响金额和采用追溯重述法处理的前期差错更正的累积影响金额。

3）“本年增减变动金额”项目

①“综合收益总额”项目：反映企业当年实现的净利润（或净亏损）金额和企业根据《企业会计准则》规定未在损益中确认的各项利得和损失扣除所得税影响后的净额之和。

②“所有者投入和减少资本”项目：反映企业当年所有者投入的资本和减少的资本。

A.“所有者投入的普通股”项目：反映企业接受投资者投入形成的实收资本（或股本）和资本溢价（或股本溢价）。

B.“其他权益工具持有者投入资本”项目：反映企业发行的除普通股以外分类为权益工具的金融工具的持有者投入资本的金额。

C.“股份支付计入所有者权益的金额”项目：反映企业处于等待期中的权益结算的股份支付当年计入资本公积的金额。

③“利润分配”项目：反映企业当年的利润分配金额。

A.“提取盈余公积”项目：反映企业按照有关规定提取的盈余公积。

B.“对所有者（或股东）的分配”项目：反映对所有者（或股东）分配的利润（或股利）金额。

④“所有者权益内部结转”项目：反映企业构成所有者权益的组成部分之间的增减变动情况。

A.“资本公积转增资本（或股本）”项目：反映企业以资本公积转增资本（或股本）的金额。

B.“盈余公积转增资本（或股本）”项目：反映企业以盈余公积转增资本（或股本）的金额。

C.“盈余公积弥补亏损”项目：反映企业以盈余公积弥补亏损的金额。

D.“其他综合收益结转留存收益”项目，主要反映：（1）企业指定为以公允价值计量且其变动计入其他综合收益的非交易性权益工具投资终止确认时，之前计入其他综合收益的累计利得或损失从其他综合收益中转入留存收益的金额；（2）企业指定为以公允价值计量且其变动计入当期损益的金融负债终止确认时，之前由企业自身信用风险变动引起而计入其他综合收益的累计利得或损失从其他综合收益中转入留存收益的金额等。

11.5.3 所有者权益变动表示例

表11-5为东方物流公司2×21年度的所有者权益变动表（上期金额略）。

表11-5

所有者权益变动表

编制单位：东方物流公司　　　　2×21年度　　　　单位：元

项目	本年金额											上年金额										
	实收资本（或股本）	其他权益工具			资本公积	减：库存股	其他综合收益	专项储备	盈余公积	未分配利润	所有者权益合计	实收资本（或股本）	其他权益工具			资本公积	减：库存股	其他综合收益	专项储备	盈余公积	未分配利润	所有者权益合计
		优先股	永续债	其他									优先股	永续债	其他							
一、上年年末余额	4 000 000				0	0			21 000	119 000	4 140 000											
加：会计政策变更																						
前期差错更正																						
其他																						
二、本年年初余额	4 000 000				0	0			21 000	119 000	4 140 000											
三、本年增减变动金额（减少以“-”号填列）																						
（一）综合收益总额										5 900 000	5 900 000											
（二）所有者投入和减少资本																						
1.所有者投入的普通股																						
2.其他权益工具持有者投入资本																						
3.股份支付计入所有者权益的金额																						

续表

项目	本年金额										上年金额									
	实收资本（或股本）	其他权益工具			资本公积	减：库存股	其他综合收益	专项储备	盈余公积	未分配利润	所有者权益合计	实收资本（或股本）	其他权益工具			资本公积	减：库存股	其他综合收益	专项储备	盈余公积	未分配利润	所有者权益合计
		优先股	永续债	其他									优先股	永续债	其他							
4.其他																						
（三）利润分配																						
1.提取盈余公积									590 000	−590 000												
2.对所有者（或股东）的分配										−250 000	−250 000											
3.其他																						
（四）所有者权益内部结转																						
1.资本公积转增资本（或股本）																						
2.盈余公积转增资本（或股本）																						
3.盈余公积弥补亏损																						
4. 设定受益计划变动额结转留存收益																						
5. 其他综合收益结转留存收益																						
6.其他																						
四、本年年末余额	4 000 000								611 000	5 179 000	9 790 000											

11.6 附注

附注是对资产负债表、利润表、现金流量表和所有者权益变动表等报表中列示项目的文字描述或明细资料，以及对未能在这些报表中列示项目的说明等。附注是对财务报表的补充说明，也是财务会计报告的重要组成部分。附注主要包括两项内容：一是对财务报表各要素的补充说明；二是对那些在财务报表中无法描述的其他财务信息的补充说明。

1）对财务报表各要素的补充说明

对财务报表各要素的补充说明是指对报表重要项目金额的详细列示，即对报表重要项目的说明。企业应当按照资产负债表、利润表、现金流量表、所有者权益变动表及其项目列示的顺序，采用文字和数字描述相结合的方式进行披露。报表重要项目的明细金额合计应当与报表项目金额相衔接。

2）对无法在财务报表中描述的其他财务信息的补充说明

（1）企业简介和主要财务指标

①企业名称、注册地、组织形式和总部地址；②企业的业务性质和主要经营活动；③母公司以及集团最终母公司的名称；④财务报告的批准报出者和财务报告的批准报出日；⑤营业期限有限的企业，还应当披露有关营业期限的信息；⑥截至报告期末公司近3年的主要会计数据和财务指标。

（2）财务报表的编制基础

（3）遵循企业会计准则的声明

企业应当明确说明编制的财务报表符合企业会计准则的要求，真实、公允地反映了企业的财务状况、经营成果和现金流量等有关信息，以此明确企业编制财务报表所依据的制度基础。

（4）重要会计政策和会计估计

企业应当披露采用的重要会计政策和会计估计，不重要的会计政策和会计估计可以不披露。在披露重要会计政策和会计估计时，应当披露重要会计政策的确定依据和财务报表项目的计量基础，以及会计估计中所采用的关键假设和不确定因素。

（5）会计政策和会计估计变更以及差错更正的说明

企业应当按照《企业会计准则第28号——会计政策、会计估计变更和差错更正》及其应用指南的规定，披露会计政策和会计估计变更以及差错更正的有关情况。其主要包括以下事项：

① 会计政策变更的内容和理由；

② 会计政策变更的影响数；

③ 累积影响数不能合理确定的理由；

④ 会计估计变更的内容和理由；

⑤ 会计估计变更的影响数；

⑥ 会计估计变更的影响数不能合理确定的理由；

⑦ 重大会计差错的内容；

⑧ 重大会计差错的更正金额。

（6） 报表重要项目的说明

企业对报表重要项目的说明，应当按照资产负债表、利润表、现金流量表、所有者权益变动表及其项目列示的顺序，采用文字和数字描述相结合的方式进行披露。报表重要项目的明细金额合计应当与报表项目金额相衔接，主要包括以下重要项目：应收账款、存货、长期股权投资、投资性房地产、固定资产、无形资产、职工薪酬、应交税费、短期借款和长期借款、应付债券、长期应付款、营业收入、公允价值变动收益、投资收益、资产减值损失、营业外收入、营业外支出、所得税费用、其他综合收益、政府补助、借款费用。

（7） 或有和承诺事项、资产负债表日后非调整事项、关联方关系及其交易等需要说明的事项

（8） 有助于财务报表使用者评价企业管理资本的目标、政策及程序的信息

■ 本章小结

本章主要内容有财务报告的概念与种类；资产负债表、利润表、现金流量表、所有者权益变动表的结构、内容以及相关编制方法；附注的内容。

需要重点关注的知识点有：

资产负债表主要提供有关企业财务状况方面的信息。通过资产负债表，可以提供某一日期资产的总额及其结构、负债总额及其结构、所有者所拥有的权益，还可以提供进行财务分析的基本资料。

利润表主要提供有关企业经营成果方面的信息。通过利润表，可以反映企业一定会计期间的收入实现情况、费用支出情况和生产经营活动的成果，还可以提供进行财务分析的基本资料。

现金流量表主要反映资产负债表中各个项目对现金流量的影响，并根据其用途划分为经营、投资及融资三个活动分类。

所有者权益变动表主要反映以下内容：直接计入所有者权益的利得和损失项目及其总额、会计政策变更和前期差错更正的累积影响金额、所有者投入和减少资本、向所有者分配利润等、按照规定提取的盈余公积、实收资本（或股本）、资本公积、其他综合收益、盈余公积、未分配利润的期初余额和期末余额及其调节情况。

附注主要包括两项内容：一是对财务报表各要素的补充说明；二是对那些在财务报表中无法描述的其他财务信息的补充说明。

■ 思考题

1. 什么是财务报表？财务报表的分类有哪些？财务报表的编制有哪些要求？

2. 什么是资产负债表？资产负债表应怎样编制？

3. 什么是利润表？其作用是什么？利润表应怎样编制？

4. 现金流量表与资产负债表、利润表相比，其优势体现在哪些方面？

5. 附注的内容包括什么？

■ 案例

甲物流公司2×21年12月31日的有关资料如下：

（1）科目余额表见表11-6。

表11-6　**科目余额表**　单位：元

科目名称	借方余额	贷方余额
库存现金	10 000	
银行存款	57 000	
应收票据	60 000	
应收账款	80 000	
预付账款		30 000
坏账准备		5 000
原材料	15 000	
低值易耗品	10 000	
库存商品	90 000	
固定资产	800 000	
累计折旧		300 000
无形资产	50 000	
短期借款		8 000
应付账款		70 000
预收账款		10 000
应付职工薪酬	4 000	
应交税费		13 000
长期借款		80 000
实收资本		260 000
盈余公积		200 000
未分配利润		200 000

（2）债权债务明细科目余额。

应收账款明细资料如下：

应收账款——A公司为借方余额100 000元

应收账款——B公司为贷方余额20 000元

预付账款明细资料如下：

预付账款——C公司为借方余额20 000元

预付账款——D公司为贷方余额50 000元

应付账款明细资料如下：

应付账款——E公司为借方余额100 000元

应付账款——F公司为贷方余额30 000元

预收账款明细资料如下：

预收账款——G公司为借方余额40 000元

预收账款——H公司为贷方余额30 000元

要求：编制甲物流公司2×21年12月31日的资产负债表。

主要参考文献

［1］曾庆云．物流企业会计实务［M］．北京：北京师范大学出版社，2011.

［2］陈光．物流企业会计［M］．北京：对外经济贸易大学出版社，2010.

［3］张川，肖康元，金丽玉．物流企业会计与财务管理［M］．上海：复旦大学出版社，2010.

［4］光昕，光昭．物流企业会计［M］．北京：北京理工大学出版社，2010.

［5］丁元霖．物流企业会计［M］．4版.上海：立信会计出版社，2019.

［6］汪正干．物流企业会计［M］．上海：上海财经大学出版社，2008.

［7］胡萍珊．轻松做物流企业会计［M］．广州：广东经济出版社，2006.

［8］严玉康，董兆明．物流企业会计［M］．5版.上海：立信会计出版社，2021.

［9］陈宏．物流企业财务会计［M］．北京：中国物资出版社，2002.